KB238633

라틴아메리카
종속의
MATRIX Ⅰ
식민시기

"이 저서는 2008년 정부(교육과학기술부)의 재원으로
한국연구재단의 지원을 받아 수행된 연구임(NRF-2008-362-A00003)."

라틴아메리카
종속의
MATRIX I
식민시기

중남미지역원 엮음

이담
Books

소개의 글

 중남미지역원은 2008년 인문한국 지원사업 해외지역연구분야에 선정된 이후 중남미지역연구를 수행하기 위해 세미나와 콜로키엄, 정기학술대회 등의 학술활동을 주체적으로 진행하며, 라틴아메리카 사회변동의 매트릭스 연구를 진행하였고, '종속의 매트릭스'의 어젠다에 맞춘 주요 연구 성과를 내놓을 수 있게 되었다. 본 저술은 1단계 사업의 주요 학술적 결과물로서, 사회·문화·역사·정치/경제 각 분야를 관통하는 학제적 시각에서 중남미 연구를 수행한 결실의 의미를 지닌다. 본권은 '식민시기'라는 부제를 통해 씨줄과 날줄의 시선으로 중남미 사회를 바라보는 학문적 시점을 제공한다.

 역사적 사건은 후대의 기억에 의한 재연을 통해 그 의미가 현대적으로 재구성된다. 따라서 역사를 기억하고 재연하는 것은 언제나 후세의 몫이다. 기억의 재연은 나름의 시각에서 구성되고 해석되기 때문에 균형 잡힌 시선으로 재연하는 것은 매번 새로운 재해석을 요구하고, 따라서 현대적 해석을 필요로 한다. 서구와 아메리카 대륙의 만남과 관련된 일련의 역사적 사건은 서구의 기억에 의존한 기록이 대부분이었으며, 서구 중심적 사고에 의한 합리화 과정을 겪을 수밖에 없었다. 신대륙이라는 용어는 철저하게 서구가 주체가 된 관계망에서 가능한 용어이며, 이는 수천 년 동안 지역에서 문명을 이뤄 왔던 원주민을 소외하고 타자화하는 시각에서 그 대상을 객체화하고 관찰자의 주체적 시각으로 상관관계를 파악했음을 시사한다.

이런 시각 하에서 **박종욱**은 「**신대륙, 서구적 욕망의 그림자 - 영상물에 투영된 이미지를 중심으로 -**」라는 논문에서 신대륙 발견의 의미를 대중문화가 어떻게 수용하고 해석하고 있는지를 영상물을 주요 대상으로 삼아 분석한다. 그것은 현대 문화의 중심이 대중적 성향으로 대표될 수 있을 뿐 아니라, 영상물이 지니는 문화적 가치가 매우 크기 때문이다. 분석은 내용의 주제별 분류와 시대적 구분 등에 집중하고 학술적 담론과 논의 분석에 주목하는 것이 아니라, 다각적인 시각의 배경 인식에 대한 분석과 해석에 집중하며, 대중적 표현물에 투영된 구체적 의미를 분석하는 데 연구문제를 설정하였다. 대중매체를 활용한 일반적 시각과 그 이미지의 형성을 살펴볼 필요뿐 아니라, 학문적 성과 또한 대중문화가 주를 이루게 되는 사회와의 소통에 긍정적 의미를 부여할 수 있으리라 믿기 때문이다.

아메리카는 서구의 필요에 의해 신대륙이 되었으며, 그들의 탐욕이 정복의 합리화와 정당화로 발전할 수 있도록 인식을 전환시켰다. 향신료의 꿈으로 체화된 서구의 탐욕은 아메리카를 신대륙으로 인식하게 만들었으며, 엘도라도와 물신적 유토피아 등으로 동력을 얻었고, 이후 수탈과 종속의 불균형적 관계를 형성하였다. 콜럼버스의 『항해일지』에서 낙원으로 묘사되었던 아메리카는 <다큐멘터리-1995>에서는 서구의 자연스러운 물욕의 대상으로 기술되며, 위대한 모험에 대한 보상으로 인식된다. <1492, 낙원의 정복>은 콜럼버스를 위대한 인문주의적 이상주의자로 재발견하려는 시도에 집중하고 있다. 엘리어트가 그를 역사상 최악의 살인마이며 인종학살자로 묘사하는 것과 대조적이다. 한편 <다큐멘터리-2002>에서는 서구 편향적인 시선을 수정·보완하면서 아메리카가 고대문명을 비롯하여 독자적 문화와 문명을 이뤄 왔음에 긍정적 의미를 부여한다. <엘도라도>의 사우라 감독은 서구의 탐욕이 빚어낸 비극에 집중하고 있지만, 인간의 본질적 어두운 모습에 비중을 두고 있다. 영화 <나는 쿠바>에서는 수탈의 고착적인 과정이 집중적으로 조명되며, 서구의 물신적 욕망이 과거의 기억 속에 머무는 것이 아니라 현재에서도 재연된 실체로서 지속되고 있음을 고발한다. <미션>은 대중적 시각에서 원주민의 입장을 반영하고 있다는 점에서 <1492, 낙원의 정복>이나 <엘도라도>와 구별되지만, 예수회 신부들의 숭고한 희생과 시대적 비극에 주목하여 토착 원주민의 입장을 제한적이나마 반영하고 있다.

역사의 기억은 시대를 거듭하며, 지속적으로 재연되고 재해석된다는 점에서 어떠한 비평시각도 과거를 역사적으로 규명하거나 합리화할 수 있는 것은 아니다. 따라서 역사는 과거로부터 교훈을 얻고 미래지향적 가치를 전망하려는 의도에서, 현재 나와 우리 속에서 그 관련성이 파악되어야 하며 그럴 때 대중적 인식과 이미지의 복합적 실체에 대한 지속적 접근과 분석 및 해석 작업이 의미를 지닌다는 점을 논문을 통해서 밝히고 있다.

한편, **박종욱**은 「**영화 <나는 쿠바>에 있어서 역사적 트라우마 재연을 위한 문체적 특징 연구**」라는 또 다른 논문에서 <나는 쿠바>라는 영화에 대한 비평을 통해 역사의 기억과 재연의 문제를 심도 있게 다룬다.

동 영화는 국가의 정체성에 대한 인식의 환기 및 그 역사적 트라우마를 재현한다. 그것은 단순한 역사를 기억하는 것이 아니라, 역사적 트라우마를 재현하는 과정에서 역사의 의미를 재구성하는 것이다. 이러한 재구성은 역사적 배경에 대한 재연으로써 의미를 지니며, 관객의 공감을 매개로 역사를 재해석하고 나아가 역사 해석의 주체가 될 수 있도록 유도한다는 점에서 특징을 갖는다. 영화는 쿠바의 역사를 거슬러 되짚으며, 쿠바의 자립과 혁명의 당위성을 포괄적으로 묘사한다. 다시 말해서, 과거의 상처를 잊기 위한 것이 아니라, 상기함으로써 미래지향적 방향성을 고취하려는 목적을 지향하는 것이다.

이를 위해 감독이 목적을 실현하기 위해 선택한 접근 방법은 증언적 다큐 형식을 활용한 트라우마 서술하기이다. 역사적 트라우마의 재현 과정은 역사적 사건을 재구성하여 감독의 의도에 따라 해석이 가능할 수 있도록 재연을 위한 서사 기법을 통해 그 효과가 드러난다. 이런 맥락에서 볼 때, <나는 쿠바>에 있어서 재연의 문제는 중요한 것이다. 영화는 역사적 트라우마를 재연함으로써, 관객의 공감을 유발하고, 관객이 쿠바의 자립과 주체적 인식에 대한 필요성을 성찰할 수 있도록 유도한다. 감독은 재연 과정에서 역사적 배경을 단순화하고, 세부적 묘사를 생략하며, 이항대립적 구도를 강조하여 배치하고, 점층법을 사용하는 문체적 특징을 드러내는 것이다.

차경미는 「**라틴아메리카의 식민도시계획의 기원과 형성**」에서 식민시기 라틴아메리카 도시의 형성과정과 기능 및 건축양식 등을 스페인의 효과적인 식민지 경영전략에 초점을 맞추어 설명하고 있다.

16~17세기 스페인 식민권력은 라틴아메리카를 장기적으로 통치할 목적으로 라틴아메리카에 식민도시들을 건설했는데, 그 도시건설은 이베리아반도의 도시들과는 기능적으로 차별된 새로운 공간을 창출하는 과정이었다. 1573년 펠리페 2세의 칙령을 통해 추진된 라틴아

메리카의 식민도시들은 외형적으로는 유럽의 직사각형과 격자형의 형태를 모방하고 있지만, 식민화의 주요 목적으로서 어떤 경우에는 원주민 토착도시는 제거되거나 사라졌고 어떤 경우, 그 도시들은 새로운 식민 도시계획에 통합되기도 했다. 즉, 식민도시화는 원주민의 전통과 역사를 파괴하며 기존의 도시 위에 새로운 도시공간을 구축해 나가는 식으로 추진된 것으로써, 그 도시계획은 문화적인 행위에 앞선 정치적인 행위였다고 할 수 있다.

저자에 따르면 식민도시 계획과 건축양식은 식민지 당국의 의도가 효과적인 기능을 발휘될 수 있도록 설계되었을 뿐만 아니라 건축물의 외적 형태는 이러한 기능이 교묘히 은폐 또는 가시적으로 과시될 수 있게끔 장식되었고 도시경관은 원주민들로 하여금 왜곡된 경외감을 갖도록 하는 동시에 원주민들의 의식을 무기력하게 만들었다고 한다.

식민도시의 기념비적인 장소로서 광장은 교회를 포함하여 권력과 부를 상징하는 건물들이 배치되었는데 이런 건축물들은 토착문화와는 전혀 관계없이 이식된 식민지배 문화라고 할 수 있다. 한편 식민도시는 식민행정의 중심지로서 모든 세력들을 통제하고 새로운 법질서를 유지하기 위한 목적에 기초하여 종교적, 행정적, 그리고 엘리트들에게 다양한 편의를 제공해야만 하는 공간으로 작용하는 등 식민권력의 기능과 밀접하게 연관되어 있다.

한편 저자는 중앙집권적인 식민 모국에 의해 개발된 행정기구 및 사회 통제제도 등이 식민지에 이식되어 그것들이 도시의 건축형태에 그대로 나타났다고 하면서, 궁극적으로 식민도시 건설은 식민지당국의 권력 독점 강화 및 지배 효과를 극대화하기 위한 정치적 도구였다고 결론짓고 있다.

식민시기 파라과이 지역은 스페인과 포르투갈 정복자들의 최대 격전지로서, 현재의 스페인어권과 포르투갈어권 영토로 분할된 원인을 밝힐 수 있는 지역이다. 즉, 식민시기 파라과이와 브라질의 경계는 스페인과 포르투갈 세력권을 반영하고 있다.

그러나 두 지방의 경계와 관련하여 잘 알려진 1490년에 체결된 토르데시야스 조약과 1750년에 체결된 마드리드 조약이 있다. 두 조약이 맺어진 기간 사이에 벌어진 스페인과 포르투갈 두 식민정복자들의 대립은 토르데시야스 조약에서 마드리드 조약으로 이행하는 데 결정적이었다. 마드리드 조약은 그 이전 장기간에 걸쳐서 진행된 파라과이 지방의 정복자들과 브라질의 포르투갈계 정복자들인 파울리스타(Paulistas)들의 대립에 의해 일어난 것으로 그동안 이에 대한 논의는 활발하지 않았고 그 대립은 잘 알려져 있지 않다. 이 점에 주목, **구경모**는 「**식민시기 파라과이와 브라질 경계의 형성 과정**」에서 그 두 정복자 간의 대립과 그로 파생된 두 지역 간의 경계가 어떻게 형성되었는지 그 과정을 밝히고 있다.

파울리스타는 플랜테이션 농장의 노동자를 구하기 위해 원주민, 즉 과라니족 포획을 위해 지속적으로 현재 브라질의 영토인 파라나 주를 침입하였고, 그 결과로서 파라과이 지방에 거주하던 스페인계 세력과 예수회가 남서부지역으로 이동하였다. 포르투갈 세력이 라 플라타 강에 도달하여 마드리드 조약을 이끌어 낸 것은 16세기 파울리스타의 파라과이 지방 정복으로 가능하였다. 즉, 마드리드 조약은 식민시기 파라과이와 브라질에 거주하던 정복자 간의 문제가 시발이 되었다.

그러나 식민시기 파라과이와 브라질의 경계 문제는 스페인과 포르투갈 대결로 비춰져 정복자 간의 대립을 중요하게 인식하지 않았다.

포르투갈 입장에서 파라과이 지방은 스페인령 영토의 일부에 불과하였지만, 파라과이 지역 정복자의 입장에서 포르투갈 세력의 침입은 스페인령과 포르투갈령의 대립이 아닌 그들 본거지의 위기를 의미하는 것이었다.

이러한 맥락에서 동 연구는 16세기에서 18세기 사이에 빈번히 발생한 파울리스타들의 침입을 통해 파라과이 지방의 경계 형성을 살펴본 것이다. 그 결과 식민시기 파라과이의 경계는 포르투갈 정복자들에 의해 주도적으로 영향을 받았으며, 이로 인해 파라과이는 지금과 비슷한 수준의 영토를 가지게 되었다는 것을 알 수 있다. 이는 현재의 파라과이 국경이 리오 데 라 플라타 부왕령 수립 이후의 아르헨티나와의 관계와 더불어 그 이전의 브라질과의 관계에 의해서도 영향을 받았다는 것을 증명하고 있다. 또한 토르데시야스 조약을 대체한 마드리드 조약의 체결은 포르투갈의 라 플라타 강 유역에 대한 점령이 주요 원인이었지만, 그 이전에 있었던 포르투갈 세력의 파라과이 침투가 그 토대가 되었다는 것은 부인할 수 없는 점이다. 이는 식민시기의 파라과이와 브라질의 국경 형성 과정에서 양 식민본국의 영토 분할에 적지 않은 영향을 끼쳤다. 결국 식민시기 파라과이와 브라질 지방의 경계 형성은 스페인계 정복자 간의 갈등과 대립, 정복자의 스페인 왕실에 대한 반감과 포르투갈 세력의 침입으로 인한 정복자 간의 연합 등, 다양한 정복자 집단의 정치적 이해관계에 의해 이루어진 것임을 알 수 있는 것이다.

브라질은 발견과 함께 유럽문명의 근대성에 참착된 가부장적인 사회구조, 종교적인 위계질서와 인종적·종족적 위계질서 내에서 작동하고 있다. 킬롬부는 아메리카의 식민성에 아프리카의 식민성이 이식된 문화 공동체이기 때문에 브라질의 근대성과 식민성의 관계변화를 가장 잘 설명해 준다. 이런 맥락에서 **김영철**은 「**브라질의 탈식민화, '킬롬부' - 아메리카와 아프리카 식민성의 만남 -**」에서 킬롬부 분석을 통하여 브라질 문화의 혼종성이 지배와 피지배, 피지배와 피지배의 권력관계, 즉 식민성과 식민성으로 형성된 문화 요소로 이루어져 있음을 밝힌다.

브라질 인종 스펙트럼 중의 하나인 네그리튀드는 식민지 흑인들의 존재론적인 소외와 그 소외를 정당화하는 식민주의 이데올로기에 대한 거부의 외침이었고, 유럽적인 가치에 의해 억압당해 온 흑인성을 깜깜한 망각의 어둠으로부터 복원해 내려는 외침이었다. 네그리튀드의 등장은 브라질 흑인, 흑인문화와 사회운동에서 이데올로기적 측면을 강조하는 전환점이 되었다.

브라질에서 유럽 근대성으로부터 벗어나 브라질 중심적인 논의를 이끌었던 탈식민성은 포르투갈인의 도착에서부터 출발한다. 이 때문에 브라질의 탈식민성은 식민기간 발생했던 아프리카 노예들의 도망과 저항, 문화적 공동체 형성으로 설명될 수 있다. 킬롬비즘은 유럽중심주의의 정신적 식민화에서 비롯된 백인 우월주의, 백인화, 유럽 문화의 우수성과 같은 식민성을 거부한다. 이런 측면에서 킬롬부는 단순히 도망노예들이 만든 공간만을 의미하는 것이 아니라 존재론적 가치, 공존, 연대, 자유와 형제애 집단이라 할 수 있다. 또한 그 사회는 경제적 평등주의에 기초하고 있는 정치사회적, 인간적인 발전단계라고 할 수 있다.

킬롬부는 브라질로 유입된 흑인들이 아프리카의 생활 방식과 문화를 유지하고 있었던 공동체였다. 또한 초기에는 흑인들이 대부분을 차지했지만 서구 식민 사업에 반대하거나 식민사회에 적응하지 못한 백인, 인디오, 새로운 인종인 물라토가 공존하면서 인종적 혼혈이 진행되었다. 킬롬부 공동체 내에서의 혼혈은 식민사회의 백인중심주의적 위계질서에 따른 혼혈이 아니라 동등한 관계 속에서 비교적 자율적으로 이루어졌다. 또한 시대적 상황을 수용하지만 다양한 상황 속에서도 의미가 변화되지 않으면서 역사를 초월하여 저항이라는 공시적·보편적 개념으로 확대되었다. 아프리카인들의 저항이 아메리카에 강제된 식민의 정치, 사회와 경제구조를 바꾸려는 탈식민화 운동을 전개했다는 것은 상당히 중요한 의미를 지닌다. 이런 아프리카인들의 탈식민화는 강제이주당한 땅인 아메리카로부터의 탈출, 주인과 노예 관계로 맺어진 백인으로부터의 자유, 자신을 둘러싸고 있는 유럽문화로부터의 해방을 의미한다.

따라서 킬롬부는 도망 흑인들이 억압적 구조에 의해 배태된 식민성을 극복하기 위한 초보적인 수준의 탈식민화 과정이면서 저항을 유지하고 생활을 유지하는 생존 공간이다. 브라질이 대농장제에 기초한 경제구조를 지니고 있었다는 측면에서 소농과 농민으로 성장한 킬롬부가 흑인들의 문화적 저항을 나타내어 주든, 아니면 계급투쟁으로 평가되든 그 의미는 매우 크다고 할 수 있다. 대농장제 중심의 경제 구조에서 무소유의 경제활동이 독립된 공간이지만 유지될 수 있었다는 것을 보여주는 좋은 사례이다.

임두빈은 「식민시대 언어 상황과 브라질 포르투갈어 분극화의 역사적 배경」에서 문화를 역사적으로 변화하는 갈등적 개념과 동시에 소통의 차원으로 이해하면서 너무나도 일상적이라 그 중요성이 오히려 축소된 언어의 중요성에 우선적으로 주목하고 구대륙과의 만남을 통해 지금의 '브라질'이라는 근대국가가 형성되는 모습을 설명하고 문화적 측면에서 바라보는 그 만남의 시작이 상호 호혜가 아닌 '교화'와 '발전'이라는 서구중심적인 시각을 바탕으로 전개되었다는 점을 밝히고 있다.

논문을 통해 '상이한 언어는 상이한 생활관이다'라는 말처럼 인류는 언어 덕택에 비교적 짧은 시간을 통해 사물이나 느낌, 생각들을 의미화할 수 있는 문화적 체계를 형성해 올 수 있었다고 하면서 인간 사회에서 가지는 언어의 중요성을 단순히 인정하는 것이 아닌, 그 언어가 인간의 행위와 사회라는 공동체 집단에 미치는 영향과 그 영향들이 축적된 역사적 배경에 주목한다.

브라질을 위시한 라틴아메리카에서 토착문화와 유입문화의 만남은 각자의 문화를 보존하고 계승하는 체계가 서로 다른 체계를 가진 문화 간의 만남이었다. 브라질 역시 역사적인 과정을 통한 외부와의 만남을 매개로 자기 존재를 새로이 구성하게 되었다. 그런데 사실 이 '만남'은 상호 호혜적인 것이 아니라 서구인들의 목적에 맞게 새로운 영토화의 과정 속에 일방적으로 이루어진 것이다. 한 집단에서 언어의 선택과 사용은 세상 전체와의 관련에서 구성원 스스로를 결정하는 데 있어 핵심적인 요소로 볼 수 있다. 현재 라틴아메리카를 구성하는 사람들은 각자 그 기원과 뿌리의 다름에도 불구하고 유럽의 언어를 빌려 정의되며 또 스스로 정의하게 되어 있기 때문이다.

브라질에서 사용하는 포르투갈어는 언어체계상 명백하게 유럽으로부터 이식된 포르투갈어임에 틀림없지만 아무런 여과 없이 이식된 것이 아니며, 토착민인 인디오어들과 흑인노예들이 사용한 아프리카어와의 접촉을 통해 이종성(異種性)을 띤 '초중심어'로서 이식되었다.

사실상 언어학적으로 유럽의 포르투갈어와 브라질 포르투갈어는 구분되는 언어는 아니지만 서로 상이한 역사적, 사회적 환경 아래서 각각의 발전단계를 겪었던 점은 분명하다.

저자는 브라질 포르투갈어가 단지 이종적이고 변이적인 것뿐만 아니라 복수적이고 분극화된 것이라고 주장한다. 포르투갈어에서 분극화된 복수성은 각각 '브라질 대중 포르투갈어'와 '브라질 교양 포르투갈어'로 양분화된다. 그리고 교양어를 대변하는 문어와 대중어를 대변하는 구어 간의 괴리의 심화로 인해 사회적으로 '올바른 포르투갈어'와 '올바르지 않은 포르투갈어'의 구분까지 발생하게 되면서 오늘날까지 계층과 언어능력을 연관시키며(비록 잘못된 사실로 판명되었음에도 불구하고) 사회 불평등을 심화시키는 근본적인 요소 중의 하나로 작용되고 있다. 이에 브라질은 언어가 민족을 이루는 중핵이라는 점을 간파하고 스스로 자신들의 고유한 '민족의식'의 정비를 위해 포르투갈어를 단순히 중립적인 언어체계로서 유럽으로부터 계승받은 게 아니라 브라질 고유의 사회역사성을 담보하여 이종성을 띤 '브라질어'의 정체성을 국가와 국민통합의 촉매제로서 수립하기를 원하고 그에 맞는 사회·역사적 담론과정을 거치고 있다.

따라서 본 글은 교양 포르투갈어와 대중 포르투갈어의 차이를 단순한 언어체계상의 차이로 분석하거나 모든 언어는 평등하다는 비현실적인 이상주의적 혹은 정치성 발언을 넘어서서 이러한 사회·역사·정치적 담론의 장에서 이해해 볼 필요가 있다는 점을 역설하고 있다.

이상현의 「**라틴아메리카의 식민경험과 경제성장의 상관관계**」는 라틴아메리카 저발전의 역사적 근원을 이해하는 것에 목적을 두고 있다. 다시 말해, 동 논문은 '라틴아메리카 저발전의 원인은 무엇인가?'라는 범학제적 의문과 '라틴아메리카의 식민경험은 식민시대 이후 라틴아메리카 경제발전에 어떤 영향을 끼쳤는가?'라는 경제사적 의문에 대한 답을 찾는 것을 주목적으로 한다. 이를 위해 저자는 경제사학자들의 장기적 국내총생산(GDP) 추정치를 분석하면서, 현재 라틴아메리카가 겪고 있는 경제적 저발전은 20세기의 산물이 아니라 18세기와 19세기 기간 동안 겪은 경제적 침체의 산물이라고 설명한다. 즉, 라틴아메리카 대부분의 국가들은 20세기 기간 동안 선진국들과 대등한 경제성장을 기록했음에도 불구하고 식민시대 후반기부터 독립 직후에 겪은 성장부진 때문에 현재 선진국에 비하여 상대적으로 저발전 상태라는 것이다.

라틴아메리카 경제적 저발전의 원인을 제공한 시기가 식민시대 후반기부터 독립 직후라는 점은 라틴아메리카의 식민경험이 라틴아메리카의 장기적 경제성장에 부정적 영향을 끼쳤을 것이라는 추측을 가능케 한다. 특히 아메리카 대륙에서 비슷한 시기에 식민 경험을 하고 비슷한 시기에 독립을 한 미국 및 캐나다와 비교해 볼 때 식민경험의 차이가 라틴아메리카의 저발전을 초래하였다는 단서를 제공하고 있다.

한편, 동 논문은 라틴아메리카의 식민경험과 경제성장의 상관관계를 설명할 독립변수들을 살핀다. 이를 위해 동 연구는 기존 연구들을 독립변수의 성격에 따라 라틴아메리카 내부요인과 외부요인의 두 그룹으로 나누어 살펴보면서, 라틴아메리카의 식민경험과 경제성장의 상관관계를 설명하려고 시도한 기존의 연구들은 각기 다른 종류와 성격의 독립변수를 제시하고 있음에도 불구하고, 공통적으로 식민경험은 라틴아메리카의 장기적 경제성장에 부정적 영향을 끼쳤다고 보고 있다. 즉 코포라티즘적 식민체제 또는 중상주의적 식민주의와 같은 스페인과 포르투갈의 고유한 식민지 지배형태가 라틴아메리카에 상대적으로 경제성장을 저해하는 제도를 발전시켰다고 주장하는 연구들은 물론 라틴아메리카의 기후, 토양, 인구, 자원과 같은 내부 '부존요소'의 차이가 장기적 경제성장을 저해하는 원인이 되었다고 주장하는 연구들도 결국 식민 지배를 통하여 불평등한 분배구조와 같이 경제성장을 저해하는 '나쁜' 제도들이 발전하였다는 점에 동의하고 있다.

마지막으로 논문은 라틴아메리카 경제사 연구에서 제도 연구의 중요성을 확인하며 라틴아메리카 경제사 연구를 위한 후속 과제를 제시하고 있는데 그것은 1) 기초 데이터 구축, 2) 실증연구를 통한 제도의 역할과 성격에 대한 구체화 노력 그리고 3) 제도연구의 이념적 보편성을 확보하는 연구의 확대로 요약된다.

몇 년 전부터 글로벌 자본주의의 위기는 본격화되고 있다. 그러나 라틴아메리카에서는 인식론적 수준에서나 실천적 수준에서 글로벌 신자유주의를 반대하는 움직임이 강하다. **안태환**은 「**라틴아메리카의 근대성/(탈)식민성 기획과 상호문화성의 상응성**」에서 90년대 이후 라틴아메리카 학자들에 의한 근대성/(탈)식민성 담론 기획에 관심을 갖는다.

많은 라틴아메리카 학자들은 근대성이 16세기 이후 유럽에 의한 라틴아메리카 정복을 통해 자본주의와 함께 시작되었다고 주장한다. 이 인식론적 단절의 주장은 90년대 이후 라틴아메리카의 원주민, 농민, 가난한 사람들의 사회운동의 부상과 관계가 깊다. 저자는 논문을 통해 근대성과 자본주의는 식민성의 다른 얼굴이라고 전제하면서 유럽중심적 인식론, 가치관, 문화와 병행하여 원주민의 인식론, 문화를 서로 차별 없이 평등하게 대화적으로 인식하는 태도가 필요하며 그 시각은 다문화주의가 아닌 상호문화성의 시각이어야 한다는 점을 강조한다.

목 차

식민시대 언어 상황과 브라질 포르투갈어   －임두빈
분극화의 역사적 배경

라틴아메리카의 근대성/(탈)식민성   – 안태환
기획과 상호문화성의 상응성

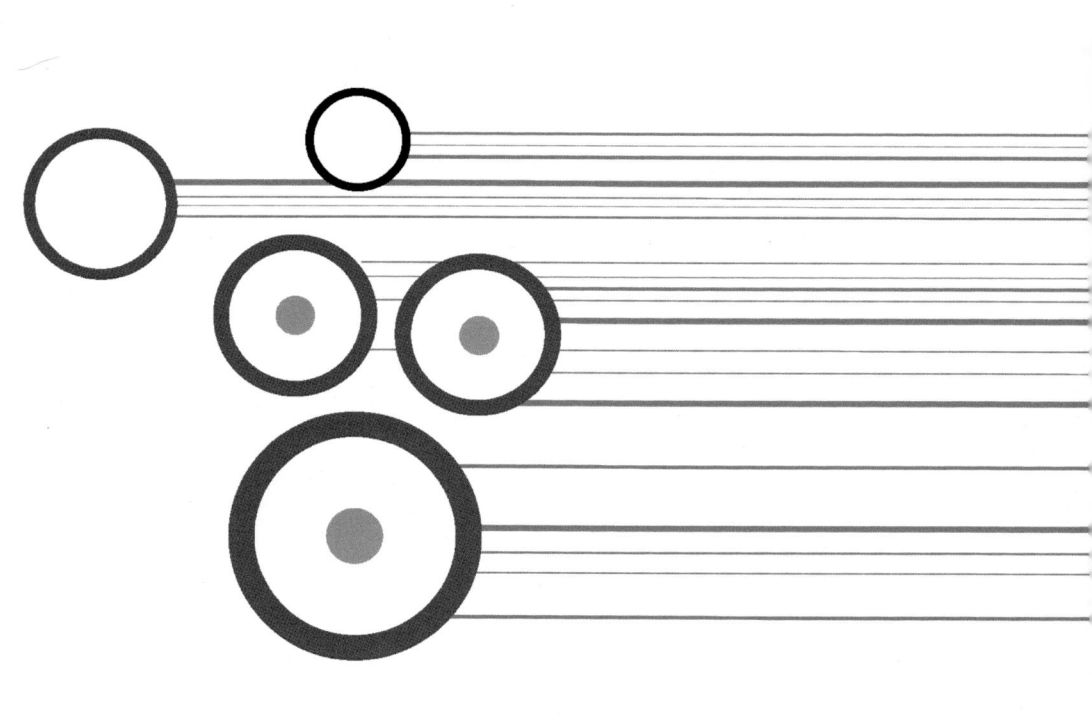

신대륙, 서구적 욕망의 그림자

: 영상물에 투영된 이미지를 중심으로

박종욱

I. 들어가는 말: 신대륙 발견을 보는 시선과 대중문화로서 영상물의 역할

어떠한 대상을 새로운 것이라 명명함은 그 대상이 새롭게 탄생했거나, 관찰자가 대상의 존재를 새롭게 인지하게 되었거나, 관찰자에게 대상이 새로운 용도로서의 의미를 지니게 되었기 때문이다. 신대륙이라는 용어는 분명 그를 명명한 주체들에게 새로운 대상이 드러났기 때문이다. 이러한 의미에서 신대륙이 발견되었다 함은 서구가 자신들이 인지하지 못하던 존재에 눈을 떴음을 의미하는 것으로 수천 년 동안 지역에서 문명을 이뤄 왔던 원주민을 소외하고 타자화하는 시각에서 그 대상을 객체화하고 관찰자의 주체적 시각으로 상관관계를 파악한 것이다. 이는 서구와 신대륙 사이의 새로운 관계 형성이 균형적 시각에서 이뤄지지 않았음을 시사한다.

콜럼버스가 카리브에 도착한 지 500년을 훌쩍 넘긴 오늘날, 신대륙 발견의 의미 해석은 학계를 넘어 대중문화에까지 깊이 침투되고 있다. 신대륙 발견의 용어가 관습적으로 지속되고 있지만 그 의미에 대해서는 다각적인 시각의 변화가 시도되는 것이다. 많은 역사서가 출간되었고, 다큐멘터리와 영화가 제작되었으며, 점차 다양한 시각이 힘을 얻고 있는 현실이다.

신대륙 발견을 바라보는 시각은 크게 셋으로 나눌 수 있다. 첫째는 유럽중심주의적 시각으로서 신대륙을 보는 것이다. '발견'과 '정복', '개발', '근대화론' 등이 그러한 시각이다. 둘째는 원주민적 시각으로 유럽의 아메리카 상륙을 '착취'와 '수탈'이라는 구조적 틀로 보는 시각이다. 셋째는 절충적 시각으로서 두 대륙의 문화와 문명이 교차되는 것으로 보는 것으로, '만남'과 같은 가치중립적 어휘로 대표되는 시각이며, '탈기억'이나 '화해', '교류'의 시각으로 확장되기도 한다. 그러나 이러한 시각의 분류만이 당연한 것은 아니다. 시각들은 상호 교차되고 모순될 뿐 아니라, 시간의 흐름과 함께 지속적으로 그 해석의 시선이 변화되기 때문이다. 오늘날까지 아메리카에 대한 서구의 영향력이 지대한 상황에서 서구 중심 시각이 논의의 축을 이룰 수밖에 없는 맥락에도 불구하고, 다양한 시각의 논의들이 제기되며, 북아메리카에 비해 라틴아메리카 경우에 두드러진다. 이는 역사적 사건과 관련되어 가해의 주체와 피해의 주체에 대한 분석적 시각이 라틴아메리카에서 차별화될 수밖에 없는 필연성에 기인한다.

따라서 본 연구는 라틴아메리카를 중심으로 신대륙 발견의 의미를 대중문화가 어떻게 수용하고 해석하고 있는지 영화를 주요 대상으로 삼아 분석하려는 목적을 지닌다. 현대 문화의 중심이 대중적 성향으로 대표될 수 있는 지금 영상물이 지니는 문화적 가치가 매우 긍정적이기 때문이다. 영화 자료로는 <1492, 낙원의 정복>, <엘도라도>, <나는 쿠바>, <미션>, 영상 다큐 자료로는 <스페인 역사: 시간의 밤 XIV권 아메리카의 발견>, <스페인 신 역사: X권 아메리카의 발견> 등을 대상으로 하며, 『항해일지』, 『최초의 세계일주』, 『수탈된 대지』 등 저술 등을 중심으로 하되, 대표적 역사서와 논문들을 포함한다.

연구의 수행 방법과 구체적 내용은 신대륙 발견의 의미를 단순하게 분류하는 데 그치는 것이 아니라, 다각적인 시각의 배경 인식에 대한 분석과 해석으로 이어질 수 있도록 하였다. 역사적 사건으로서 신대륙 발견에 대한 기록과 분석을 먼저 다룬 뒤, 그에 대한 현대적 해석의 시선에 대한 분석을 구체적인 영화와 영상 다큐 등을 통해 수행할 것이다. 따라서 학술적 담론과 논의 분석에 연구의 주된 목적을 두고 있는 것이 아니라, 대중적 표현물에 투영된 구체적 의미를 분석하려는 데 연구 문제를 설정한다. 대중매체를 활용한 일반적 시각과 그 이미지의 형성을 살펴볼 필요뿐 아니라, 학문적 성과 또한 대중문화가 주를 이루게 되는 사회와의 소통에 나름의 의미를 부여해야 하기 때문이다. 영상물에 투영된 이미지를 중심으로 신대륙 발견과 신세계 건설에 대한 다각적 시각의 인식과 그에 대한 분석 작업은 후속 연구의 방향성 제고를 위해 중요한 연구가 될 것이다.

II. 역사와 기억

현재는 직·간접적으로 과거의 영향을 받고 있다. 과거의 행적이 오늘날의 손익과 관계없이, 우리는 과거를 올바로 보아야 하며, 책임을 느껴야 한다. 이러한 과거의 문제는 역사로 기억되고 해석되며, 미래에 대한 전망을 가능하게 하기 때문이다. 현재를 살고 있는 우리가 과거의 실수와 잘못을 어떤 식으로 바로잡을 수 있을 것인가 하는 문제는 기억의 재연과 지속적인 해석을 통해 접근 가능하다.

동인도에서 향신료를 구입하기 위해 새로운 항로를 개척하려던 콜럼버스는 실수로 아메리카에 도착했으나, 역사는 이 사건을 '발견'으로 기술했다. '발견'은 발견자의 주관적이고 주체적인 개입이 가능하다는 인식으로 이해되며, 발견된 땅을 개발하여 그 수익을 차지할 수 있다는 당위성으로 확장된다. 이후 역사는 기술(記述)의 주체를 가변적 요소로 삼아 신대륙 발견과 건설의 당위성을 다양하게 재해석하여 왔으며, 오늘날 '발견'의 용어에 대한 '회의'와 '의문'이 대중적으로 제기될 수 있는 자연스러운 상황에 도달했다. 소수 학자들의 단견이 아닌 영화와 소설과 같은 대중적 문화생산물에 역사의 다양한 해석 가능성이 폭넓게 시도되고 있는 것이다.

1. 역사적 사건으로서 신대륙 발견

1) 신항로 개척의 꿈과 신대륙 발견

① 블루칩으로서 향신료와 신항로 개척 사업

15세기 부유한 유럽인은 동양에서 들여온 정향, 후추, 육두구, 소두구, 계피 등의 향신료를 높은 가격에도 불구하고 앞다투어 구입했다. 정향과 육두구, 소두구 등은 당시 같은 무게의 금보다 비쌌기 때문에 유럽 시장에서 향신료는 은화가 아닌 금화로 매매되곤 하였다. 향신료는 음식의 부패를 지연시키고, 향과 맛을 가미하는 높은 부가가치의 미각 식품인 것은 물론이고, 광범위한 질병에 적용되는 최고급 약리 식품으로 소개되고 적용되었기 때문이다.

1453년 오스만 제국의 이슬람교도가 콘스탄티노플을 점령한 이후, 동쪽 무역로를 이용하려면 비싼 유통마진을 지불해야만 했다. 한 예로 주요 거래 품목이었던 향신료의 경우 원산지에서 유럽 시장에 도착하기까지 최소 10단계에서 12단계의 유통 과정이 있었으며, 후추의 경우 인도와 베니스에서의 거래 가격은 30배에서 40배를 넘나들었다.[1] 향신료는 보호무역이 팽배하던 당시 서구 사회에서 최고의 무역 상품으로 떠올랐으며, 향신료를 낮은 가격에 확보하는 집단이 권력을 쥐는 것은 당연한 결과였다.

그러나 당시 후추, 정향, 육두구, 소두구, 계피 등의 세계적인 집산지였던 몰루카 지역으로의 접근은 물리적으로 극히 제한적이었으며, 대부분의 유럽 국가들은 이슬람 세력이 주도권을 잡고 있던 지역 이외의 중립적 성격의 장소에서 중개무역을 통해 고가의 향신료를 구입할 수밖에 없었다. 이 과정에서 신항로 개척의 실현가능성에 대한 막연한 꿈이 무르익었다.

1492년 콜럼버스가 이사벨 여왕의 후원으로 서쪽 항로를 개척하게 된 것은 향신료 수입 루트 확보 가능성 때문이었다. 1505년 인도 탐사 함대에 입대하며 인도와 인도네시아의 몰루카 제도의 거대한 향신료 시장의 가능성에 눈을 떴던 마젤란 역시 콜럼버스가 꿈꾸었던 신항로를 개척하기 위한 탐사를 수행하게 된다. 유럽의 주요 향신료

---

1) Manuel Lucena Salmoral(Coordinador)(1990), *Historia de Iberoamérica, Tomo II, Historia Moderna*, Madrid: Cátedra, p.34.

교역 국가들은 이슬람 세력을 거치지 않고, 인도와 몰루카 제도를 중심으로 한 동남아시아 지역으로 가는 항로 탐사에 나설 수밖에 없었던 것이다.[2] 1519년부터 1522년까지 만 3년에 걸친 마젤란[3] 함대의 세계일주 항해에 동승하며 일지를 기록했던 안토니오 피가페타가 항해의 목적을 "새로운 동인도 항로의 개척"이라 분명하게 밝히고 있는 것[4]도 이러한 사실을 반영한다. 대항해 시대가 열리며 아프리카를 돌아 인도로 가는 항로가 포르투갈의 바스코 다 가마(Vasco da Gama)에 의해 개척된 것[5]이나, 아메리카를 향한 서쪽 항로의 개척과 마젤란 함대가 이룩하게 된 최초의 세계일주 항해 또한 블루칩이었던 향신료를 확보하고 안정된 수입 루트를 보장받기 위한 것이었다. 그러나 신항로 개척 사업은 성공 확률이 엄청나게 낮은 투기였다. 막대한 시간과 자본의 장기적이고 안정적인 투자를 감행할 수 있는 왕실은 거의 없었다.[6] 따라서 신항로 개척 사업이란 왕실이 중심이 되어 부유한 상인과 귀족이 참여하는 대규모 국책사업이 될 수밖에 없었다.[7] 신항로 개척 사업은 국가 권력의 집중화와 대외 경쟁력과 밀접한 관계에 있었기 때문에 마젤란이 스페인 왕실의 지원으로 함대를 이끌

---

2) 안토니오 피가페타(2004), 『최초의 세계일주』(박종욱 옮김), 서울: 바움, p.127.

3) 마젤란은 서쪽 항로를 통해 향신료의 고장 동인도를 거쳐 스페인으로 귀국하는 세계일주 항로를 완성할 수는 없었다. 오늘날의 필리핀 세부 섬에서의 전투에서 전사하기 때문이다. 전투의 계기는 함대의 항해 목적이었던 향신료 수입 루트 개발과 영토의 확장 및 복음화와 다소 거리가 있었다. 마젤란 함대의 정책에 우호적이었던 세부 섬을 권력의 중심으로 삼으려 했던 마젤란에 대한 막탄 섬과 주변 섬 부족들의 반발이 구체적인 이유였다. 실라풀라푸 족장은 스페인 국왕의 권위를 무시하고 주변 섬의 족장들과, 심지어 왕들에게 자신을 따라서 외세를 인정하지 말자는 저항 운동을 주도했다. 참조, 위의 책, pp.169~174.

4) 위의 책, p.63.

5) 이전(1994), 『라틴아메리카 지리: 문화와 역사 그리고 정치·시사를 중심으로』, 서울: 민음사, pp.42~43.

6) Manuel Lucena Salmoral, 앞의 책, p.35.

7) 그러나 아메리카의 존재가 밝혀진 후 안정적 항로를 통한 대륙 탐사 원정대의 경우는 대부분 국가 주도형이 아닌 민간 주도형으로 이뤄지며, 따라서 국가의 통제력 또한 제한적이었다.

게 되면서 입장이 난처해진 포르투갈의 왕실은 물론이고, 사주를 받은 귀족 세력들이 탐사 항해를 방해하기 위한 갖은 수단을 썼던 것도 무리가 아니었다.[8]

콜럼버스의 신항로 개척 사업은 본연의 목적을 달성하지 못한 채 신대륙 발견으로 이어졌고, 신항로 개척의 목적이었던 향신료 수입 루트의 안정적 확보와 멀어졌다. 그러나 아메리카의 발견으로 이어진 그의 신항로 개척 사업은 결국 향신료를 대체할 수 있을 만큼 블루칩으로서의 무한한 가능성을 안게 된 신세계 건설로 이어지게 된다.

② 신대륙, 대체된 향신료의 꿈

향신료 수입 루트를 개척하기 위한 콜럼버스의 항로 탐사는 뜻하지 않았던 지리상의 발견이 되었다. 이때의 '발견'은 물론 서구적 시각이다. 1492년 10월 12일 새벽 콜럼버스는 핀손 형제와 함께 F와 Y가 새겨진 깃발을 카리브에 세운다.[9] 수천 년을 문명을 이루며 살아왔던 '구대륙'은 '신대륙'으로의 첫걸음을 내딛게 된 것이다. 바르톨로메 데 라스 카사스 수사가 필사한 판본을 통해 전해지는 콜럼버스의 『항해일지』에는 콜럼버스 또한 마르코 폴로가 서구인들에게 심어주었던 물질적으로 풍부한 동방에 대해 기술하고 있음이 드러난다.[10] 비센테 무뇨스 푸에예스가 지적하듯, 정황상 콜럼버스가 마르코 폴로의 책을 읽고 동방에 대한 환상을 키워 왔을 가능성이 크다.[11] 물론,

---

8) Manuel Lucena Salmoral, 앞의 책, pp.32~33: 95~100.

9) F는 Fernando의 약자이며, Y는 Ysabel의 약자이다.

10) Cristóbal Colón(1985), *Diario de a bordo*, Madrid, Ediciones Generales Anaya, pp.35~36.

11) "Colón había leído, en el Libro de las Maravillas de Marco Polo, que el Gran Khan pidió al Papa Eugenio IV cien teólogos para convertir a los mogoles", 위의 책, p.36. 각주 2.

콜럼버스 자신이 중국 황제가 영향력을 미치는 지팡구(현재의 일본) 남쪽에 펼쳐져 있다는 향신료와 금은보화가 가득한 동인도에 도달했으리라는 환상은 오래가지 않았다. 지리적 오류를 시인할 수밖에 없게 된 것이다. 하지만, 지리상 알려지지 않았던 공간을 발견했다는 생각은 신세계의 발견이라는 새로운 희망으로 대체된다.

아메리카가 신대륙이자 신세계로서 서구인들에게 인식된 것은 원주민을 고유의 문화와 문명을 지닌 주체적 대상으로 본 것이 아니라 향신료와 같은 환금성 작물을 대체할 수 있는 광활한 지역의 단순한 거주민으로 보았기 때문이다. 신대륙은 향신료와 금은 등 서구인들의 부귀영화를 위한 새로운 대상으로서 신세계가 된 것이다. 원주민들은 서구인들을 대적할 만한 군사력이 없을 만큼 존재감이 미약한 저개발 지역민들이었다. 처음부터 원주민은 타자였던 것이다. 1493년 2월 15일 왕실 서기 루이스 데 산탕헬에게 보내는 편지에서도 가톨릭 양왕을 위해 모든 섬을 점령했음을 명확하게 밝히고 있다.[12] "금광과 은광에 접근하기 좋은 [······] 중국 황제가 있는 땅 같은 넓은 지역을 점령하여"[13]라는 묘사에서처럼 '점령'이라는 말에는 금과 은을 비롯한 물질적 기대를 반영하고 있으며, 아메리카는 물질적 욕망의 대상으로 체화되었음은 주지의 사실이다. 그는 동인도에 도착했다는 확신이 없을 뿐 아니라, 당시에 인기 있던 향신료를 발견하지 못했음에도 불구하고, 향신료를 대체할 수 있는 금과 은에 대한 희망을 '당연하

---

12) "yo hallé muy muchas islas pobladas con gente sin número, y de ellas todas he tomado posesión por Sus Altezas", 위의 책, p.225.

13) "en el lugar más convenible y mejor comarca para las minas de oro y [······] así de la tierra firme de acá como de aquella de allá del Gran Can, adonde habrá gran trato y ganancia, he tomado posesión de una villa grande a la cual puse nombre la Villa de Navidad", 위의 책, p.234.

게' 묘사하고 있는 것이다.[14]

　종교적 교세확장과 영혼구제라는 목적이 병존했다고는 해도, 항로 개척의 의도 자체가 높은 환금성 사업성의 확보에 있었으며, 항로 개척에 참여한 사람들의 구성은 소수의 성직자와 의료인들을 제외하고는 대부분 상업적 목적에 의해 이뤄졌다. 결국, 신대륙의 발견은 새로운 땅의 정복으로 이어졌고, 향신료를 대체할 황금이 가득한 미지의 세계로 변모되었다. 스페인과 포르투갈의 군주는 황금에 눈이 뒤집힌 이들에게 정복사업을 허가했고, 그들의 에너지를 '신대륙'에 풀어놓았다. 일종의 투기사업을 활성화한 것이었다.[15] 사람들은 일확천금을 꿈꾸며 대양을 건넜고, 금의환향하거나 높은 지위도 얻을 수 있을 것을 예상했던 것이다.

2) 이상화된 현실과 환멸

　콜럼버스는 『항해일지』에서 "새롭게 도착한 곳이 너무도 아름다워 낙원에 도착한 것 같다"[16]고 감회를 적고 있다. 그의 기록에 의하면, 경치는 아름다웠으며, 날씨도 카나리아 제도에서보다 좋았고, 과실이며 동식물들은 다양했고, 그 개체 수 또한 놀랄 만큼 많았다. 그곳에는 무엇보다도 주권을 유지할 물리적 저항력이 없는 원주민들만 거주하고 있을 뿐이었다. 콜럼버스는 "[원주민들은] 태어날 때처럼 옷을 벗고 다녔으며, [……] 무기를 지니기는커녕 알지도 못했는데, 칼

---

14) "en ésta hay muchas especierías y grandes minas de oro y de otros metales.", 위의 책, p.227.

15) 존 H. 엘리어트(2001), 『스페인 제국사 1469-1716』(김원중 옮김), 서울: 까치, pp.62~63.

16) "sin comparación de la isla de Tenerife, todas hermosísimas, de mil hechuras, y todas andables y llenas de árboles de mil maneras y altas, y parece que llegan al cielo.", Cristóbal Colón, 위의 책, p.226.

을 보여주자 날을 잡아 손을 베이곤 했을 정도였다[17]"고 기술하고 있다. 서구인들에게 아메리카 대륙은 주인다운 주인이 없는 곳으로서의 신대륙을 의미했으며, 이는 점령의 당위성과 연결되었다. 무적함대를 위시한 막강한 군사력에 대응할 능력이 없을 뿐 아니라, 대규모 이동과 운송 수단을 결여하였으며, 제한적 농업 위주의 생산 구조는 서구가 원주민을 '야만'으로 규정할 명분을 제공하였고, 향후 식민정책에서 그들의 산업과 경제적 구조를 '저개발'로 규명하여 길들이고 발전시킬 수 있다는 개발론과 발전론의 인식적 명분으로 확장된다. 주인의 공감 없이 '주인 없는 땅'으로 인식된 아메리카는 곧 탐욕의 대상으로 떠오른다. 서구인에게 물질적 욕망을 채워줄 수 있는 이상적 세계로 등장하게 된 것이다.

대규모 이익 사업이 가능한 이상적인 세계를 발견하게 되었다는 인식은 이상화된 현실이라는 측면에서 유토피아의 개념과 연결이 된다. 유토피아의 개념은 토머스 모어가 쓴 동명의 작품이 등장하기 훨씬 전부터 서구 사회의 이상적 세계관의 형상으로 비유되어 왔다. 플라톤의 아틀란티스를 비롯하여, 고대 그리스의 이상국가 개념과 헤브라이즘에서의 낙원의 개념이 15세기 후반과 16세기에 급격하게 확산된 유토피아 세계관의 원형적 모델이라 할 수 있다. 이상세계로서 유토피아가 처음으로 등장한 것은 '창세기'[18]일 것이다. 탐욕과 불의가 없다는 의미에서는 더욱 그러하다. 낙원은 인간이 성(性)을 모르는 한 지속되는데, 성이 등장하거나 성에 대한 인식을 갖게 되면서 낙원에

---

17) "Ellos andan todos desnudos como su madre los parió. [……] Ellos no traen armas ni las conocen, porque les mostré espadas y las tomaban por el filo y se cortaban con ignorancia.", 같은 곳.

18) "La primera utopía aparece en el Génesis" Iván Gracia Sala, *Feminidad, deseo y utopía: las mujeres de Nosotros*, Madrid, Esclavística Complutense, 2007, pp.7, 51~62.

서의 추방이 이뤄졌다는 믿음 때문이다. 인간의 성과 그로부터 파생된 사랑과 가족, 재산의 개념은 유토피아 세계를 파괴하는 것으로 이해되었다.

지상에서 낙원의 이미지로서 유토피아는 토마스 모어의 『유토피아』에 잘 정리되어 있다. 모어에 의하면 모든 사회적 부정과 불행은 부자들의 음모에서 기인한다. 그에게 사회의 부조리에 대한 해결책은 사회체제의 근본적 개편, 즉 사유재산제를 폐지하고 재산 공유제를 도입하는 선택뿐이었다. "사유재산이 폐지되지 않는 한, 재화의 공정하고 평등한 분배와 인간세계의 행복이란 존재할 수 없으며 인류의 최대다수를 차지한 선량한 사람들이 빈곤과 불행의 굴레에서 벗어날 길이 없다"는 것이다.[19] 모어의 궁극적 목표는 사회정의와 행복이었으며, 사회정의와 행복은 평등 없이 실현될 수 없는 것으로서 평등은 사유제 사회에서 유지되기 어렵기 때문에 모어에게 있어 공유제는 그 자체에 목적이 있는 것이 아니라 그의 목표를 실현하기 위한 수단이었다. 초기의 식민자들이 생각했던 유토피아와 근본적으로 의미가 다른 것이었다. 아메리카를 정복한다고 믿었던 이들은 적극적 개념의 소유와 물질에 대한 집착을 보였으며, 고대 그리스 사상이나 무궁한 자원과 대상이 가득한 곳으로 보이는 '낙원'은 그 자체로 지상의 유토피아였으며, 짧은 기간 동안에 자신들의 물욕을 채워줄 수 있는 '향신료의 꿈이 체화된' 엘도라도로 그 의미가 확장된다. 창세기에 등장하는 공유제로서의 유토피아와 본질적으로 대조되는 물질적 세계관을 지향했던 것이다. 신대륙 정복과 개발에 있어서 유토피아적 인

19) 김영한(1989), 『르네상스 휴머니즘과 유토피아니즘』, 서울: 탐구당. p.183.

식은 철저하게 물질적 욕구의 대상이었으며, 공유제적 유토피아가 추구하는 형이상학적 사고체계로 흡수되지 못한 채 속물적 형태로 남게 된다.

콜럼버스와 그 일행이 묘사하고 느꼈던 낙원의 이미지는 토마스 모어로 대표되는 정신적 낙원의 이미지와 대조되는 것으로서 엘도라도의 개념으로 흡수되어 형성된다. 막대한 양의 금이 있을 것으로 여겨졌던 동인도 대신 신대륙이 엘도라도의 신화를 위한 공간으로 대체되고 체화된다. 엘도라도는 모험과 부와 탈출을 꿈꾸던 사람들이 자신들의 목적을 위해 현실과 신화를 결합시키며 찾아내려던 유토피아가 된 것이다.

결국, 낙원으로 비친 모습은 정복자의 욕망의 시각에서 기술된다. '보는' 주체에 따라 '보이는' 대상의 의미는 달라진다. 이러한 의미의 차이는 신대륙이라는 새로운 공간을 둘러싸고 원주민과 이주민들의 이해관계에 따라 더욱 극명하게 드러날 수밖에 없는데, 일방적 시각에서 아메리카를 낙원으로, 그리고 엘도라도로 보았던 서구인들은 현실과의 입체적 접촉을 통해 환상에서 깨어나는 환멸을 경험하게 된다. 여전히 아메리카의 거대한 영토와 자원은 대체된 향신료의 꿈으로서의 긍정적 의미를 상실한 것은 아니었으나, 물질적 유토피아의 꿈과 욕망은 집착의 크기만큼이나 큰 실망과 환멸로 이어졌다. 중요한 것은 이상화된 환멸을 보는 시각이 서구인에만 집중이 되어서는 객관성을 유지하지 못한다는 데에 있다. 원주민들에게 그들의 땅은 일상적 삶의 터전일 뿐 낙원의 개념도 유토피아나 엘도라도의 개념도 개입될 이유가 없었다. 그러나 콜럼버스 이후 방문객은 점령자로 바뀌고 있었고, 낯선 삶의 패턴이 강제되거나 자신들의 삶의 자유가 제한되는 상황에서 서구와의 만남은 이상화된 낭만이나 욕망의 꿈과는 전혀 거리가 먼 수탈과 억압의 시작이 되었다. 엘도라도의 부재에 대한 자각과 환멸이 초기 정복자들이 겪은 정신적 공허함의 원인이었으며, 부분적으로 정책의 부재와 사회적 혼란으로 이어졌다는 시각이 서구인의 입장을 대변하는 측면이 강조된 것이라면, 원주민들의 입장에 대한 해석과 기술은 극히 제한적이다. 이러한 시각의 차이는 역사로서 과거에 대한 기억과 그 재연 과정에서 자연스럽게 표출된다.

2. 재연된 기억

역사적 사건은 사건의 재연을 통해 그 의미가 현재화된다. 사건의 재연은 기억의 서사 과정에서 현재적 의미로 형상화되기 때문에 서사의 주체가 소유하는 시각은 매우 중요한 요소가 된다. 신대륙 발견과 개발을 둘러싼 역사적 사건에 대한 인상과 이미지는 다양한 시각에서 축적된 자료들을 바탕으로 현재화 과정을 겪지만, 특히 주체에 따른 주관적 시각이 의미 해석과 형상화에 적극적 영향을 미치는 것이다. 현재를 살고 있는 일반대중이 현재성이라는 측면에서 과거의 사건을 체감하는 인상과 이미지는 기억의 서사에 있어서 선택하는 주관적 시선의 차이에 따라 달라질 수밖에 없다. 본 장에서는 기억의 재연에 있어서 서구적 서사와 아메리카적 서사의 두 개의 시점으로 나누어 역사적 사건의 재연 시각에 대한 연구를 진행할 것이다. 모든 영상물과 영화들이 단순한 분류에 의해 구분될 수 있는 것은 아니며, 오히려 오버랩되는 시각을 지향하거나 자체 모순적 시각을 지향하는 경우도 있기 때문에 본 분류는 최소한의 구분을 통하여 종합적인 스

펙트럼을 찾아내기 위함에 그 목적이 있다. 또한 기억의 서구적 서사
와 아메리카적 서사의 구분은 제작의 주체를 기준으로 하는 것이 아
니라, 기억의 주체를 기준으로 한다.

1) 기억의 서구적 서사

① 위대한 대서양 시대의 개막

서구의 주된 기억은 탐험과 정복을 대상으로 재연된다. 이때 정복
의 의미는 발견에 대한 합리화의 시각으로부터 출발한다. 발견을 바
라보는 시각은 콜럼버스의 업적이 서구 중심적 시선에서 해석되어
왔으며, 낭만적으로 묘사되거나 서구적 역사 기록의 정당화에 치우쳐
있었음을 인정하는 데에서 출발해야 할 것이다. 그러나 적지 않은 서
구의 역사적 시선은 콜럼버스가 이룬 사건을 그 자체로서 인정해야
할 충분한 이유가 있음을 지적하고 있다. '발견'이란 서구 중심적이고
제국적 내용을 담고 있다는 사실은 인정하지만, 대양을 건너 인도로
가겠다는 서유럽 국가들의 노력을 인정해야 한다는 것이다.[20]

호아킨 베라 감독의 다큐멘터리[21] <스페인 역사: 시간의 밤 XIV권
아메리카의 발견>[22]은 전체 분량 55분 가운데 35분 이상을 서구가
축적한 대서양 개발의 위업과 의미와 관련하여 기술하고 있다. 1477

---

20) Manuel Lucena Salmoral, 앞의 책, p.26.

21) 본 연구에서는 신대륙 발견과 관련된 다큐멘터리 두 편을 선택하여 분석한다. 인용 빈도수와 판매량에 있
어서 대표성을 지니고 있다는 평가와 더불어 추천 목록에 자주 등장한다는 의미 이외에도 본 연구가 지향
하는 상징성과 대표성으로서의 접근 시각에 유용하기 때문이다.

22) [Historia de España: La noche de los tiempos, Vol. XIV El descubrimiento de América], 1995/55m,
Producción de Televisión Española, Producción: Martín Cabañas, Antonio Ibañez; Dirección: Joaquin
Vera. 본 연구에서는 〈다큐멘터리-1995〉로 표기하기로 한다.

년 가톨릭 양 왕의 이름으로 정복이 완성된 카나리아 군도는 플라톤이 언급했던 '헤라클레스의 기둥 너머'에 있었던 아틀란티스일 가능성이 있으며, 플루타르크에 의해 '행운의 섬'이라고 불렀고, 호머의 율리시스가 헤매던 섬들이었을 개연성[23]을 역사적 기술과의 비교를 통해 대서양 항해 시대의 위대한 개막을 피력하기 위해 집중적으로 기술된다. 물론, 식민 이전 시대의 카나리아 군도에 대한 언급은 생략된 채, 카스티야 왕국에 귀속된 이후의 역사와 그 의미에 집중되는 것이다. 카나리아 서쪽 대양은 '두려운 바다(mar tenebrosa)'였으며, 구체로서의 지구의 공간적 구성에 대한 지식을 지니고 있던 소수의 지식인을 제외하고는 평평한 지구의 끝에 대한 막연한 두려움의 시기였음이 강조된다. 이윽고 시작될 서쪽 항로 개척 모험이 얼마나 대단한 것인지 피력하기 위함이다. 영상물에 의하면, 콜럼버스와 핀손 형제의 신대륙 발견이 인류사적 위업이라는 실로 격정적인 기억으로 재연되고 있는 것이다. 영상물은 항로 개척 여행의 후원자를 찾는 콜럼버스의 다각적인 노력과 과정을 역사 기록물의 고증을 통해 밝힌다. 원주민들과의 만남에 대한 기억은 담담하게 묘사되며, 온순하고 저개발된 그들은 복음의 대상이 될 수 있는 자격이 있다고 기록한 콜럼버스의 일기를 바탕으로 한다. 결국, 영상물을 통해 재연된 과거의 기억은 대서양 항해와 탐험이 얼마나 위험한 역사(歷事)인지 고증한 뒤, 콜럼버스의 위업을 고양하며 마무리되는 형식으로 서술된다. 새

---

23) "La mitología grecolatina ubicaba en el entorno de las Canarias, situadas 'más alla de las Columnas de Hércules', en los límites del mundo conocido ('la Ecúmene'), muchos de los relatos fantásticos de su tradición. Así la imaginación de los clásicos colocó sobre las islas los Campos Elíseos, las Islas de los Bienaventurados, las Islas Afortunadas, el Jardín de las Hespérides o la Atlántida platónica." [Historia de España: La noche de los tiempos, Vol. XIV El descubrimiento de América].

로운 대륙을 발견한 것은 신의 축복이고 카스티야 왕국의 행운이라는 것이다. 베라 감독은 발화자를 통해 '끝없는 크기의 땅, 아메리카는 신대륙, 새로운 삶의 목적이 되어, 사제, 군인, 상인 등이 서로 앞다투어 그곳으로 향하게 되지만, 콜럼버스는 자신이 인류 역사에 새로운 시대를 열었다는 사실을 모른 채 바야돌리드에서 쓸쓸하게 죽어갔다'고 안타까움을 피력하며 영웅으로서 콜럼버스의 역사적 의미에 결어를 구성한다. 55분 분량의 영상물에 원주민들의 주체적 입장이 부재하고 있음은 물론이고 원주민들에 대한 언급 자체가 거의 생략되었다.

콜럼버스의 이미지와 관련된 서사가 집중된 작품은 <1492, 낙원의 정복>이다. 영화는 플래시백을 사용해서 '콜럼버스 아들의 회상─아버지 콜럼버스의 회상'을 통해 역사적 사건이 형성된 당시의 사회적 상황을 마녀사냥, 교회의 독선, 귀족의 횡포, 스페인 왕실의 경제적 궁핍 등으로 기술한다. 기억의 서사라는 측면에서 우리는 스코트 감독이 콜럼버스를 인도주의적 성격의 인문주의자로 묘사하고 있음에 주목한다. 그는 이사벨라 시의 건설 과정에서의 원주민 노동력의 착취와 금을 비롯한 광물자원의 수탈과는 아무런 관계가 없는 듯 그려진다. 미신과 공포가 주도하던 암흑의 시대인 15세기 후반 귀족과 교회의 위선과 무지에 대항하여 불가능으로 보였던 탐험을 성공시켰으나 귀족과 교회의 음모에 무너지는 몽상가이며 영웅이 탄생되는 순간이다. 콜럼버스는 스코트에 의해 르네상스의 인문주의자로서의 면모를 갖춘 인물로 묘사되고 있다.[24] 이는 교회에 충실한 종이며, 지적

---

24) "Columbus is, by turns, the Renaissance man hungering for knowledge, 'I want to find out for myself!' he declares when warned about the unknown dangers on the other side of the ocean. [He is

호기심과 인도주의적 면모에 국가에 충실한 신하로 묘사되는 엘시드에 대한 묘사를 상기시킬 만큼 스코트의 한계를 드러낸다. 작품은 신대륙 발견 500주년을 동기로 스페인, 프랑스, 영국과 미국이 합작한 영화이다. 그러나 영화는 역사적 기억을 많은 부분 왜곡하고 훼손한다. 영웅의 탄생을 위해 15세기 후반 교회와 대학을 무지와 위선의 현장으로 묘사한다. 구체로서의 지구에 대해 벌어진 살라망카 대학에서의 청문회도 역사적 근거가 없는 것일 뿐 아니라, 구체로서의 지구에 대한 회의는 무지한 일부 대중의 몫일 뿐이었다. 화형과 억압의 이미지 또한 콜럼버스의 용기와 결단력을 강조하는 장치로 과장된 스코트의 수사(修辭)이다. 스코트 감독은 여인들을 음식이나 성적 대상으로 삼는 귀족들의 시각과 수탈의 대상으로서의 원주민 처녀에 대한 묘사를 통해 콜럼버스의 난처한 입장을 묘사했지만, 그의 고뇌가 지닌 진정성은 어디에도 없다.[25] 위대한 대서양 시대의 개막을 가능하게 한 콜럼버스의 시대를 뛰어넘은 위대함에 대한 묘사가 초점을 구성하다 보니, 원주민들의 입장에서의 묘사는 극히 제한적일 수밖에 없으며, 오히려 대중 오락물로서 성과 폭력이 자극적 요소로서 대중매체로서 영화의 의미를 확인하고 있다.

정복의 역사적 사건이 무역의 본질을 바꾸면서 인류역사에 급격한

---

described as] the true son of the Catholic church, a gold-hungry conquistador, and a multiculturalist who wants to protect the lives and civilization of the Tainos tribe that has welcomed him to America." Alleva, Richard(11-20-92), *Commonweal*, Vol. 119, Issue 20, pp.20~21.

25) 역사적 기억의 재연이라는 시각에서 알레비는 고문과 성적 수탈, 절단의 폭력이 낙원을 파괴하는 동안 콜럼버스가 한 일이 무엇이었는지에 대한 스코트 감독의 성찰이 결여되어 있음을 지적하며 반문한다. "What is Columbus doing while rape and rapine are destroying paradise? [······] Columbus was as bad at administration as he was great at navigation, but was it necessary to make him a simpleton in order to exculpate his possible guilt? That all torture, rape, and mutilation were stopped? [······] Ridley Scott worrying about his audience being bored when there's no sex or violence on screen.", 같은 곳.

변화를 가져왔음을 지적하는 위아르다와 클라인의 경우 또한 서구 중심의 역사적 시점에 집중된다. 그들은 탐험과 정복이 무역을 촉진시켰으며, 지중해 중심이 대서양으로 옮겨졌고, 이러한 정복은 결국 식민정책의 탐색과 실험을 통해 새로운 유형의 사회적, 정치적 그리고 인종적 관계를 가져와 짧은 기간 동안 세계의 규모를 두 배로 늘렸을 뿐 아니라, 인류의 전망 또한 넓어져 갔다며[26] 아메리카 정복이 위대한 대서양 시대를 열었다는 서구 중심적 합리화의 해석을 근본적으로 극복하지 못하고 있다.

② 정복의 당위성과 과정의 합리화

레온 대학에서 제작된 <스페인 신 역사 10권. 아메리카의 발견>[27]은 콜럼버스 이전 아메리카에 존재하던 고대 문명의 흔적과 상황에 대한 배경 정보를 제공한 뒤에 아메리카 식민의 역사를 묘사한다는 점에서 <다큐멘터리-1995>가 식민 이전 시대 아메리카의 문명과 이후 서구와의 관계에 대해 거의 기술을 하지 않는 것과는 구성에 있어서 근본적인 차이를 보인다. 또한 위대한 대서양 시대의 개막에 초점을 두지 않고, 아메리카를 본질적 대상으로 하고 있다는 점에서 시점을 달리하고 있다. <다큐멘터리-2002>는 콜럼버스 이전 문명이 서구 문명과 결합하고 충돌하는 접점에 대한 서술에 주목한다. 두 문명의 접촉은 인적 요소에 의해 구성되고 있으며, 원주민 여인과 유럽

---

26) Howard J. Wiarda and H. F. Kline(1985), "The pattern of Historical Development", pp.19~36 in H. J. Wiarda and H. F. Kline(eds.), *Latin American Politics and Developmente*, Boston: Houghton Mifflin. "식민시대의 유산", 『라틴아메리카의 도전과 좌절 격동하는 정치사회』(김병국 외 옮김, 1991), 서울: 나남, p.60.

27) [Nueva historia de España -10 El descubrimiento de América], 2002/60m, DV-420/ Universidad de León, Mediateca. 본 연구에서는 <다큐멘터리-2002>로 표기하기로 한다.

백인의 자유로운 성적 접촉이 한 요소임을 밝히며 아메리카의 혼혈 문화의 시원과의 연관관계를 강조한다. 피정복자를 여성으로, 정복자를 남성으로 묘사하는 상징화하여 남성중심주의의 본체를 유럽으로 구성하여 해석하고 있다는 점에서 지극히 서구적 입장을 반영하고 있는 것이다. 다큐멘터리는 에르난 코르테스(Hernan Cortés)의 경우를 예로 들면서, 왕족과 귀족으로 구성된 원주민 상류 특권층과 원정대의 소통을 위해 코르테스가 원주민 여인, 말린체(Doña Marina의 세례명으로 개종하며 통역의 역할을 수행한다)를 성욕의 대상을 넘어서 전략적 매개로 활용했던 것처럼 초기 스페인 정복자들의 대부분은 실용적(pragmático) 태도를 취했다는 사실에 집중한다. 또한 목테수마의 비극적인 죽음을 계기로 아스테카 왕국은 몰락하게 되지만, 테노치티틀란을 정복한 것은 스페인 원정대가 아니라, 자신들의 왕의 변절과 무능에 반기를 든 아스테카인들이었다고 해석하고 있다. 코르테스는 상황을 유리하게 이끌었을 뿐이라는 것이다. 나아가 원주민들에 대한 무차별 학살이 있었던 것은 사실이지만, 급격한 인구의 감소의 주된 원인은 유럽의 각종 전염병들, 특히 홍역, 천연두, 독감 등이었음을 강조한다. <다큐멘터리-1995>와 비교하여 객관적 요소들에 주목하려는 의도를 드러내고 있음은 분명하다. 그럼에도 불구하고, 스페인 사람들의 월등한 병기들과 전술 앞에 무기력할 수밖에 없었던 원주민들의 물리력에 대한 서술부분에서 현역 육군 소장이며 발레아레스 역사연구소 명예회원인 호세 안토니오 크레스포 프란세스의 말[28]을 인용하면서 잉카인들의 병기가 결코 무시할 수 없는 수준

---

28) "No podemos olvidar que por ejemplo, los indígenas tenían unas espadas de madera, casi más largas que las toledanas, (de) noventa centímetros que estaban perfectamente en todos los dos filos

이었다고 기술한다. 장군의 언급은 당시 사건에 대한 현대인들의 인식 부족을 반영하고 있는 것이다. 콜럼버스에 의하면, 무장하지 않은 온순하게 살고 있는 낙원의 이미지가, 살상과 더불어 그들의 식민정책과 관련되면 놀라운 무기를 소지하고 있는 만만치 않았던 원주민이 된다. 객관적인 전력의 비교라기보다는 주관적이고 편향적인 사고를 인용하며 분석적 시각으로 제공함으로써, <다큐멘터리-2002> 역시 고착된 서구중심의 시각을 노출하고 있는 것이다. 영상물의 후반부는 '정복'의 어휘로 대표되는 식민의 역사에 대한 주제별, 시대별 접근이며, 거시적 시각에 제한되어 있다. 이후 금광과 은광을 비롯한 아메리카 대륙의 자원 확보와 유럽시장으로의 유통에 대한 서술이 계속되고 강조되며, 그 과정에서 도시와 지역개발의 당위성에 대한 서술이 진행된다. 라틴아메리카의 입장은 수동적인 것으로서, 전체적으로 제한적이고 피상적이며, 오랫동안 관행처럼 생각되었던 '근대화'의 시각이 서구의 판단에 의해 요구되는 필연적 조건이었음을 합리화한다. 마지막 주제인 인종적 정체성의 문제란 라틴아메리카의 과거와 현재, 그리고 미래를 '혼혈'이라는 시각에서 살펴볼 수밖에 없는 배경을 제공한다고 함으로써 현재와 관련된 문제점에 있어서 서구 주체적 성찰과 반성의 시각이 부족하다. 서구적 서사에 있어서 낙원과 유토피아는 아메리카를 바라보던 그들의 시각이며, 정복과 점령 그리고 개발로 이어지는 식민의 합리화 과정에서 파악되어야 한다.

---

sembradas de unas láminas finísimas y obsidianas. Las láminas y obsidianas [son los] que los peruanos las empleaban en operaciones quirúrgicas. Con éstos cortaban perfectamente un papel. Una persona con un simple golpe puede ser descapitada."

2) 기억의 아메리카적 서사

콜럼버스의 진출 이후 아메리카와 서구의 만남이라는 역사적 사건에 대한 기억의 아메리카적 서사는 수탈로 함축된다. 두 문화적 주체의 만남이 아메리카에 대한 서구의 수탈이라는 시각에서 이해될 수 있는 것은 이질적 요소의 결합이 새로운 형태의 문화를 형성하는 과정에서 토착 원주민의 입장이 거의 반영되지 않았다는 사실에서 그 근거를 찾을 수 있다. 위아르다와 클라인의 "라틴아메리카는 비유럽 대륙 중 가장 처음으로 서구화되었다. 유럽인들이 원주민인 인디언들과 접촉한 이후 이 지역의 문화는 붕괴되었으며, 그런 상황이 오늘날까지 지속되고 있다"[29]는 지적은 라틴아메리카가 직면했던 당시 상황이 서구 주체의 일방적 개입과 주도에 의해 이뤄졌음을 확인한다. 서구는 원주민의 토착 문화에 대한 이해의 노력을 게을리 했음은 물론이고, 문화적 다양성과 상대주의적 시각을 결여하고 있었던 것이다. 갈레아노가 지적하듯, 원주민의 문화는 토속적 공예로서 서구적 예술과 문화에 하위하는 저급한 가치로 취급되었을 뿐이다. 원주민들의 인신공양 및 희생제의 등의 문화적 전통은 복음화와 박해를 위한 구실로 작용하였을 뿐 아니라 개발과 경영의 합리적 구실을 제공하였다.

① 물신적 꿈과 수탈의 공간

서구의 시각에서 아메리카는 처음부터 물신적 꿈의 체화된 공간이었다. 본격적인 대서양의 시대를 연 카스티야 왕국은 콜럼버스를 통한 투기사업에 집중할 수밖에 없는 상황이었다. 국토회복 전쟁은 왕

---

29) Howard J. Wiarda and H. F. Kline, 앞의 책, pp.59~60.

실의 금고를 텅 비게 만들었고, 실현가능성도 모호한 서쪽 항로 개척에 경제적 희망을 걸 수밖에 없었던 것이었다. 인도의 동쪽에 존재한다는 약 3천 개의 섬과 그곳의 특산물인 금과 진주의 산, 12종에 달하는 많은 양의 향료, 대량의 검거나 흰 후추는 마르코 폴로의 기록을 통해 물신적 꿈으로 재생산을 거듭하였고, 콜럼버스와 동시대인들에게 판타지의 꿈[30]이었다. 갈레아노는 향신료의 중요성이 콜럼버스 항해의 탐험 원조의 결정적 동기였으며, 무역을 독점하는 중개업자나 투기자의 사슬에서 벗어나며, 상거래의 결제수단인 귀금속을 향한 갈망이었음을 지적한다. 보헤미아, 작센, 티롤의 은광맥이 이미 고갈되어 전 유럽이 은을 갈구하고 있었기 때문[31]이었다는 것이다. 향신료의 꿈이 사라졌어도 아메리카는 여전히 물신적 꿈의 공장이었으며, 이는 지속적인 수탈로 확장된 것으로 묘사된다. 엘도라도의 꿈은 향신료를 대체하였다.

　엘도라도의 전설은 정복과 원정을 합리화하고 구조화하는 빌미가 되었지만, 곤살로 피사로에서 월터에 이르기까지 대부분 좌절을 맛볼 뿐이었다. '은을 분출하는 산'의 환영은 1545년에 포토시의 발견에 의해 현실이 되었지만, 많은 탐험가들이 굶주림이나 질병에 쓰러지든가, 원주민의 화살에 죽어갔다. 갈레아노는 당시, 금과 은은 르네상스가 천국의 낙원의 문과 지상의 자본주의적 중상주의의 빗장을 여는 데 사용한 열쇠였으며, 아메리카에서의 스페인 사람과 포르투갈인의 서사시적(敍事詩的)인 위업은 기독교 신앙의 보급과 현지의 부(富)의 횡령 및 약탈을 결합시켰음을[32] 상기한다.

---

30) 갈레아노(1988), 『수탈된 대지』(박광순 역), 서울: 범우사, p.60.
31) 같은 곳.

카를로스 사우라의 <엘도라도>는 물신적 꿈이 무너지는 과정에 대한 묘사에 집중하였다. 영화는 1560년 펠리페 2세 치하의 페루 산타 크루스 데 카포코바르에서 엘도라도를 찾는 원정대의 여정으로 시작된다. 황금에 대한 탐욕은 7년의 세월 동안 아마존 유역을 헤맬 수 있는 동력이 되었다. 8개월의 지체와 항해의 어려움은 원정대의 사기를 꺾었으나, 알론소 데 에스테반 대장은 반역과 반란을 평정하며 힘들게 진군을 한다. "나는 지쳤소. 한데, 엘도라도가 없는 것이라면 우리는 무엇을 해야 할까요?" 그는 자신과 대척점에 있는 아기레에게 고백한다. 영화는 초반 5분을 제외하고 이후 137분이 진행되는 동안 끝없는 절망과 회의 속에 스스로 함정에 빠지는 원정대를 묘사한다. 황금에 대한 인간의 탐욕은 원정대장의 혼혈 애인인 이네스를 통해 체화되며, 그녀는 모든 남성들의 표면적 갈등의 원인으로 등장한다. 그녀가 욕망의 대상이 되는 것이다. 그녀 곁의 남성들은 차례로 죽음을 맞이하며, 탐욕은 혼란과 내분을 거쳐 비극으로 확장된다. 대장의 암살 이후 원정대는 아기레의 독선으로 점점 좌초된다. 이 과정에서 이네스와 아기레의 딸, 엘비라는 원정을 바라보는 두 시선을 상징한다. 원정대장의 애인으로 남성들의 욕망의 대상으로 물화된 이네스는 희망의 원정에 따라나섰다가 두려움과 혼란 속에 빠지는 원정대원들의 모습과 동일시된다. 그러나 엘비라는 원정의 후반부를 지휘하는 독선적인 아버지, 아기레의 모습에서 인간의 탐욕에 대한 분노와 저항을 드러낸다. 초기 원정대의 탐욕과 폭력에 대한 아메리카적 시선의 고발을 상징한다. 식민지의 모국에 대한 거부감과 저항의식은

32) 위의 책, p.63.

원주민 혼혈 엘비라와 아버지, 아기레와의 관계로 함축되는 것이다. 귀족 출신의 에스테반이나 평민 출신의 아기레 모두 물신적 집착과 탐욕에서 벗어나지 못한 채 두려움과 불안에 휩싸인 채 비극적 결말을 맞이한다. 감독 사우라는 죽어가는 아기레의 환영을 통해 혼혈문화인 라틴아메리카의 실체를 반영하는 딸, 엘비라가 스페인인이며 정복자인 자신의 만행으로 죽어가는 끔찍한 자각몽의 의미를 부각시킨다. 물신적 꿈인 엘도라도는 다만 스페인 정복자와 원정대의 비극이 아니라, 혼혈문화로서 라틴아메리카의 비극이며 현실이라는 해석이 가능한 묘사이다. 원정은 1562년 아기레와 엘비라 부녀와 다른 많은 대원의 죽음으로 비극적 결말을 맞이한다. 엘도라도의 꿈은 허구로 사라졌지만, 권력의 주체는 여전히 라틴아메리카의 경영권을 유지하는 것으로 영화는 마무리된다. 사우라 감독은 이 영화에서 뛰어난 연출력과 주제의식으로 높이 평가를 받았지만, 인간의 탐욕과 그 비극적 결말의 주제의식에 초점을 맞추었기 때문에 역사의 기억을 재연하는 아메리카적 시선을 집약할 수 있는 인종, 계층, 종교 등의 갈등에 대한 묘사는 제한적으로 연출하는 한계를 지닌다. 원주민에 대한 폭력과 수탈에 대한 연출 또한 인간 내면의 문제라는 형이상학적 주제에 종속되어 그 의미는 반감되어 묘사되었다.

사우라의 <엘도라도>가 서구가 아닌 인간의 탐욕과 비극적 상관성에 비중을 두고 있다면, 미하일 칼라토조프 감독의 <나는 쿠바>[33]는 콜럼버스와 신대륙의 만남을 "고맙습니다, 콜럼버스님. 당신이 저를 처음 보았을 때 저는 노래했고, 미소를 지었지요. 저는 인사를 드

---

33) 4부로 구성되어 있는 〈나는 쿠바〉에서 감독은 1부와 2부에서 서구와 쿠바의 만남이 철저하게 종속과 수탈의 관계에 있음을 집중 조명하고 있으며, 3부와 4부는 혁명의 동기와 당위성을 피력한다.

렸고, 당신이 저에게 행복을 가져다줄 것이라 믿었답니다"[34]라는 역설적 표현을 통해 쿠바 입장에서 본 서구의 수탈을 지적한다. 칼라토조프는 여성으로 체화된 쿠바의 목소리를 통해 서구의 긴 수탈의 역사가 사탕수수로 응축된 은유의 노래를 낭송한다. "배들이 저의 설탕을 실어가곤 했지요. 눈물이 저를 적시고요. 설탕은 이상하기도 하지요, 콜럼버스님. 설탕에 눈물이 많을수록 더욱 달콤하니까요."[35] 1부에서는 마리아라는 이름을 숨긴 채 미국인 출입 바에서 베티라는 이름으로 살아가는 여인은 철저하게 자본에 종속되어 파괴되는 라틴아메리카의 과거와 현재를 상징하고 있다. 마리아는 'Sure, Mister!, Baby, Money'의 단어만으로 미국인 고객들과 소통할 뿐이다. 이때의 소통은 돈을 매개로 한 거래이며, 영혼의 매춘으로 묘사된다. 격정적인 아프로 라틴 음악과 리듬만이 그녀의 외형적 정체성을 드러낸다. 수탈의 역사가 철저한 종속으로 고착되는 사회에서 그녀는 자본의 노예가 되고 있는 것이다. 2부에서는 사탕수수밭의 소작인 노인이 한순간 삶의 터전에서 쫓겨나는 장면을 집중 조명하고 있다. 칼라토조프 감독은 수탈에서 박탈로의 전환을 감성적 자극에 호소한다. 농장주 아코스타와 노인 노동자 페드로의 대화이다. "A: 페드로, 일하고 있나? 이제, 자네는 좀 쉴 수 있게 됐어. 땅을 유나이티드 프루트에 팔았거든. / P: 제 집은요? / A: 자네 집? 이젠 자네 집이 아닐세. 자네가 잊은 모양인데, [자네가 (뭔지도 모르는 채) 동의 서명한] 이 서류는 위조할 수가 없는 걸세."[36] 수탈에 이어 조직적인 박탈에 느닷없이 삶의 모

---

34) "Gracias, señor Colombo. Cuando ud. me vió por primera vez, yo cantaba y reía. Yo saludé. Creí que me traía la felicidad. Soy Cuba."

35) "Mi azúcar se la llevaban los barcos. Mis lágrimas me las dejaban. Estraña cosa es el azúcar, Sr. Colombo. Tanto llanto en ella y sin embargo es dulce."

든 터전을 빼앗긴 노인은 젊은 시절부터 천직으로 알아온 사탕수수밭 일의 시절을 떠올린다. 아내를 만나고, 아이들을 낳고, 소나기가 몰려와도 매일같이 정성과 노력을 쏟아부었던 터전, 사탕수수밭. 쿠바인들에게 사탕수수밭은 노예로 끌려와 시작했던 먼 조상 때부터의 삶의 터전이며, 동시에 수탈의 현장이었다. 분노에도 불구하고 자신이 할 수 있는 일은 아무것도 없음에 광기에 휩싸여 사탕수수밭을 불태우며 불구덩이 한가운데 몸을 누이고 스스로 죽음을 맞이하지만, 철없는 아이들은 아버지인 노인에게서 받은 용돈으로 코카콜라를 마시며 모처럼의 행복감을 만끽한다. 사탕수수 농장의 거친 노동이 수탈을 거쳐 자본의 축적을 통해 종속되고 고착되는 과정을 은유적으로 묘사한 것이다.

② 폭력과 인종 학살

초기 서구인들에게 정복[37]은 단순한 의미에서는 땅의 점령과 개발을 뜻하지만, 진전된 의미에서는 대지가 품고 있는 목축과 전리품, 그리고 금은보화 등 이동이 가능한 대상에 대한 수탈로 확장된다.[38] 부동산이 아니라 동산에 정복의 목적이 두드러지기 때문에 올바른 경

---

36) "Pedro, ¿trabajando? Ahora, tú tendrás un descansito. Le vendí las tierras a United Fruit. ¿Y mi casa? ¿Tu casa? Ya no es tuya! Pues, que te olvidaste de esto. Esta firma no se puede falsificar."

37) 정복과 관련된 용어로 점유, 점령, 개발, 수탈 등의 어휘는 사용하는 주체에 의해 그 의미의 전달 의도가 차별화된다. 예를 들어 콜럼버스와 같은 최초의 항해자들은 아메리카 대륙에 도착하는 과정에서 점령이나 점유 정도의 소유와 관련된 어감의 'posesión'라는 15세기적 표현을 가장 많이 사용하였고, 이후 피사로 등의 원정대는 정복과 세력의 확장이라는 개념의 'conquista'라는 어휘를 압도적으로 사용하였으며, 초기 정착 식민통치자들은 개발이라는 의도로 'desarrollo'나 'explotación'을 주로 사용하였다. 이는 토지의 개념이 발견 초기에는 특별한 경제적 효과를 가져다주지 못한 채 정치적 의미의 정복과 점유의 개념이 강했으나, 점차 경제적 개발의 의미로 확장되기 때문이다.

38) Leslie Bethell(ed.)(1984), *The Cambridge History of Latin America I. Colonial Latin America*, Cambridge: Cambridge University Press, *Historia de América Latina 1. América Latina Colonial: La América Precolombina y la conquista*(traducción por Antonio Acosta), Barcelona: Editorial Crítica, p.125, 128.

영보다는 확실한 수탈이 정복과 식민의 본질이 될 수밖에 없었던 것이다. 콜럼버스는 단기적 투기 모험 사업가였다는 평가가 가능한 것이다.[39] 카리브에 도착해서 '마치 천국에 있는 것' 같다던 그가 주목한 것은 거주나 경영이 아닌 개발에 의한 이익이었다. 스스로를 수탈의 주체로 드러낸 것이다. 콜럼버스와 동료들이 원했던 것은 환금성 작물로서의 향신료였으며, 이는 곧 금이었기 때문이다. 이러한 금에 대한 집착과 환상은 정황상 비극으로 연결될 수밖에 없는 것으로서, 왕실에 신고할 향신료와 금을 충당할 수 없게 된 콜럼버스는 그를 대체할 대상을 찾을 수밖에 없었는데, 이는 바로 노동 공급원으로서의 원주민[40]이었다. 영혼 구제와 인디언 노동력 의존의 경제 구조는 이율배반적인 식민 목적이었으며, 동시에 상호 갈등의 요인이 되기도 한다.

원주민 노동력 착취와 폭력적 통치의 구조는 토착 원주민의 종교적 행위에 대한 서구적 잣대와 편견이 합리화의 근거를 마련하였다. 물신적 탐욕에 의한 폭력적 행위를 정당화하는 정신적 배경은 포교의 필요성에 의해 구체화되기도 하였는데, 무엇보다 토착 원주민의 사교(邪敎)는 기독교 정신과 합치될 수 없는 극복되어야 할 대상으로 합리화되었으며, 이를 근거로 원주민의 노동력 착취와 폭력적 통치는 수탈에 이용되는 구조를 이루게 되었다. 갈레아노는 서구의 입장에서 아메리카는 광대한 악마의 제국이었으며, 따라서 토착민의 사교(邪敎)의 극복을 노리는 광신적인 포교는 신세계의 재보가 정복자들 사이에 불러일으켰던 열광과 혼동되고 있었다며, 에르난 코르테스의 동료였던 베르나르 디아스 델 카스티요가 '신과 여왕 폐하에 봉사하기 위해, 또한 '부를 획

---

39) 위의 책, p.134.
40) 같은 곳.

득하기 위해' 자신들이 멕시코로 갈 수 있었다는 회고에 주목[41]한다.

롤랑 조페 감독의 <미션>[42]은 스페인과 포르투갈의 영토분쟁이 과라니 원주민의 삶에 어떠한 영향을 미칠 수 있었는지 역사의 기억을 재연하는 영화이다. 이질적 문화 간의 만남에 있어서 서구의 시선과 라틴아메리카 원주민의 시선이 극명하게 교차되는 의미를 담고 있다. 영토 분쟁의 이유는 분명하다. 강제 노동력으로서 원주민의 노예화를 둘러싼 스페인과 포르투갈의 대결구도에 그 원인이 있었던 것이며, 여기에 교황청이 중재를 나섰고, 원주민의 선교에 나섰던 예수회가 원주민 지역 보호를 옹호하면서 사건이 발생한다. 원주민 사냥꾼이었던 로드리고가 아내와 불륜을 저지른 동생을 홧김에 죽인 뒤 방황하던 끝에 가브리엘 신부의 제안으로 원주민 포교를 위한 수사신부가 되면서 정복의 문제는 '서구인의 성찰적 시선'으로 초점이 전환된다. 하지만, 원주민 노예제를 옹호하는 서구의 시선은 저개발의 원주민을 영혼이 없는 존재로서 동물이라 생각하는 반면, 가브리엘과 예수회 신부들은 원주민의 보호를 위해 정치적 절충과 제안을 거부하며, 서구 제국의 무력적 시위 앞에 원주민 보호와 인권 옹호는 무기력하게 몰락한다.

콜럼버스의 이상국가가 서구적 가치에 의한 백인의 세계였다면, 가브리엘 신부의 이상국가는 선교의 목적과 상충되는 모순에도 불구

---

41) 갈레아노, 앞의 책, p.62.

42) 영화 <미션>은 신대륙 발견과 신세계 건설의 주제와는 다소 거리가 있다. 신대륙의 발견이라는 역사와 시간적 거리가 있기 때문이다. 영화는 1758년에 1750년의 역사적 상황을 기록한 역사물을 근간으로 원작과 각색이 이뤄졌다. 그럼에도 불구하고, 영화가 본 연구의 대상에 포함될 수 있었던 것은 정복자로서 서구 시선과 피정복자로서 원주민의 시선이 교차된다는 의미에서 '정복'과 '수탈'의 주제가 논의되는 공간으로서의 의미를 지니기 때문이다. 그러므로 스페인과 포르투갈 사이의 견제 속에서 교회가 예수회를 정치적으로 판단하고 희생시켜야 했던 시대적 상황 분석에 초점을 두지는 않을 것이다.

하고 원주민 중심의 세계를 지향했다. 롤랑 조페 감독은 서구 제국주의의 폭력을 강조하고, 가브리엘 신부와 로드리고 신부의 숭고한 희생을 부각시키며, 과라니 원주민의 비극을 증언하고 있지만, 원주민의 입장에서는 선교 신부들의 방문조차 되돌리고 싶은 역사의 기억일 수밖에 없는 것이다. 대주교의 '우리 중 어느 누구도 (여기에) 오지 않았으면 좋았을 것'이라는 회상과 원주민의 '(서구의) 하느님은 우리를 버렸고, 우리는 버려졌다'는 증언은 역사의 기억이 극명하게 대조됨을 잘 드러낸다. 조페 감독의 우수성은 서구 제국의 탐욕과 끝없는 물신적 갈증에 대한 현대인들의 분노와 슬픔, 그 공감이 식민에 대한 원주민의 시선과 객관적 공감대를 제공함으로써 역사의 기억에 대한 성찰적 재연을 구사하는 데 있다. "언제나 그렇듯 죽은 자의 정신은 산 자의 기억 속에 남기 때문입니다"[43]라는 주교의 고백은 역사의 기억과 기억의 재연이 주는 긍정적 의미를 상기시킨다.

원주민에 대한 서구의 인식 태도는 일방적이었고 따라서 폭력적이었다. 제임스 악스텔[44]은 플로리다의 반 콜럼버스 신문의 편집자인 잔 엘리어트(Jan Elliott)가 콜럼버스의 태도를 인종 학살이라는 규정짓고 있음을 인용한다. <1492, 낙원의 정복>에서 스코트 감독이 콜럼버스를 원주민의 인권을 배려하는 인문주의자로 묘사하는 것과 대조적이다. 수탈의 역사에 대한 엘리어트의 판단은 단호하다. 콜럼버스로 대표되는 서구의 침입은 폭력적이었고, 인종 학살을 자행했으며, 콜럼버스는 역사상 최대의 인종학살의 주범이기 때문에 콜럼버스의

---

43) "So, your holyness now your priests are dead and I'm left alive. But, in truth it is I who am dead and they who live. For as always your holyness, the spirits of dead will survive in the memory of living."

44) James Axtell, "The moral dimensions of 1492", *Historia*, Vol. 56(Autumn 1993), Issue 1, pp.1~13.

날을 기념하는 것은 히틀러의 대학살을 기념하는 것과 같은 것[45]이라는 논리를 피력할 뿐 아니라, 콜럼버스 이후 아메리카는 서구의 침략과 학살, 노예제도, 자원과 광물의 수탈의 장이 되어왔음을 고발한다.[46] 원주민을 서구의 침탈과 폭력에 대한 저항의 극대화된 시각이다. 물론, 원주민의 사망 원인에 대한 규명과 더불어 인종 학살이란 어휘를 적용하는 문제를 충분히 고려하지 않은 측면이 있다. 인종 학살이란 어휘의 사용에 있어서 인종은 정치, 문화적 동일 집단과 교차적 개념으로 적용되기도 하지만, 우월한 집단인 국가나 단체가 같은 집단 내에서 유사성으로 공통화되는 집단을 말살하는 행위로 이해되기 때문이다. 학살이란 의미에서도 잔 엘리어트의 주장에는 과장된 측면이 있다. 서구의 입장에서는 노동력과 정보제공 협조자가 필요했으며, 이러한 이유와 무관하지 않은 법률로서 일반인의 상해와 살생이 금지되어 있었기 때문이다. 물론, 콜럼버스가 통치를 시작했던 카리브 지역에서 원주민의 숫자가 급격하게 급감한 것은 사실[47]이지만, 홍역과 천연두, 매독과 같은 질병이 원주민들의 죽음의 직접적이고 큰 원인이었음이 중론으로 받아들여지고 있는 현황에서 엘리어트의 시선은 역사의 기억을 재연하는 과정에서 서구 중심의 편향된 시각을 보완하는 긍정적 측면을 지닌다는 점에서 의미가 있다.

---

45) "Jan Elliott, the editor of Indigenous Thought, a Florida-based anti-Columbus newspaper, described the loss of American Indian life as "the biggest holocaust in history and called Columbus a "mass murderer." Elliott wrote in the first issue that "Celebrating Columbus' 'discovery' of America is analogous to celebrating Hitler's holocaust."", James Axtell, 위의 논문, p.1.

46) "[……] after Columbus, America was the scene of "invasion, genocide, slavery, 'ecocide'" and the "rape of mineral as well as natural resources."", 같은 곳.

47) "Veinticinco años después del descubrimiento ya no había taínos en las Bahamas: los españoles los habían esclavizado y conducido a La Española. Un siglo después del descubrimiento, los taínos se habían extinguido en todas las islas del Caribe." Cristóbal Colón, 앞의 책, p.64, 주석 47.

Ⅲ. 맺는 말: 역사 기억 재연의 현재적 해석의 의미

역사를 기억하고 재연하는 것은 언제나 후세의 몫이다. 기억의 재연은 나름의 시각에서 구성되고 해석되기 때문에 균형 잡힌 시선으로 재연하는 것은 매번 새로운 재해석을 요구하고 언제나 현대적 해석을 필요로 한다. 역사적 사건에 대한 판단에는 사건 이후 오늘에 이르기까지의 다양한 시각과 인식이 축적되어 있으므로 편향적일 개연성을 지닌다. 해석의 현대화가 필요한 이유이다. 본 연구는 콜럼버스의 신대륙 발견과 개발의 역사적 사건에 대한 대중문화의 현대적 해석이라는 의미에서 영상물을 중심으로 분석하려는 시도로 진행되었다.

아메리카는 서구의 필요에 의해 신대륙이 되었으며, 그들의 물신적 탐욕이 정복의 합리화와 정당화로 발전할 수 있도록 인식을 전환하도록 하였다. 향신료의 꿈으로 체화된 서구의 탐욕은 아메리카를 신대륙으로 인식하게 만들었으며, 엘도라도와 물신적 유토피아 등으로 동력을 얻었고, 이후 수탈과 종속의 불균형적 관계를 형성한 것이다. 그러나 오늘날 신대륙 발견의 의미에 대한 논의에서 볼 수 있는 것처럼 신대륙 발견의 의미는 서구의 전통적 시각과 자성적 시각을 비롯하여 아메리카 원주민적 시각과 미래지향적 시각 등으로 다양하게 재연되어 해석되고 있다.

『항해일지』에서 낙원으로 묘사되었던 아메리카는 <다큐멘터리-1995>에서는 서구의 자연스러운 물욕의 대상으로 기술된다. 위대한 대서양의 시대를 개막한 서구에 대한 보상의 이미지가 강하게 표현되는 것이다. <1492, 낙원의 정복>은 신대륙 발견이 단순한 낭만적 사건을 넘어 고난을 극복한 역사의 대기록이었으며, 그 과정에 비극적 사건이 발생할 수밖에 없었음을 강조하면서, 마녀화형과 같은 암흑으로 상징되는 시대에 위대한 인문주의적 이상주의자로서 인간, 콜럼버스를 재발견하는 데 집중한다. 반 콜럼버스 신문의 편집자인 엘리어트가 그를 역사상 최악의 살인마로 규정하는 것과 대조적이다. <다큐멘터리-2002>는 독자적 문화를 지니고 있던 아메리카가 유럽과 만났음에 주목하여, <다큐멘터리-1995>가 드러낸 서구 일방의 시각을 극복하고는 있으나, 동등한 조건에서 서구가 승리할 수 있었던 군사력과 전략 등에 집중하며 정복의 당위성과 개발론으로 논의를 확장한다. <엘도라도>는 스코트의 영화에 비해 두 문명의 만남을 객관적 실체로 보려는 많은 장치를 마련하고 있다. 그러나 감독, 사우라는 서구의 탐욕과 원주민의 비극을 인간 내면의 문제로 이해하려는 형이상학적 의도로 연출함으로써, 원주민의 입장에서 볼 때 대중적 메시지의 효과가 다소 미약하다는 한계를 지닌다. 이에 반해 <나는 쿠바>는 수탈의 고착화의 기본 뿌리에 콜럼버스를 두고 있으며, 애초의 만남 자체가 비극적 관계를 열어준 계기로 판단하며 저항의 대상으로 이미지화한다. 카를로스 사우라 감독은 엘도라도의 꿈을 좇던 이들의 망령을 통해 수탈의 아픔을 인간 내면의 문제로 확장하며 서술함으로써, 과거의 기억과 현재의 관계를 인간 본연의 문제라는 주제로 보며 서구와 라틴아메리카의 화해의 가능성을 보편적 가치라는 의미로 확장하여 해석하고 있는 반면, 미하일 칼라토조프 감독은 수탈의 고리는 과거의 기억 속에 머무는 것이 아니라 재연된 실체로서 지속되고 있음을 고발함으로써, 과거에 대한 기억의 아메리카적 서사를 대립과 갈등에 이은 저항의 인식으로 표현하고 있는 것이다. 칼라토조프 감독은 역사 기억의 재연을 1958년 쿠바 혁명의 당위성과 의도적으로 연결 짓고 있는 다소 과장된 이미지를 강조한다. <미션>은 원주민의 입장을 반영한다는 점에서 <1492, 낙원의 정복>이나 <엘도라도>와 차별되는 것은 분명하지만, 예수회 신부들을 매개로 원주민의 입장이 반영되는 과정을 강조하고, 그들의 숭고한 죽음에 주목함으로써 토착원주민의 입장이 구체화되기에 한계를 지닌다. 라틴아메리카적 시각이 충분히 반영되지는 못하고 있는 것이다.

대중매체로서 영화와 영상물이 지니는 긍정적 가치는 매우 크다. 특히 역사 기억의 재연이라는 측면에서는 어떠한 논문과 연구보다 현대인의 감성을 자극하고 공감을 자아낸다는 점에서는 더욱 그러하다. 1992년 노벨평화상을 수상한 마야-키체 원주민 운동가인 리고베르타 멘추는 자신의 조국 과테말라가 키체 원주민을 탄압했음을 고발하는 『나, 리고베르타』를 통해 콜럼버스 이후의 수탈과 착취는 500년이 지난 뒤에도 여전히 계속되고 있음을 지적한 바 있다. 1993년 유엔은 '세계 원주민의 해'를 정하기도 하였다. 이렇듯 현재성의 의미는 역사적 사건의 현대적 재연과 재해석의 문제와의 관계에서 파악될 수 있다. 역사의 기억은 시대를 거듭하며, 지속적으로 재연되고 재해석된다는 점에서, 어떠한 비평시각도 과거를 역사적으로 규명하거나 합리화할 수 있는 것은 아닐 것이다. 과거로부터의 교훈을 얻고 미래지향적 가치를 전망하려는 의도에서, 현재 나와 우리 속에서 그 관련성이 파악되어야 한다. 역사적 사건의 이미지는 대중적 인식과 이미지를 통해 끊임없이 재생산되어야 한다. 여기에 대중적 인식과 이미지의 복합적 실체에 대한 지속적 접근과 분석 및 해석 작업이 의미를 지닌다.

참고문헌

김영한(1989), 『르네상스 휴머니즘과 유토피아니즘』, 서울: 탐구당.
이전(1994), 『라틴아메리카 지리: 문화와 역사 그리고 정치·시사를 중심으로』,
　　서울: 민음사.
존 H. 엘리어트(2001), 『스페인 제국사 1469-1716』(김원중 역), 서울: 까치.

Alleva, Richard(11-20-92), *Commonweal*, Vol.119, Issue 20.
Axtell, James(1993), "The moral dimensions of 1492", *Historian,* Vol.56, Issue 1.
Bethell, Leslie(ed.)(1984), *The Cambridge History of Latin America* I. *Colonial Latin
　　America,* Cambridge: Cambridge University Press, traducido por Acosta, A.
　　Historia de América Latina 1. América Latina Colonial: La América
　　Precolombina y la conquista, Barcelona: Editorial Crítica.
Ediciones Generales Anaya(1985), Colón, Cristóbal Diario de a bordo.
Elliott, Jan(1992), "Exhibiting Ideology: A Review of 'First Encounters: Spanish Exploratin
　　in the Caribbean and the United States, 1492-1570)'," in *Confronting Columbus:
　　An Anthology*, Yewell, J., Dodge, Ch., and DeSirey, J. (eds.), N.C. Jefferson.
Galeano, Eduardo(1988), *Venas abiertas,* 『수탈된 대지』(박광순 역), 서울: 범우사.
García Sala & Iván Feminidad(2007), Deseo y utopía: las mujeres de Nosotros, Madrid:
　　Esclavística Complutense.
Lucena Salmoral, Manuel(Coordinador)(1990), Historia de Iberoamérica, Tomo II, Historia
　　Moderna, Madrid: Cátedra.
Pigafetta, A.(2004), *Primer Viaje alrededor del mundo,* 『최초의 세계일주』(박종욱 역),
　　서울: 바움.
Wiarda, Howard J. & Kline H. F.(1991), "The pattern of Historical Development" in
　　Wiarda, Howard J. and Kline H. F.(eds.), *Latin American Politics and Developmente,*
　　Boston: Houghton Mifflin(1985), "식민시대의 유산", 『라틴아메리카의 도
　　전과 좌절 격동하는 정치사회』, 서울: 나남.

영상물

[1492, Conquest of Paradise]. Ridley Scott(Director). UK/France/Spain. English. Color, 1992.

[El Dorado]. 149m. Carlos Saura(Director). Spain/France/Italy. Spanish. Color, 1988.

[Historia de España: La noche de los tiempos. Vol. XIV El descubrimiento de América].
　　55m. Martín Cabañas y Antonio Ibañez(Producción); Joaquin Vera(Dirección).
　　Producción de Televisión Española. Spain. Spanish, 1995.

[Mission]. 126m. Roland Joffé(Director). UK. English. Color, 1986.

[Nueva historia de España -10 El descubrimiento de América]. 60m. DV-420/ Universidad
　　de León. Spain. Spanish. Mediateca, 2002.

[Soy Cuba]. 141m. Mikhail Kalatozov(Director). Soviet Union/Cuba. Spanish. Black and
　　White, 1964.

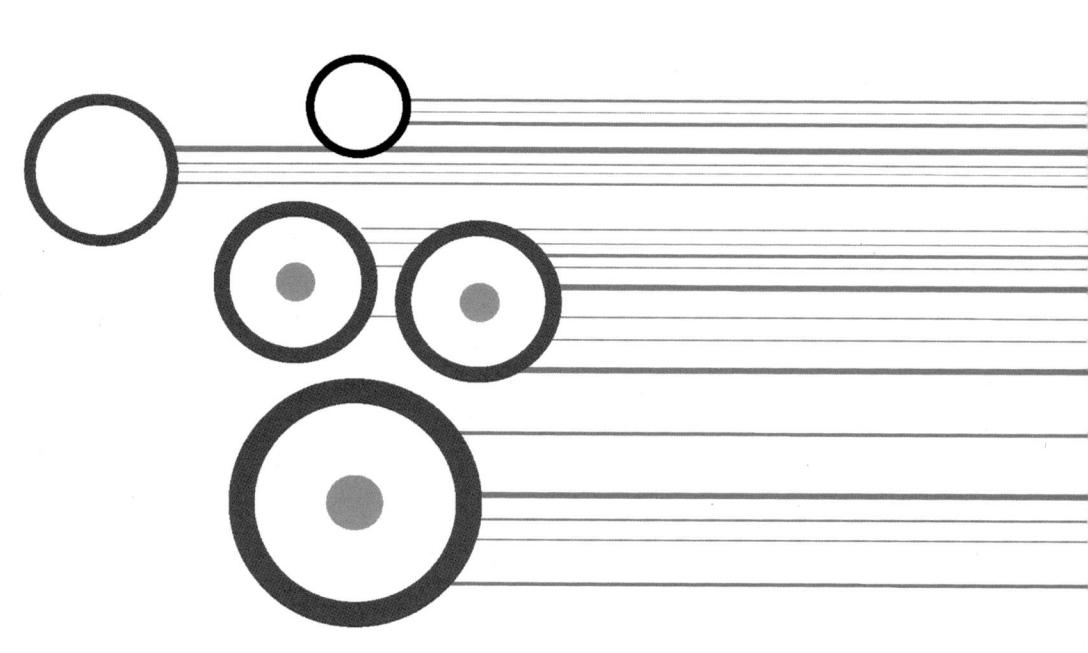

라틴아메리카의
식민도시계획의 기원과 형성

차경미

I. 들어가는 말

  '아메리카'와 '라틴'의 조합의 역사는 전통과 근대의 충돌임과 동시에 '무질서'하고 '불결한' 타자에 대한 근대성과 문명에 의한 통치의 과정이라고 볼 수 있다. 이러한 과정은 '서구에 의해 문명화되어야 할 공간'에 사는 사람들로 하여금 서구문명의 우월성 및 보편성을 받아들이게 함으로써 서구 지배에 정당성을 부여하는 기능을 수행했다. 라틴아메리카의 근대는 서구의 근대성으로 도입되었고 이러한 근대는 원주민들의 경이로움과 열등감을 유발하였다. 도시에 등장하기 시작한 새로운 기술과 건축은 문명으로 간주되었다. 그리고 새로운 도시문화의 헤게모니는 스페인 정복자들이 차지했으며 원주민들은 도시문화의 주체가 될 수 없었다. 그러므로 라틴아메리카의 식민도시는 근대성과 문명에 의한 통치의 본질을 규명하기 위한 장소로 자리매김 되어진다.

  스페인 식민권력은 라틴아메리카의 장기적인 통치를 목적으로 그리스-로마 그리고 르네상스의 영향을 바탕으로 격자망의 통일감 있는 식민도시를 건설하기 시작했다. 식민도시는 스페인이 정복과 침략의 주요거점에 세운 라틴아메리카 식민지의 근대적 발현이었다. 1573년 펠리페 2세(Felipe II: 1527~1598)의 인디아스법(Las Leyes de Indias)의 선포를 계기로 추진된 식민도시 계획은 제국주의 식민정책의 실천적 정점으로써 경제적 착취와 억압 그리고 효과적인 지배의 표출이었다. 식민권력은 '새로운 땅'에서 좀 더 견고하고 안정적으로 정착하기 위해 도시 공간의 재편성 및 대도시 혹은 중소도시 광장주변에 성당과 기념비적인 건축물들을 전략적으로 배치하는 것이 무엇보다도 중요함을 깨달았다. 또한 식민권력은 식민도시에 누에바 에스파냐(Nueva España), 코르도바(Cordoba), 투루히요(Trujillo), 발렌시아(Valencia), 메리다(Mérida) 그리고 누에바 그라나다(Nueva Granada)와 같은 본국의 도시명을 그대로 사용하여 도시공간을 소유해 나아갔다. 식민도시화는 원주민의 전통과 역사를 파괴하며 기존의 도시 위에 새로운 도시공간을 구축해 나아가는 것으로서 도시계획은 문화적인 것에 앞서 정치적인 행위였다.

그리스-로마 그리고 르네상스의 영향을 받아 형성된 식민도시계획과 건축양식은 단순히 의도된 기능이 효과적으로 발휘되도록 설계되었을 뿐만 아니라 이러한 기능이 교묘히 은폐 또는 가시적으로 과시될 수 있도록 그 외적 형태가 장식되었다. 도시경관은 왜곡된 경외감을 가지게 했으며 원주민들의 의식을 무기력하게 만들었다. 새로운 도시공간은 토착문화와는 전혀 관계없이 이식된 식민지배 문화로써 토착민이 서구문명의 우월성 및 보편성을 받아들이게 함으로써 서구지배에 정당성을 부여하는 기능을 수행했다.

본 연구는 라틴아메리카 식민도시계획의 기원과 식민도시의 형성 과정을 통해 식민도시는 건축이나 도시계획이라는 양식의 실천을 통해 식민권력의 지배 효과를 극대화하는 정치적 도구였다는 결론을 도출하고자 한다. 라틴아메리카 식민도시의 관한 연구는 식민시기의 이전과 이후의 연속성 속에서 라틴아메리카 식민시기의 특성을 구체적으로 드러낼 수 있는 장치가 될 수 있다. 이와 같은 과정을 통해 라틴아메리카 식민지사회가 갖는 보편성과 특수성에 대한 규명이 좀 더 명확해질 수 있을 것이다. 이를 계기로 라틴아메리카 식민지체제 내에서 작동된 원리와 지배방식뿐만 아니라 그것이 지니는 현재적 의미 또한 좀 더 분명해질 수 있을 것이다.

Ⅱ. 식민도시계획의 기원

16세기부터 스페인과 포르투갈에 의해 라틴아메리카에 건설되기 시작한 식민도시는 원주민도시를 파괴하면서 체계적으로 대량생산되었다. 라틴아메리카의 식민도시는 고대도시의 영향을 포함해서 로마의 전통과 르네상스에서 발전된 '이상도시(Ciudad Ideal)'론의 전통을 이어받아 격자망의 도시모델로 발전했다. 고대 원주민도시의 폐허 위에 건설된 식민도시는 로마의 군사야영지 카스트룸(Castrum)에 기초하여 설계되었다. 까스뜨룸 형태의 도시설계는 마르코 폴로(Marco Polo: 1254~1324)에 의해 처음으로 소개되었고, 이후 프란시스코회 수도사 엑시메닉(Francesc Eximenic: 1340~1409)이 발전시킨 '이상도시'론이 1567년 이태리 건축가 카스타네오(Pietro Castaneo)에 의해 스페인에 도입되어 질서정연한 도시모델이 발전했다.

특히 르네상스의 '이상도시'론은 1573년 펠리페 2세(Felipe II: 1527~ 1598)가 식민체제를 공고히 하기 위해 발표한 식민도시화법령에 기초 가 되었다.[1] 식민도시계획의 기원을 원주민도시, 로마도시 그리고 르 네상스 도시의 영향으로 나누어 살펴보고자 한다.

1. 원주민도시의 영향

원주민도시가 식민도시 건설에 끼친 영향에 대한 연구는 역사적 기 록의 부재로 인해 라틴아메리카 역사학에서도 매우 소홀히 다루어지고 있는 실정이다. 이 부분에 대한 체계적인 연구는 과제로 남아 있지만 원 주민도시의 특징을 중심으로 식민도시와의 연관성을 고찰해 본다.

우선 라틴아메리카 도시의 역사는 식민시대 이전으로 거슬러 올라 간다. 메소아메리카의 도시계획은 B.C. 300년과 A.D. 200년 사이에 시 작하여 쿠이쿠일코(Cuicuilco)와 테오티우아칸(Teothiuacán)과 같은 중 심도시가 형성되었다. 이후 소치밀코(Xochimilco)와 찰코(Chalco) 호수 남쪽에 많은 인구가 거주함으로써 도시가 발전한다. 인구 20만의 메 소아메리카의 정치와 종교 그리고 경제적 중심지였던 테오티우아칸 은 호수 위에 흙을 덮어 작물을 경작하는 농법인 치남파(Chinampa)를 운영하여 호수의 자원을 효과적으로 이용하였다.[2] 이후 메소아메리 카에는 여러 도시국가가 형성되었다. 1325년 메시카(Mexica)족은 아스

---

1) Quintana Nicolás J.(2006), *Havana and Its Landscapes: A city into the future: A Sustainable Approch to Urban Design*, p.3.

2) Teresa R. Rabiela(1993), "Las Chinampas de México", *Arqueología Mexicana*, Vol. I, Num. 4, p.50.

테카(Azteca)제국 중심에 테노치티틀란(Tenochititlán)을 세웠고, 그 도시는 1521년까지 메소아메리카의 가장 강성한 도시로 기능했다.

목테수마(Moctezuma) 1세는 테노치티틀란을 제국의 중심지로 정비하기 시작했다. 치남파를 확장하여 농산물 생산을 증가했으며, 조공형식의 장거리 무역 및 지방특산품 그리고 공예품의 교역을 활성화하여 테노치티틀란의 경제적 기능을 강화했다. 그리고 웅장하고 화려한 신전 주변은 정치와 군사, 사회와 문화의 복합 중심지로서 체계화했다.

유럽의 주요 도시들을 경험한 코르테스의 군인들은 테노치티틀란에 거주하는 시민들의 일상은 그 어떤 곳에서도 본 적 없는 새로운 경험이라고 기록했다. 1519년 11월 18일 테노치티틀란을 정복하기 위해 이스타팔라따(Iztapalapa) 도시를 떠나던 정복자들은 테스코코 호수 주변에 형성된 틀라텔로코(Tlatelolco)와 같은 도시들을 보면서 감탄했다.[3] 테믹스티탄(Temixtitán) 호수 위에 건설된 도시에 거주하는 인구의 규모와 도시를 연결하고 순환하는 교통체계, 포장도로, 그리고 정돈된 도시구획과 나무로 만든 다리 등 원주민도시의 토목공사는 이베리아 반도의 도시들과 비교해 볼 때 매우 놀라운 수준이었다.[4] 대규모의 광장에는 수많은 사람들이 모여 생필품을 거래하고 있었고, 각종 공연과 행사가 끊이지 않는 경제와 문화 그리고 사회활동의 중심지 역할을 담당했다. 천여 명의 사람들이 매일 거리를 청소했고, 칼미밀오카틀(Calmimilócatl)이라고 불리는 공무원들은 도시건축물 보수와 유지, 그리고 도로 및 수로 관리를 전담했다. 테노치티틀란에 도착한 코르테스 병사들은 그렇게 큰 도시는 처음 보았다고 기록했다.[5]

---

3) Bernal Díaz(1943), *Historia Verdadera de la Conquista de la Nueva España*, p.35.
4) 에르난 코르테스 지음(2009), 『코르테스의 멕시코제국 정복기 I』(김원중 옮김), 서울: 나남, p.175.

테노치티틀란의 도시 내부는 모두 포장도로로 연결되어 있었다. 북쪽으로는 테페야칵(Tepeyacac) 그리고 쿠아우카우악(Cuauhquihuac) 항구로 가는 도로가 설치되어 있었고 서쪽으로는 틀라코판(Tlacopan)과 치치메카판(Chichimecapan)으로 알려진 항구에서 도시를 벗어나는 지점까지 연결해주는 도로가 있었다. 남쪽 도로는 익스타파라파(Ixtapalapa)를 거쳐 대신전(Templo Mayor)으로부터 갈라져 테판츠니코(Tepantzinco) 항구를 가로지르는 도로가 연결되어 있어 도시 내부와 외부와의 접촉은 매우 원활했다.[6]

테노치티틀란은 북서쪽에는 쿠에포판(Cuepopan), 북동쪽 아스타 칼라코(Aztacalco), 남동쪽에 모요틀라(Moyotla), 그리고 남서쪽 소키아판(Zoquiapan) 등 4개의 구획으로 정비되었고 1473년 북쪽으로 틀라텔로코(Tlateloco)가 추가로 정비되었다. 각각의 구획은 5개의 칼푸이(Calpulli: 스페인어의 Casa Grande에 해당)로 구성되었는데 칼푸이는 경제와 문화 예술 활동에서 서로 경쟁하고 협력하며 자치활동을 발전시켜 나갔다. 각각의 칼푸이의 경작지와 작물재배는 주민공동으로 관리했고, 칼푸이마다 시장 티앙키츠틀리(Tianquiztli)가 운영되었다.[7] 칼푸이의 티앙커츠틀리 이외에 틀라텔로코 광장에는 주요 시장이 형성되어 주민들의 생필품을 공급했다. 코르테스는 본국의 살라망카 대광장의 두 배 정도 되는 틀라텔로광장 주변에 빽빽이 상점이 들어차 있고 일일 평균 6만 명의 사람들이 생활필수품을 거래한다고 스페인 왕실에 보고했다.[8] 이와 같이 테노치티틀란은 메소아메리카 지역의 일차 중심

5) Eduardo Matos(1993), "Tenochititlan", *Arqueologia Mexicana*, pp.18~19.

6) Rico G. Rosario(2008), "La civilización de Tenochtitlan", *Historia de México*, pp.35~37.

7) Alcina F.José(2000), *Las Culturas precolombinas de América*, pp.74~75.

도시로 기능하면서 이차 중심지인 아스카 포찰코, 텍스코코 그리고 찰꼬(Chalco) 등의 도시와 정치, 경제 관계를 확대해 나가면서 제국의 중심지로서의 면모를 보여주었다.

다른 한편, 원주민 도시는 자연과의 조화를 통한 공간 설계가 이루어졌다. 도시는 자연과 신 그리고 인간이 조화와 화합을 이루는 장소였다. 라틴아메리카 원주민 도시는 유럽의 전통적인 도시들과는 달리 자연과의 공존을 모색하며 설계되었다. 또한 원주민의 도시는 초기부터 그들의 우주관과 종교관을 기초로 건축물들이 세워졌고 공간 배분의 순위도 결정했다. 도시 중앙지역은 종교적 의식행위를 거행하는 성스러운 공간으로서 테노치티틀란에는 우이칠로포치틀리와 틀락록 신을 모시는 신전이 세워졌다. 신전이 배치된 중앙지역은 원주민의 세계관과 우주관이 근본을 이루는 곳이었다. 이 성스러운 공간으로부터 동서남북의 기본 방위에 따라 구획을 정비하여 도시를 운영했다.

거의 모든 원주민 도시 건축물들은 동서남북의 기본방위 개념에 입각하여 건설되었고, 그들의 우주관을 그대로 반영하고 있다. 식민시대 이전부터 존재했던 라틴아메리카의 도시들은 경제적 및 정치, 군사, 사회와 문화의 복합 중심지로서의 기능과 체계를 갖추었다. 도로와 교통체계, 정돈된 도시구획 그리고 우주관과 종교관을 기초로 설계된 기념비적인 건축물들은 '문명화된 서구'의 그 어떤 곳에서도 찾아볼 수 없었던 도시 형태였다.

식민시대 이전의 원주민도시들은 식민화 과정에서 파괴되었으나 대부분의 식민도시는 원주민도시가 형성되었던 공간에 건설되었다.

---

8) 에르난 코르테스 지음, 앞의 책, p.176.

비록 원주민도시가 식민도시와 같은 격자망 도시모델 구조를 갖추고 있지 않았고, 그 성격도 달리했지만 원주민도시들은 일정한 형태를 유지했고 대광장 주변으로 주요 공공건물들을 배치한 계획도시였다. 유까딴반도 남쪽에 위치한 티칼(Tikal), 약스칠란(Yaxchilán), 그리고 12~13세기에 번성했던 우스마신타(Usmasinta) 강변의 피에드라스 네스라스(Piedras Negras) 및 10~13세기 톨테카(Tolteca)의 수도였던 툴라(Tula)와 5~13세기 쏘치깔꼬(Xochicalco) 혹은 멕시코중앙에 위치한 타훌(Tajul)과 몬테 알반(Monte Alban) 같은 고대도시들은 도로 및 중앙광장과 건물의 배치 등 처음부터 일정한 계획에 따라 건설된 도시였음을 알 수 있다. 특히 유카탄 동쪽 해안 툴룸(Tulum)의 중소 도시들과 사포테카(Zapoteca)의 주요 도시들은 사각형의 광장 및 도로가 일정한 규칙에 따라 건설되었음을 증명해준다.9)

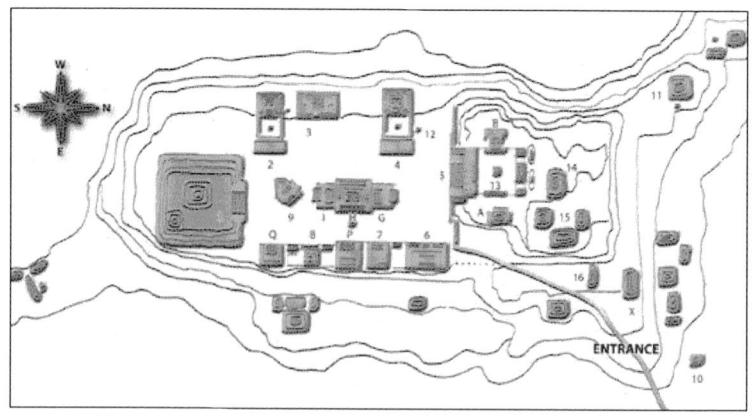

출처: http://www.google.co.kr/imglanding?q=monte%20alban&imgurl=…….

〈그림 1〉 계획도시 몬테 알반의 평면도

9) Javier A. Rojas(1994), *Fundación De Ciudades Hispanoamericanas*, pp.52~53.

수탈의 성격을 띨 수밖에 없는 스페인 식민권력은, 특히 원주민의 정치, 경제, 사회, 문화적인 모든 권력이 집중된 테노치티틀란과 쿠스코(Cuzco) 같은 도시들의 위상을 실추시키고 파괴했다. 그리고 이러한 도시들이 식민도시의 중심이긴 하지만 스페인 식민권력의 거점지로서 새롭게 기능하게끔 전면적으로 재건할 필요가 있었다. 테노치티틀란과 쿠스코 식민도시는 상징적 기능을 가진 광장 및 일정한 규칙에 따른 설계에도 불구하고 정복자들이 추진한 식민도시계획에만 의존하고 있지 않다. 기록으로 남아 있지는 않지만, 식민도시 테노치티틀란과 쿠스코에서는 원주민 도시의 형태와 건축이 아직도 보존되고 있다. 정복자들은 원주민 도시 위에 자신들의 도시계획을 수립했지만 원주민 도시는 가장 핵심적인 공간인 중앙광장의 구조와 공공건물의 배치에서 식민도시의 외형적 형태에 영향을 주었다는 추측을 가능하게 한다.[10]

식민권력은 라틴아메리카 도시의 역사적인 공간들을 파괴해 나갔고, 새로운 상징 공간 창출에 막대한 자금과 노력을 투입했다. 새로운 식민도시는 원주민 도시의 폐허 위에 혹은 인근지역에 건설되었다. 식민시기 문화, 상업, 행정의 중심지인 아메리카 최대 번영도시 테노치티틀란의 악사야카틀 궁전 위에는 1레구아(해상 3마일에 해당) 면적에 해당하는 새로운 광장이 들어섰다. 이러한 과정에서 식민도시는 원주민 도시의 위치가 반영되었고, 원주민 도시의 중심적 기능을 담당했던 광장의 체계와 및 규모,[11] 주요 도로의 방향 그리고 공공건축물들의 배치도 영향을 미쳤을 것으로 생각한다. 특히 테노치티틀란과

---

10) Francisco de Solano(1982), "Teoría de la Plaza Mayor Indiana", VI Congreso Internacional de la Historia de América, p.44.
11) Bieliza de Ory(2005), "Sistema de Ciudades y Territorio en la Unión Europea", Universidad Zaragoza, p.412.

쿠스코의 도시구조는 실용적인 면에서뿐만 아니라 정치적이고 상징적인 동기에서도 분명 식민도시계획에 중요한 역할을 담당했을 것이다.

스페인 정복자들이 도착하기 이전 시대의 것으로 검증된 용설란 종이에 기록된 원주민도시계획은 테노치티틀란 도시 터널체계와 대로가 규칙적인 직사각형 구조에 바탕을 두고 있다. 테노치티틀란은 기본적으로 두 개의 축으로 결정된 직선구도 위에 발전한 계획도시였다. 도시구조와 중앙공간의 배치 및 규모는 코르테스가 새로운 도시를 설계하는 과정에서 결정적인 역할을 했을 것이다. 현재의 시우다드 데 메히코(Ciudad de México)의 소칼로(Zócalo) 대광장은 아즈텍 광장이 위치했던 방향을 유지하고 있다. 또한 익스타파라파(Ixtapalapa)와 타쿠바(Tacuba)의 대로를 바탕으로 도시 주요 도로가 설계되었다.[12)

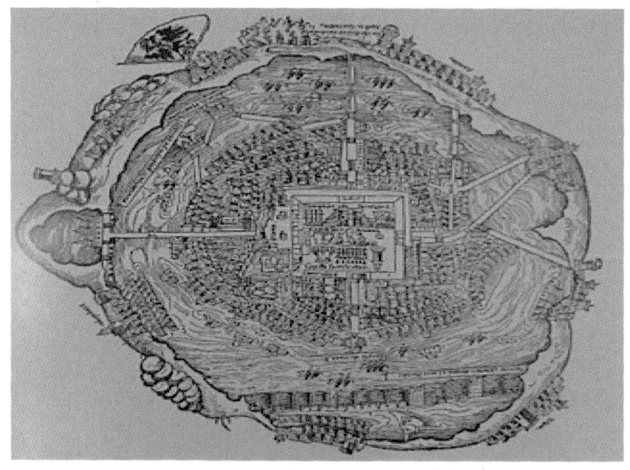

출처: http://www.google.co.kr/images?q=tenochtitlan&um=1&hl=ko&newwindo

〈그림 2〉 테노치티틀란의 평면도

---

12) Javier A. Rojas, 앞의 책, p.54.

잉카도시의 경우 광활한 광장과 규칙적인 설계가 공통적인 특징으로 나타난다. 그러나 한 도시 내부에서도 도로의 길이와 규모가 유사하지는 않았다. 도시 광장들은 기층의 다양성을 반영하여 설계되었고, 도로는 일반적으로 잉카제국의 주요 도시들을 연결하던 잉카의 길(El Camino de Inca)을 유지하고 있다. 광장은 잉카제국의 축제의 장으로서뿐만 아니라 역시 상업의 중심적인 무대였다. 피키약타(Pikillacta)와 비라코차팜파(Viracochapampa)의 사각형의 중앙광장은 각각 70~100m 그리고 80~90m의 면적으로 구성되어 있고 지리적 성격을 반영하여 일정한 규칙에 따라 건설되었다.[13]

잉카제국의 행정과 정치 그리고 종교의 중심지인 수도 쿠스코는 우아카타파(Huacatapa)에서 분리된 두 개의 기본 축을 바탕으로 형성되었다. 급경사와 같은 지리적 특성으로 인해 규칙적인 도시건설은 어려웠음에도 불구하고 이 도시에서 부분적으로 유지되고 있는 통일감을 통해 원주민들이 질서정연한 도시건설을 시도했다고 볼 수 있다.[14] 정복자들에 의해 건설된 새로운 쿠스코에서 잉카제국의 건축양식인 견고한 돌 성벽은 유지되었고 붕괴된 원주민도시는 식민도시 건축물에 융화되어 보존되고 있다.

13) Jorge Enrique Hardoy(1968), *Urban Planning in Precolombian America*, p.58.

14) Graciela M. Viñuales(2004), *El Espacio Urbano en el Cusco Colonial:Uso y Organización de las Estructuras Simbólicas*, pp.1171~1172.

출처: http://www.google.co.kr/imglanding?q=cuzco&imgurl=·········

〈그림 3〉 쿠스코의 주요 도로

2. 로마도시의 영향

영국의 도시계획을 수립한 지리학자 스탬프(L. Dudley Stamp)는 영국을 포함하여 대부분 유럽의 중세도시들은 로마도시의 영향을 받아 형성되었다고 언급했다.[15] 스페인의 주요 도시 역시 로마도시설계의 특징을 바탕으로 형성되었고, 이후 아메리카 식민화 과정에서 로마도시의 특징을 반영하여 식민도시계획이 수립되었다. 스페인에서 로마도시의 전통은 아라곤(Aragón)의 우에스카(Huesca) 지방의 소도시 하

---

15) Stamp L, Dudley(1960), *Applied Georgraphy*, Penguin Books, London, p.247.

카(Jaca)에서 1076년에 시작된 직각의 그물망 도시모델을 시작으로 갈리시아(Galicia)의 수도 콤포스텔라(Compostela)의 '산티아고의 길(Camino de Santiago)'로 이어졌다.[16] 13~14세기 이후 중세유럽의 신도시 모델인 '바스티다스(Bastidas)'를 수용하여 건설된 도시들과 이베리아반도의 북쪽 도시 그리고 아라곤의 하이메 2세(Jaime II: 1267~1327)의 도시화 규정에 따라 건설된 마요르카(Mallorca)의 중소도시에서 로마도시의 전통이 유지되고 있다. 또한 반도 동쪽의 통일감 있는 형태의 도시설계와 그라나다(Granada)의 산타 페(Santa Fe) 그리고 엑시메닉이 제시한 '이상도시' 모델을 통해 스페인 도시는 로마 전통의 맥을 이어간다.[17] 스페인의 통일적인 형태의 도시모델은 알폰소 10세(Alfonso X: 1252~1284)와 아라곤 왕들에 의해 도입되었고 하이메 2세의 도시건축규정에 따라 정돈된 도시가 건설되었다. 이러한 과정을 거쳐 13세기 중반 카스테욘(Castellon)과 톨레도(Toledo)에서 사각형의 계획도시가 형성되었다.[18]

베네벨로(Benevelo)와 보흐(Borah)는, 아메리카 식민도시계획은 그리스-로마의 도시계획과 유럽의 문화사상 혹은 기능적 전통으로부터 파생되었다고 주장했다. 보흐는 아메리카가 정복되기 오래전에 이미 유럽은 이상적인 도시공간분할과 공공건물 및 도로설계에 관한 일정한 규정이 성립되었다고 언급했다. 그의 견해에 따르면 아메리카의 영토는 유럽의 '이상도시' 건설에 관한 규범을 실천할 수 있는 공간

16) Betrán R.(1999), *El camino de Santiago y la Ciudad Ordenada en Aragón*, p.100.

17) Beliza de Ory(2000), *La Ciudad Ortogonal Aragonesa del Camino de Santiago y Su Influencia en el Urbanismo Regular Posteror, en Aragón : en la Edad Media XVI*, p.25.

18) Alomar, G.(1976), *Urbanismo Regional en el Edad Media: Las Ordinaciones de Jaime II(1300) en el Reino de Mallorca*, pp.120~121.

이었다. 유럽은 새로운 도시 건설에 대한 요구가 절실하지 않았기 때문에 합의에 바탕을 둔 새로운 도시계획을 확산시키고 수용하는 과정에서 만족할 만한 결과를 얻지 못했다. 반면 스페인과 포르투갈 등 유럽이 아메리카의 식민화를 추진하기 위해 수립한 도시계획은 유럽의 합의된 도시규정을 반영할 수 있는 실천의 장이 되었다. 라틴아메리카에 도입된 유럽적 도시계획은 정복자들이 식민지 연착륙에 필요한 실제적 요구가 반영되어 수립되었다. 정복자들은 새로운 영토에 대한 권리를 합법적으로 획득할 수 있는 제도를 마련하고 도시건설에 주력했다. 이러한 과정을 통해 식민지에 건설된 신도시들은 로마의 오랜 전통을 극복하면서 발전했다.[19]

로마인들은 도시재건과 새로운 마을을 건설하면서 일정한 규칙을 발전시켰다. 도시민을 효과적으로 통제하기 위해 100인으로 구성된 일종의 행정단위인 사각형의 센투리아시온(Centuriación)으로 공간을 정렬하여 영토의 사회 경제적 균형을 유지했다. 그리고 도로는 카르도(Cardo)와 데쿠마누스(Decumanus)라는 두 개의 기본 축을 중심으로 정비하였다. 로마의 도시는 도시중심을 가로지르는 카르도와 데쿠마누스라 부르는 두 개의 기본 축 혹은 기본 거리를 바탕으로 군사캠프 형태에 기초하여 설계되었다. 트라잔(Decius Trajan: A.D. 249~251) 황제는 군사도시로 카르도와 데쿠마누스를 중심으로 사각형과 직각의 도시를 건설했다. 로마의 도시설계는 가로의 배치를 강조하는 동시에 기본 축을 이루는 가로와 부가로라는 개념을 도입하여 직각으로 교차하는 두 대로인 카르도와 데쿠마누스를 기준으로 시가를 네 개의

---

19) Morris, A.(1984), *Historia de la Urbana, Desde sus Orígenes hasta la Revolución Industrial*, p.477.

구획으로 분할했다. 거리의 형태는 사각형 혹은 격자망으로 기본 두 축이 교차하는 곳에 가장 대표적인 공공기관인 교회와 시민의 다양한 활동공간인 바실리카(Basílica) 그리고 법원을 배치했다.[20]

그리스인은 도시건설에 있어서 아름다움과 방어 및 항만과 비옥한 토양에 관심을 집중한 반면 로마인은 도로와 투우장 그리고 상하수시설에 관심을 기울였다. 로마인의 도시는 그리스인의 도시에 존재하지 않는 "인슐라(Insula)"라고 불린 공간을 배정했다.

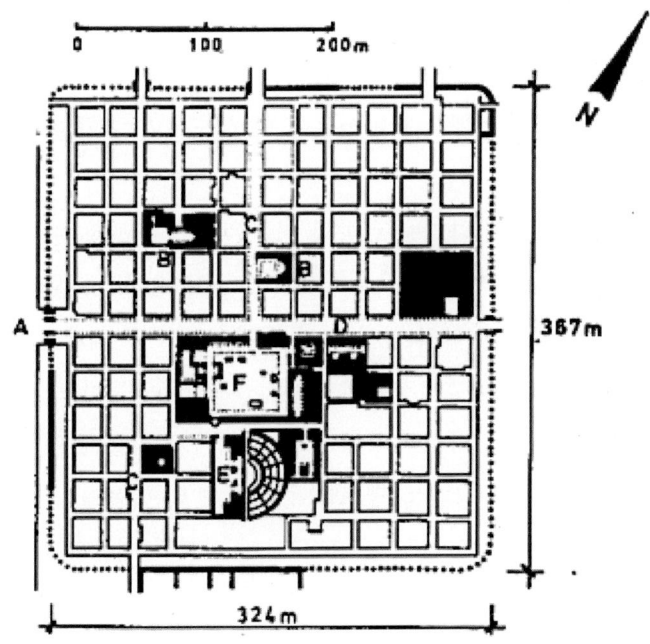

출처: http://www.google.co.kr/imglanding?q=cardo%20decumanus&······

〈그림 4〉 로마도시의 카르도와 데쿠마누스

---

20) Allan R. Brewer(2007), *El Modelo Urbano de la Ciudad Colonial y Su Implatación en Hiapanoamericana*, pp.35~36.

"인술라"는 사회의 소수 특권계급이 거주하는 공간으로서 로마의 도시는 신분에 따라 공간배분이 이루어졌음을 알 수 있다. 또한 로마인들은 새로운 왕이 출현할 때마다 광장을 중심으로 한 기념비적인 건축물들을 건설하여 지배자의 영광과 신격화에 노력을 기울였다. 로마인들은 건축과 도시의 기능성보다는 기념비적인 성격에 관심을 기울였다.

로마의 지배를 받는 동안 스페인에 형성된 34개 이상의 도시에서는 군사야영지 모델에 기초한 로마도시의 전통이 유지되었다. 이러한 도시들 중에서도 메리다(Mérida), 카세레스(Cáceres), 사라고사(Zaragoza) 그리고 바르셀로나(Barcelona)가 가장 대표적이다. 초기 스페인의 이러한 도시의 도로에서 로마의 전통이 지속되었으나, 시간이 지남에 따라 중세 도시설계과정에서 로마전통에 따른 도로와 구획설계는 점차 사라졌다.

스페인 도시계획에 나타난 로마의 전통은 아라곤(Aragón)과 카스티야(Castilla)의 페르난도 2세(Fernando II: 1452~1516)가 마련한 '카스테야노 법(Ley de Castillano)'의 형성 그리고 이후 기독교 세계 탈환을 목적으로 시작된 영토회복과정에서 나바라(Navarro)인들이 군사야영지를 건축하면서 이어졌다. 9세기부터 이미 기독교 왕들은 이베리아반도 북쪽 3분의 1에 해당하는 영토에 중소도시 및 마을을 건설하였지만, 최초로 사각형의 도시모델은 11세기에 건설된 미란다 데 에브로(Miranda de Ebro)에서 발견된다. 실질적으로 12~14세기에 이르러서야 격자형의 도시 모델이 스페인의 새로운 도시에서 발전한다.[21] 당

---

21) José Luis García Fernández(1985), "Análisis Dimensional de Modelos Teóricos Ortogonales de las Ciudades Españolas e Hispanoamericanas Desde el Siglo XI al XII", *La Ciudad Iberoamericana*, pp.121~125.

시 도시설계는 일반적으로 격자망의 도로 형태를 유지하기 위해 가로로 교차하던 설계에서 직사각형 구도의 설계로 전환된 특징을 나타낸다.

카스티야(Castilla)의 부르고스 출생인 알폰소 10세는 귀족세력에 대항하여 왕권확립을 위해 로마의 전통을 수용한 칠부전서(Siete Partidas)를 편찬했다. 1248년 카스티야와 레온(León)의 페르난도 3세(Fernando III: 1199~1252)가 로마의 군사야영지를 바탕으로 수립한 도시계획은 알폰소 10세가 세비야(Sevilla)를 점령하는 과정에서 주목하는 계기가 된다. 그러나 칠부전서에서 제시한 도시화 규정은 이베리아반도 북쪽 바스코(Vaso)와 나바라 지역에 해당되었다. 규칙적인 도시설계를 바탕으로 건설된 나바라의 중소도시 중에서도 12세기 알폰소 1세(Alfonso I: 1104~1134)에 의해 건설된 상구에사(Sangüesa)와 푸엔테 라 레이나(Puente La Reina)가 대표적이다. 푸엔테 라 레이나는 직사각형으로 형성된 구획으로부터 세로로 된 세 개의 대로로 분리된다. 기본 가로축 도로에 교회가 위치하고 성은 외곽거리 모퉁이에 배치되어 있다. 중앙구획 한 변은 40~42m 폭에 표면은 252~480m²이다. 성 주변 가로 구획은 72~120m²로 이 지역은 방어를 위해 성벽으로 둘러싸여 있다. 1222년에 건설된 상구에사와 아라곤 강변에 형성된 중소도시들은 이러한 통일된 외형을 특징으로 한다. 나바라의 비아나(Viana: 1219), 에차리-아라나스(Echarri-Aranaz: 1312)와 우아르테 아라길(Huarte Araquil: 1359)도 일정한 규칙에 의해 건설되었다.[22]

바스코-나바라(Vasco-Navarra) 지역은 지리적으로 중세의 가장 근

---

22) José Luis García Fernández(1987), "Análisis Dimensional de Modelos Teóricos Ortogonales de las Ciudades Españolas e Hispanoamericanas Desde el Siglo XII al XIX", *La Ciudad Iberamericana*, p.19.

접한 경험을 가지고 있는 곳이다. 이곳에 건설된 마을들은 프랑스 남서부 지방에 식민정책에 의해 건설된 중세 신도시 '바스티데스'의 영향을 받았다. 프랑스와 동부 독일에 의해 건설된 계획도시 '바스티데스'는 기존 로마도시 모델인 격자형을 특징으로 한다. 정방형의 중심부 한 변의 길이는 64m이고 정사각형의 대각선 길이가 90.5m로 대각선 길이를 가로로 하는 직사각형의 도시 형태다. 13~14세기 동안 프랑스에 의해서 건설된 '바스티데스'는 로마의 군사야영지와 유사한 구조이며 이베리아 반도 북쪽 지역에 건설되었다.

'바스티데스'는 지역의 지주들에 의해 형성되었고 가장 오래된 도시로는 1144년에 백작 툴루즈(Toulouse)에 의해 건설된 몽토방(Montauban)이다. 이후에 스페인 건축가 발바스(Leopoldo Torres Balbás)에 의하여 상구에사와 푸엔테 라 레이나가 건설되었다. 프랑스 남서부 지방의 도시 몽토방은 각 골목마다 다변형의 구획에 의해 직선의 거리로부터 사각형의 중앙광장이 형성되어 있다. 비부른(Libourne: 1270), 소베테르(Sauveterre: 1281), 몽세귀르(Monsegur: 1265)와 몽파지에(Montpazier: 1270)가 대표적인 중세 신도시이다. 건축가 보마르세(Eustaquio de Beaumarchais)에 의해 형성된 도시 미랑드(Mirande: 1285), 콜로뉴(Cologne: 1284), 솔로미악(Solomiac: 1324)과 보마르세(Beaumarchais: 1288)는 바스띠다스 모델을 대표한다.[23) 위에서 살펴본 바와 같이 중세 신도시 '바스띠다스'의 역사는 다양하며 이러한 도시들은 모두 동일한 특징을 가지고 있다고 단언할 수 없다.

바스코-나바라 지역과는 달리 카스테야노(Castellano) 지역을 대표

---

23) Javier A. Rojas, 앞의 책, p.35.

할 만한 계획도시는 많지 않다. 부르고(Burgo)의 소도시 브리비에스카 (Briviesca)와 로그로뇨(Logroño)의 폰세아(Foncea) 두 도시가 대표적이다.

브리비에스카는 교회가 위치한 광장 주변을 중심으로 도로가 통일감을 유지하고 폰세아는 매우 단순한 구조의 소도시로서 직사각형의 4개 구획으로 정비되어 있다. 스페인 동부지방의 도시는 카스테야노 지역과 대조를 이룬다. 1251년에 건설된 카스테욘(Castellón)은 사각형의 질서정연한 도시의 외형을 갖추고 있다. 눌레스(Nules), 알메나라 (Almenara), 소네하(Soneja)와 비야레알 데 부리아나(Villareal de Burriana)도 일정한 규칙에 따라 설계되었다. 13세기 하이메 1세(Jaime I: 1208~1276)와 이후 아라곤 군주들에 의해 이슬람 세력을 정복한 영토에 모든 중소도시들이 건설되었다.

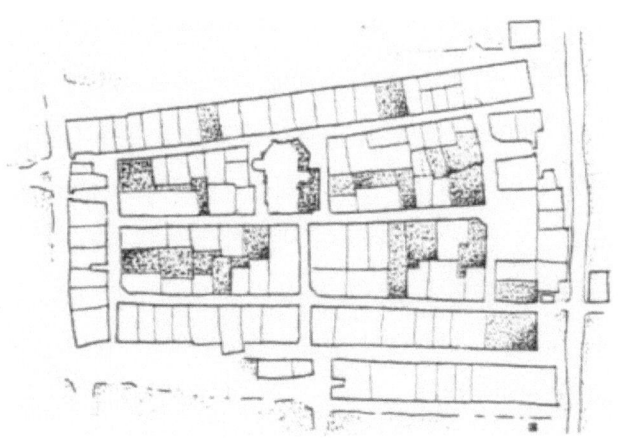

출처: Javier A. Rojas, *Fundación De Ciudades Hispanoamericanas*, p.36.

〈그림 5〉 15세기 건설된 폰세아 도시평면도

바스코-나바라와 카스테야노 지역의 중소도시들이 일반적으로 공통의 특징을 가지고 있다 해도 동부지방에 건설된 새로운 도시들은 가장 일정한 규정에 따라 건설된 계획도시라고 볼 수 있다. 시의회(La Casa de Concejo)과 대성당(La Iglesia Parroquial) 같은 공공건물들이 도시 중심공간에 나란히 배치되었다. 또한 동부지방의 도시들은 담장 혹은 성으로 둘러싸여 있는데 단지 군사적 목적에서뿐만 아니라, 도시 내부와 밖을 이동하는 상품을 포함한 경제활동의 통제 기능을 담당한다. 후에 사라지지만 이러한 성벽은 성 안과 밖의 영역을 표시한다. 통일적인 형태로 계획된 도시들은 군주 혹은 귀족이 자신이 소유한 영토를 원활하게 통제하기 위해 고안된 것으로서 중세의 사회-정치적 구조를 반영한다고 볼 수 있다.[24]

마요르카 지역은 농업증진 및 생태계와 인간이 균형을 이룰 수 있는 중소도시 14개가 건설되었다. 하이메 2세가 추진한 지역발전 프로그램으로 마련된 법령(La Ordinación)에 따라 중소도시가 건설되었다. 하이메 2세는 마요르카 지역의 평원과 산악지역 사이의 균형 있는 발전을 유지하기 위해 새로운 중소도시를 건설하였고 이미 형성된 도시들은 프로그램에 따라 보완하여 새롭게 건설할 것을 제의했다. 새로운 도시들은 법령에서 제시한 규정을 수용하여 건설되었다. 한 변이 84m인 사각 구획으로 설계되었고, 6m 길이의 거리와 16~25구획으로 도시를 정비하였다. 그러나 이러한 도시계획은 단지 페트라(Petra)와 사 포블라(Sa Pobla)에 해당되었다. 하이메 2세의 도시계획에서는 광장과 공공건물 배치에 관한 언급은 없었다.[25]

---

24) Javier A. Rojas, 앞의 책, p.37.
25) Javier A. Rojas, 앞의 책, pp.43~44.

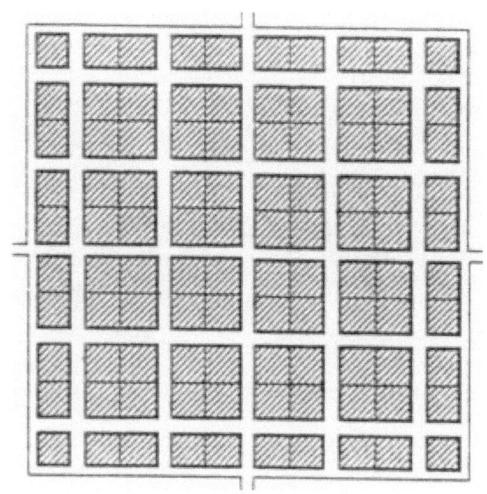

출처: Javier A. Rojas, *Fundación De Ciudades Hispanoamericanas*, p.41.

〈그림 6〉 18세기 마요르카 지역 마을 평면도

    1385년 14세기 수도사 엑시메닉에 의해 쓰인 백과사전(El Dottzé del Crestiá: 1381~1386)은 도시건설에 관한 규정을 제시했다. 이 서적은 후에 르네상스의 '이상도시'를 주장하는 유토피아적 인문주의자들에게 중요한 영향을 미친다.[26] 로마의 군 야영구조를 기초로 형성된 도시모델은 1세기 이후 이상도시론자들의 이론적 근거를 제공해준다. 마요르카에 형성된 중소도시는 실제적으로 사각형의 도시모델을 특징으로 하고 있는데 이러한 도시의 형태는 아메리카에서 발전한 도시모델에 직접적인 영향을 미친다. 1381년과 1386년 사이 엑시메닉에 의해 발렌시아(Valencia)와 마요르카를 중심으로 새로운 중소도시들이 건설되었다. 1345년 아라곤 왕국에 병합되었던 두 지역은 해상교역의

---

26) Antonio A. Iglesias(1985), "La Ciudad Ideal Según Fray Fransesc Eximenis y Rodrigo Sánchez de Arévalo", pp.20~21.

원활함과 접근의 용이성을 위해 페트라와 사 포블라 지역의 중요성을 인식했다. 당시 엑시메닉은 사각형 구조에 기초한 가장 완벽한 형태의 이상적도시 모델이었다. 이러한 도시 모델은 건축가 페르난데스 (García Fernández)에 의해 응용되었다.

엑시메닉 설계의 특징은 도시 사방이 12개의 완벽한 사각구획으로 정비되어 있고, 두 개의 기본 축을 중심으로 사각형으로 된 2차 구획이 형성되어 있다. 엑시메닉을 기초로 도시를 설계한 페르난데스는 사각형의 한 구획 혹은 4개의 '바리오(Brrio: 동)'에 이차적 광장을 포함했다.

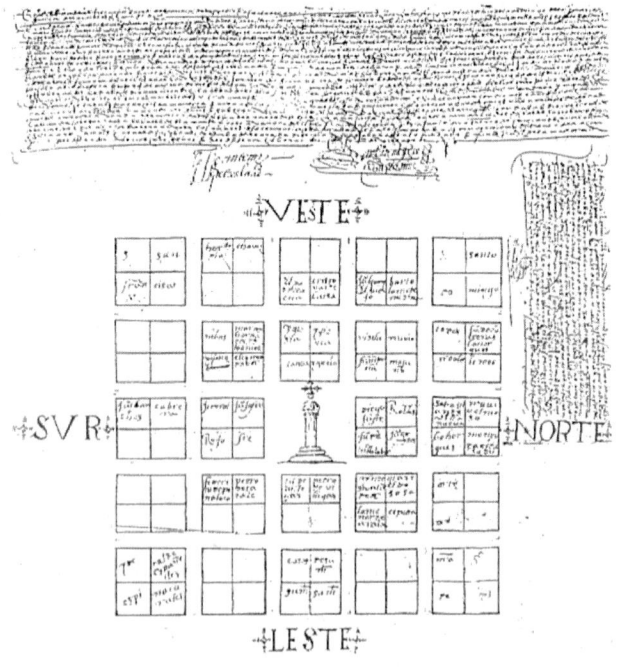

출처: http://www.google.co.kr/images?complete=1&hl=ko&q=Eximenic&um

〈그림 7〉 엑시메닉의 도시계획

그리고 한 면이 81.7m 구획으로 도시공간을 체계화했다.[27] 광장의 크기와 면적 배분은 그 당시까지 알려지지 않았던 것으로서 이베리아 반도에 형성된 도시들과는 차별적이었다. 1세기 이후 스페인의 도시계획은 구획면적의 정확한 분배와 직사각 형태의 중앙광장을 배치하는 도시화를 발전시켰다.

로마도시의 전통인 질서정연한 도시설계는 기록이나 서적으로 스페인에 영향을 미쳤다. 그러나 스페인의 새로운 도시들이 로마도시의 특징을 가지고 있다 해도 스페인 왕실이 로마의 도시전통 모델을 그대로 답습하여 라틴아메리카 식민도시계획법을 수립했다고 단언할 수는 없다. 명확한 통일감으로 설계된 가장 오래된 도시는 안달루시아(Andalucia)의 산타 마르타(Santa Marta) 항구도시이다. 도시 구획은 한 면이 50~80m 면적의 사각형으로 정비되어 있고 해안을 향하여 거리는 평행의 직선을 유지했다. 14~15세기 동안 형성된 치피오나(Chipiona)는 스페인의 질서정연한 도시설계의 전통을 대표한다. 치피오나는 명확히 사각형의 12구획과 직선의 거리로 형성되어 있다. 구획과 도로 특징 이외에 의사회 건물과 대성당 그리고 시장 등 공공건물들이 광장 주변에 위치한다. 또한 해변에서 가장 가까운 곳에 항구를 건설하고, 해안지대의 도로는 세로축을 중심으로 연결되어 있다.[28]

안달루시아 지역의 또 다른 도시 푸에르토 레알(Puerto Real)과 그라나다 지방의 산타 페는 1483년 가톨릭 왕들에 의해 형성되었다. 뿌에르또 레알은 해상무역의 발전을 위해 왕실 주도하에 건설된 도시로

27) Javier A. Rojas, 앞의 책, p.42.
28) José Ramón Barros(2000), "La Iglesia Parroquial de Na Sra. de la O de Chipiona", *Laboratorio de Arte*, pp.330~331.

서 성 밖의 도시구획은 길게 늘어뜨린 형태의 부등사변형구조를 유지한다. 1492년 가톨릭 왕에 의해 건설된 그라나다의 산타 페 도시계획은 라틴아메리카 식민도시계획의 전신으로 여겨진다. 특히 1506년 오반도(Nicolás de Ovando)에 의해 추진된 도미니카공화국(República Dominicana)의 수도 산토 도밍고(Santo Domingo)는 이러한 가능성을 뒷받침해 준다.

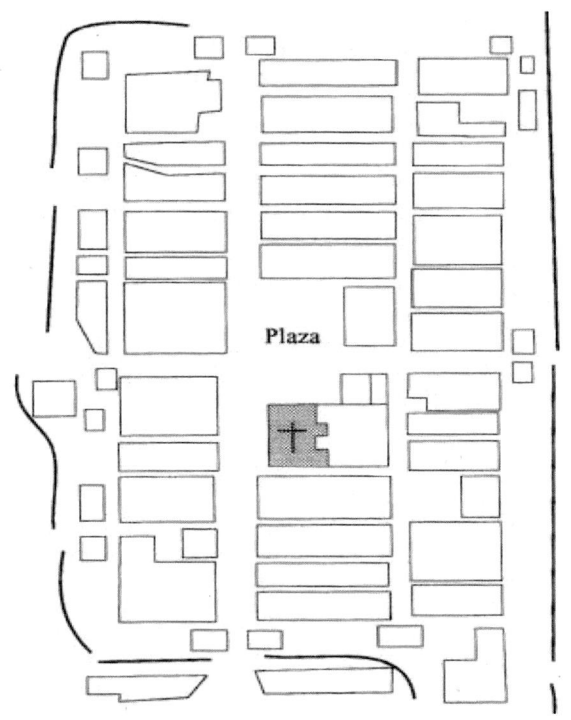

출처: www.google.co.kr/imglanding?q=santa%20fe%20de%20granada&img······

〈그림 8〉 그라나다의 산타 페 도시계획

산타 페는 이슬람 세력의 중심지인 그라나다에서 국토회복전쟁을 치르는 동안 스페인 가톨릭 왕들이 군사야영지에 기초하여 건설한 도시다. 군사적 목적으로 건설된 도시는 성벽으로 둘러싸여 있으며 한 구획이 436~560m의 직사각형 구조다. 그러나 통일감이 없는 도로의 면적과 폭, 완벽하지 않은 직각형의 구조와 상이한 구획의 면적도 이 도시의 특징이다. 광장 역시 16세기 라틴아메리카의 사각형의 형태도 아니며 1573년의 펠리페 2세가 법령으로 제시한 공간분배 규정도 따르고 있지 않다. 그럼에도 불구하고 산타 페는 규칙적인 도시구획 정비와 중앙광장 주변의 직사각형 공간분배 등 이베리아 반도에서 통일감 있는 도시 외형을 유지했던 대표적인 도시다. 개방된 라틴아메리카의 식민도시들과는 대조적으로 이 도시는 성벽으로 둘러싸인 폐쇄된 도시지만 아메리카 대륙의 식민화를 위해 스페인이 도입한 도시모델에 가장 근접한 형태라고 할 수 있다.[29] 그라나다의 산타 페는 로마 지배하에 이베리아 반도에서 건설한 질서정연한 도시의 전통을 이어가며 라틴아메리카의 식민도시 건설의 새로운 토대가 되었다.

3. 르네상스의 이상도시

15세기에 들어 화약의 발명과 르네상스의 등장은 도시발달과 도시계획에 큰 영향을 주었다. 화약의 발명은 도시성벽을 무용지물로 만들었고 르네상스에 의해 도시는 미적인 면을 강조하게 되었다. 르네상스 시대에는 도시의 기념비적인 성격이 도시계획에 부활되었으며

---

29) Catalina Gobantes et al.(2006), "Dinámica Sociales y Transformaciones de la Ciudad Latinoamericana", p.2.

모든 공간은 축을 갖게 되었다. 도시 내의 가로도 확장되고 직선화되는 등 도시의 외형적인 모습에 많은 변화를 초래했다.

르네상스 시대에는 도시의 새로운 질서체계를 만들기 위한 이상도시론이 등장하기 시작했다. 르네상스의 '이상도시'는 여러 가지 면에서 과거의 유토피아로부터의 이상성이나 기하학적 특성 내지는 근대적 사상 등을 공유하고 있다. 초기 최고의 도시이론가로서 인정받고 있는 알베르티(León Battista Alberti: 1407~1472)는 그의 저서를 통해 미학적인 견지에서 공공건물을 중심에 배치하고 방사상 도로로 뻗어나가는 이상적인 도시안을 최초로 제안했다.[30] 이후 아베를리노(Antonio Averlino: 1432~1502) 그리고 마르티니(Francisco de Giorgio Martini: 1439~1502)와 같은 이론가들에 의해 이상적인 도시의 지형상의 위치, 조경과의 관련, 교통의 복합적인 조건 등의 연구가 구체화되었다.

이상도시론자들에 의해 제안된 도시모델은 1615년 도시 내부에 5개의 광장이 있는 격자패턴의 도시계획을 제안한 스카모시(Vincenzo Scamozzi: 1548~1616)에 의해 현실화되었다. 그는 도시의 군사적인 가치보다도 도시의 예술적 가치를 높게 평가하였다. 그리고 최초로 '팔마노바(Palma Nova)'라는 이상도시안을 실현시켰다. 기본적으로 도시의 형태는 별모양의 규칙적인 다각형으로 설계되어 있다.[31]

이러한 이상도시론자들의 영향을 받아 건설된 유럽의 주요 도시들은 도시 중앙의 광대한 공간이 일련의 직선 도로로 구획정비가 되어 있다. 규칙적인 격자모양은 아니고 중세도시의 도로와 연결되도록 계

---

30) Allan R. Brewe, 앞의 책, pp.40~42.

31) Karl Mannheim(2002), *Revolution of Environment*, Printed and Bound in Great Britain by Biddles Short Run Books, London, p.45, 92.

획되었다. 도시의 중요한 특징은 통일감 있는 도시체계로서 궁전과 도시는 균형을 이루고 결합되어 있다. 도시 전체는 교회와 교황궁전을 중심으로 건물들이 단계적으로 배치되었다. 도시의 주요 건물들은 장대함보다는 우수한 규율성, 그리고 도로나 건축물의 균형이 돋보인다. 규율과 통일성에 기초한 르네상스의 이상도시는 16세기까지 유럽의 도시설계에 실제적으로 반영되지 않았다. 르네상스의 도시와 건축에 관한 규정을 가장 충실히 따라 건설된 신도시들은 스카모시의 이상도시 '팔마노바'에 바탕을 두고 있다.

그리스와 로마의 전통에서 영감을 얻은 르네상스의 도시론은 신세계 영토를 확장하는 과정에서 정복자들과 스페인 왕실에 영향을 미쳤으며 이러한 영향은 식민도시화에 관한 법령과 규정으로 이어졌다. 르네상스의 모델은 중세사상이 여전히 지속되고 있는 스페인으로 확장되었다. 비트루비오(Marco Vitruvio)의 『건축에 관하여(De Arquitectura)』는 1573년 펠리페 2세의 '식민법령(Las Ordenanzas de Población)'에 반영되었다. 그의 저서는 펠리페 2세의 식민도시화 법령이 발표되기 이전부터 스페인 인문주의자들과 건축가들에 의해 폭넓게 알려져 있었다.[32] 16세기 르네상스의 '이상도시'는 유럽의 거의 모든 중소도시에서 나타나는 공통적 특징으로 유럽의 아메리카 식민도시계획에 이러한 특징이 반영되었다.

그러나 베네벨로는 펠리페 2세가 1573년 법령을 통해 추진한 라틴아메리카의 식민도시화는 르네상스의 문화적 토대를 바탕으로 하고 있지만, 새롭게 창조된 독창적인 도시계획이라고 주장했다. 구아르다

---

32) Vitruvio Polión Marco(2009), *Los Diez Libros de Arquitectura*, pp.11~51.

(Gabriel Guarda) 신부도 산토 토마스(Santo Tomás de Aquino)의 저술(De Regime Principium)과 1573년 법령에 포함된 규정 사이의 유사성을 지적하면서, 특히 라틴아메리카 식민도시의 중앙 공간 분배에 관한 규범은 르네상스의 영향과 무관하다고 주장했다.[33] 라틴아메리카 식민도시의 르네상스 문화의 영향을 부정하는 이러한 견해에 대해 대표적인 이상적 도시론자인 비트루비오는 토마스의 저서가 도시중앙공간의 분배 및 직사각형의 질서정연한 도시설계와는 관련이 없고, 도시건설과 관련하여 지질학 및 기후에 관한 규범이 중요하게 언급되어 있다고 주장했다.

한편 쿠블러(George Kubler)는 라틴아메리카 식민도시의 외형적 형태는 전체적으로 유럽의 형태를 모방하고 있다고 주장하면서 라틴아메리카의 식민도시화는 유럽도시주의의 확장이라고 언급했다. 라틴아메리카의 식민도시계획이 르네상스의 영향을 받아 설계되었다고 주장하는 쿠블러는 이러한 식민도시의 외관은 유럽도시와 유사하지만 두 도시가 기능면에서 매우 다르다고 강조했다. 유럽의 도시가 중상주의의 바탕을 두고 있는 반면 식민도시는 개척과 착취적 기능을 수행한다. 식민도시는 유럽의 역사를 지속적으로 유지하려고 정착한 이들의 이해에 부합되는 기능이 중요하게 작용한다.[34]

이와 같이 라틴아메리카 식민도시의 기원과 외적 형태는 매우 유럽적이지만 도시의 조직과 기능은 식민도시의 특징을 가지고 있다. 유럽의 도시와 식민도시 모두 경제적 기능이 가장 중요하게 작용했

---

33) Gabriel Guarda(1965), *Santo Tomás de Aquino y Las Fuentes del Urbanismo Indiano*, Academia Cilena de la Historia, p.76.

34) Georges Kubler(1964), "Ciudades y Culturas en el Período Colonial en América Latina", *Boletín del Centro Investigaciones Hostóricas y Estéticas de la Universidad Central de Venezuela*, p.189.

지만 유럽의 상업도시는 양모무역, 은행업, 광산업 등에 의해 자본의 원시적 축적을 바탕으로 도시가 성장하고 발달한 반면 라틴아메리카의 도시는 풍부한 지원을 확보하고자 하는 기능이 도시성장에 발판이 되었다.

Ⅲ. 식민도시의 형성

라틴아메리카의 식민도시는 왕실이 편찬한 법령을 통해 형성되었다. 로마와 르네상스 도시 설계를 토대로 형성된 식민도시화 법령은 식민화의 주요 수단으로서 어떤 경우 토착도시는 제거되고, 어떤 경우 그것이 새로운 도시계획에 통합되었다. 스페인 왕실은 아메리카영토 진출과정에서 정복자들과 아델란타도스(Adelantados)에게 도시와 마을건설을 의무화했으며 이러한 의무는 16~17세기 추진한 식민화사업에서 적용했던 법령을 통해 명확하게 제시했다. 도시건설은 아델란타도스와 정복자들의 법적인 의무이기도 했다. 식민도시에 공통적으로 나타나는 격자형의 질서정연한 도시설계는 스페인 왕실이 편찬한 법규정을 통해 실현되었다. 식민도시화 규정은 1573년 7월 13일 펠리페 2세가 아델란타도스와 고베르나도레스(Gobernadores)에게 내린 법령 "발견과 식민의 정돈(las Ordenanzas de Descubrimiento y Población)" 이 점진적인 수정을 거쳐 확립되었다.[35] 스페인 왕실의 독점적인 권리를 바탕으로 형성된 식민도시화법령은 아메리카 정착과정에서 왕

---

35) Catalina Gobantes et al., 앞의 글, p.3.

실이 아델란타도스에게 제시한 최초의 법적 규범이었다.

스페인 왕실은 식민지에 대한 지배를 공고히 하고, 아델란타도스들을 보다 효과적으로 통제하기 위해 도시화법령에 따라 식민도시계획을 수립했다. 아메리카 영토정복과 도시건설에 관한 규정은 1512년 왕실이 아델란타도스에게 제시한 "부르고스 법(Leyes de Burgos)"이 수용되면서 시작되었다. 이 법령은 이사벨 여왕 사후 아라곤의 페르난도 왕에 의해 형성되었다. 이후 가라이(Francisco de Garay: ?~1523)가 산토 도밍고 섬을 점령하고, 벨라스케스(Diego Velázquez de Cuéllar: 1465~1524)가 유까딴을, 그리고 폰세(Juan Ponce de León: 1474~1521)의 푸에르토 리코(Puerto Rico) 정복을 계기로 1521년 카를로스 1세(Carlos I: 1516~1556)는 해안도시 건설에 관한 규정을 구체적으로 제시했다.

1521년 코르테스가 테노치티틀란 정복에 이어 누에바 에스파냐(Nueva España) 통치자로 임명된 이후 카를로스 1세는 누에바에스파냐 식민건설에 관한 법령을 선포했다. "원주민들의 대화와 국가조직(Conversión de Indios y Organización del País)"이라는 법령을 통해 누에바 에스파냐 식민화를 위한 법적 규범은 마련했다. 1573년 펠리페 2세는 이전의 법령을 바탕으로 식민도시화법을 추진하여 모든 식민도시에 전체적인 상을 제시했다.

본 장에서는 로마와 르네상스의 '이상도시론'의 영향을 받아 형성된 1501~1573년 식민도시화법령의 핵심인 도시입지조건, 토지분배 및 건축 관련 규정을 바탕으로 라틴아메리카 식민도시의 형성배경을 살펴본다.

1. 도시입지와 지칭에 관한 규정

식민권력은 새로운 땅에서 지배력을 확고히 할 목적으로 법령과 제도를 통해 도시를 건설했다. 영국의 아메리카 식민화와는 달리 스페인의 정복사업에서 도시건설은 항상 의무로 규정되었다. 도시건설은 새로운 영토를 획득한 것만을 의미하는 것이 아니라 아델란타도스를 통제하기 위한 중심적인 도구로 활용되었다. 아델란타도스의 라틴아메리카 정복은 카스테야노법에 따라 도시와 마을건설을 통해 추진되었다. 도시와 마을건설은 법의 규정 아래 체계적으로 진행되었다. 식민도시화법령의 기본원칙은 정복사업의 시작이자 최고의 가치를 도시건설로 규정했다.

도시건설은 법에 기초한 행위였다. 영토표시, 토지분배에 그리고 지명도 법적인 절차에 따라 추진되었다. 도시건설은 영토를 포함하여 그곳에 정착한 사람들의 신분을 독립적이고 합법적으로 인정하는 과정이었다. 도시건설은 정복한 땅에 대한 왕실의 권리를 인정하는 효력을 지녔다. 그러므로 도시건설은 왕실 혹은 허가증은 가진 아델란타도스의 가장 중요한 임무였다. 왕실의 허가 없이 도시를 건설한다는 것은 사형에 해당하는 중범죄였다. 허가권을 가진 아델란타도스만이 도시건설에 참여할 수 있었으며 도시건설을 통해 정복한 영토에 대한 특권이 인정되었다. 그리고 원주민이 거주하고 있던 영토에 대해서도 권리가 보장되었다.

식민도시계획에서 무엇보다도 중요하게 다루어진 부분은 도시입지조건과 관련된 법령이었다. 1521년 구체화된 도시입지관련 법령 중 34항과 37항은 도시 및 마을건설을 위한 최적의 장소 선정에 관한 일반적 규정을 제시하고 있다. "도시나 마을이 입지할 장소는 비옥하고 건강한 장소이어야 하며 하늘은 맑고 공기는 신선하고 부드러운 곳이고 기후는 온화하여 너무 덥지도 춥지도 않은 곳이어야 한다. 그리고 어떤 경우라도 더운 곳보다는 추운 곳을 입지로 선정해야만 한다."[36]

또한 도시입지와 관련된 법령은 엑시메닉의 저서에도 언급되어 있다. 도시나 마을은 목축을 위해 필요한 노동력이 제공될 수 있는 곳일 뿐만 아니라 땔감을 풍부하게 공급할 수 있는 산 주변에 위치해야 한다. 도시나 마을은 필요한 원자재가 부족하지 않게 공급될 수 있는 곳과 식수와 농업용수가 풍부한 강 부근, 혹은 바다와 육지의 출입이 자유로운 곳에 입지해야 한다.[37] 그리고 무엇보다도 원주민들의 기독교화를 위해 원주민들이 거주하고 있는 장소 부근에 마을을 건설했다. 도시나 마을 입지는 매우 높지도 낮지도 않은 중간 정도의 높이가 권고되었고, 산맥이 있는 경우 마을은 서쪽과 동쪽에 마을을 건설했다.

해안지역의 도시 및 항구 입지 조건은 티에라 피르메(Tierra Firme) 해안지역 정복과정에서 왕이 아델란타도스에게 초기 내린 훈령에 명시되어 있다. 이를 바탕으로 1521년 법령은 해안지역 도시입지선정에 관한 규정을 구체적으로 제시했다. 해안지역의 식민건설은 무엇보다도 안전을 고려하고 영토를 효과적으로 방어할 수 있는 장소의 중요성이 언급되었다. 항구는 배가 안전하게 정박하고 선원들이 휴식을 취하고 물을 마시며 항해일정을 확인하고 조정할 수 있는 장소이어야 한다. 항구는 원활한 항해뿐만 아니라 영토의 안전을 고려하여 선

---

36) Javier A. Rojas, 앞의 책, pp.113~114.
37) Antonio A. Iglesias, 앞의 글, p.37.

정되었다. 또한 마을은 안전을 우선적으로 고려하여 물이 범람하지 않는 곳, 그리고 배의 짐을 원활하게 하역하고 운송할 수 있는 곳에 위치했다. 화물이 종착지점까지 원활하게 운반될 수 있도록 가능한 육지로부터 멀지 떨어져 있지 않은 곳에 마을이 건설되었다.[38]

콜롬비아(Colombia)의 카르타헤나 데 인디아스(Cartagena de Indias)와 쿠바(Cuba)의 아바나(Habana)는 지리적 위치를 감안하여 세계적인 항구도시로 건설했다. 정복자들은 이러한 도시들을 라틴아메리카 정복의 발판으로 삼아 도로, 철도, 항만을 이용하여 식민화를 가속화하려는 의도와 함께 라틴아메리카의 풍부한 지원을 확보하고자 하는 경제적 야욕이 중심적인 동기로 작용했다.

해안지역뿐만 아니라 광산지역의 도시입지조건도 강조한다. 마을이 광산지역에 건설될 경우 광물의 운송이 원활하게 진행될 수 있는 강 주변에 위치해야 한다. 당시 라틴아메리카에는 짐을 운반할 수 있는 짐승이 없었으므로 광산에서 생산된 금이나 은이 육지로 원활하게 운송될 수 있는 지역은 도시입지에 중요한 조건으로 작용했다. 이러한 규정에 따라 라틴아메리카 대부분의 도시와 마을들은 강 주변에 건설되었다.

18세기 이후 외부지향적인 식민경제 매개체로서 기능을 담당할 도시계획은 더욱 활발해졌다. 멕시코의 북쪽과 광산도시 사이의 긴밀한 유통을 위해 베라크루스(Veracruz)가 건설되었고, 수도와 유기적인 네트워크를 형성하기 위한 푸에블라(Puebla) 그리고 과노후아토(Guanajuato) 같은 도시가 계획되었다. 식민도시는 철도가 발달한 항구도시였으나

---

38) Allan R. Brewer, 앞의 책, p.97.

보다 더 큰 체제의 일부로, 즉 행정 및 군사도시, 교통의 중심지, 항만, 탄광 및 상업도시, 플랜테이션마을, 고지주둔지, 휴양지 등에 나타났다. 이러한 과정을 통해 식민도시와 식민모국의 도시들은 점차 단일한 체계로 연결되기 시작했다.

아델란타도스는 도시입지조건과 함께 정복한 영토에 사용될 지명도 왕실의 명령을 그대로 반영했다. 도시와 마을 그리고 점령한 모든 영토의 지명은 우선적으로 본국과 관련된 명칭을 우선시하며 신앙과 관련된 명칭도 부여해야 한다.[39] 지명에서도 식민지에 대한 왕실의 독점과 기독교화에 대한 중요성이 강조되었다. 규정에 따라 형성된 라틴아메리카의 지명들은 오늘날에도 그대로 유지되고 있다. 지명은 '새로운'이라는 형용사를 첨가하여 스페인 본국의 지명을 그대로 사용하는 경우가 대부분이었다. 라 에스파뇰라섬(Isla de la España), 누에바 에스파냐(Nueva España), 카스티요 데 오로(Castillo de Oro), 누에바 안달루시아(Nueva Andalucía), 누에보 레이노 데 톨레도(Vuevo Reino de Toledo), 누에바 갈리시아(Nueva Galicia), 누에바 비스카야(Nueva Vizcaya), 누에보 레온(Nuevo León), 누에바 엑스트라다무라(Nueva Extredamura) 그리고 누에보 레이노 데 그라나다(Nuevo Reino de Granada)의 지명이 대표적이다. 또한 이베리아 반도의 도시명을 새로운 도시에 그대로 적용하기도 했다. 메리다(Mérida), 로스 트루히요스(Los Trujillos), 라스 쿠엔카스(Las Cuencas), 라스 세비야스(Las Sevillas), 로스 카세레스(Los Cáceres) 와 같은 도시명이 라틴아메리카 대륙 곳곳에서 등장했다. 군주들의 이름이나 통치자들의 이름도 지명이나 도시명으로 사용됐다. 페르난

---

39) Allan R. Brewer, 앞의 책, pp.46~47.

다(Fernandina), 이사벨라(Isabela), 라 임페리알(La Imperial), 산 카를로스 데 아우스트리아(San Carlos de Austria) 혹은 폰세카(Fonseca)가 그 예다. 멘도사(Mendoza)와 발디비아(Valdivia)와 같이 도시건설자의 이름이 도시명으로 사용되는 경우도 있었다.

2. 토지분배에 관한 규정

라틴아메리카 식민도시들은 초기 설계에서부터 도시구획과 관련하여 부지의 분배가 이루어졌다. 식민도시계획에 관한 상세한 규정은 1573년 스페인의 펠리페 2세가 선포한 인디아스법에서 보다 체계화되었다. 16세기 식민도시에서 일반적으로 나타나는 격자형의 바둑판 형태와 도시 중앙에 위치한 광장은 중세 유럽도시의 영향을 받아 발전했다. 중세도시는 이주민들에게 부지를 편리하게 할당하기 위해 격자망으로 도시구획을 정비하였다. 그러나 이러한 구획은 늘 규칙적이고 정확한 직사각형의 격자망은 아니었으며 여러 가지 실용적인 요소에 영향을 받아 정착되었다. 특히 이러한 직사각형의 거리는 정교한 수도망에 제한을 받았는데 수도관은 낙차가 있어야 했기 때문에 지형에 맞도록 배열되어야 했다.[40]

본래 특별한 사람들만이 토지를 소유할 수 있었다. 왕실이 발급한 일종의 허가증인 "카피툴라시온(Capitulación)"이나 특별한 신분증을 소유한 사람만이 토지를 소유할 수 있었다. 개인소유의 토지분배는 필수적으로 경작을 하고 있는 토지를 대상으로 하고, 대상자는 경작

---

40) 마크 기로워드 지음(2009), 『도시와 인간: 중세부터 현대까지 서양도시문화사』(민유기 옮김), 서울: 책과함께, pp.114~115.

지에 4~8년이라는 일정기간 거주한 사람으로 한정했다. 이러한 규정은 까스띠아와 아라곤의 중세도시건설과 재정복과정에서 얻은 경험을 토대로 발전했다. 카피툴라시온을 통해 스페인 왕실은 아델란타도스에게 토지와 건축부지 분배에 관한 직권을 부여했다. 새로운 영토에서 정복자들은 스페인 왕실의 허용 하에 토지를 분배할 수 있었다.

식민화 과정에서 왕실은 경작지와 집을 건축하기 위한 공공부지를 식민지 정착자들에게 분배해야만 했다. 왕실은 거주지 및 경작지와 관련하여 아델란타도스에게 카피툴라시온을 통해 토지분배에 관한 권한을 위임했다. 공공토지는 개인의 신분에 따라 차등적으로 분배되었다. 소유지는 개인의 출신과 신분에 따라 차등 분배한다고 규정했다. 이러한 규정은 1523년 왕실이 코르테스에게 내린 훈령에 상세하게 제시되어 있다.

마을에 집을 짓기 위한 부지를 분배하는데 부지는 신분에 따라 차등 분배했다. 경작지는 토지의 질과 양에 따라 분배 토지명을 카바예리아스(Caballerías)와 페오니아스(Peonías)로 분류하여 차등 분배했다. 토지분배는 신분에 따른 차등 분배를 원칙으로 했다. 또한 신분에 따라 토지의 양뿐만 아니라 질도 차등 분배되었다.[41] 경작지에 대한 분배는 최소 4년 이상을 거주한 사람으로 한정했다. "(……)마을에 정착한 사람들에게 카바예리아스 혹은 페오니아스 토지사용 만기일을 제시한다. 토지는 최소 4년 이상 거주한 사람들만이 사용할 수 있고, 사용 만기일이 된 토지는 반환한다. 만료기간에 반환된 토지는 왕실이 파견한 대리인이 관리한다."[42]

---

41) Javier A. Rojas, 앞의 책, pp.123~124.
42) Allan R. Brewer(2008), *El Modelo Urbano de la Ciudad Colonial y Su Implantación en Hiapanoamérica*,

신분에 따른 토지의 차등 분배로 식민도시는 신분과 인종에 따라 엄격한 공간적 분리와 격리가 일어나는 이중적 도시로 발전했다. 새로운 도시공간에서는 새로운 규율이 적용되기 시작했다. 도시로부터 '야만'과 '비문명'적인 원주민들을 분리시켰고 도시의 광장을 중심으로 사회적 신분에 따라 주거지가 결정되었다. 코르테스가 왕실에 보낸 네 번째 보고서에서도 인종에 따른 도시의 공간 분리정책을 알 수 있다. "저희 에스파냐인들이 사는 구역과 원주민들이 거주하는 구역은 서로 구분되어 있는데 이 두 지역은 작은 지류를 경계로 분리되어 있습니다. 물론 두 지역은 여러 개의 나무다리를 통해 연결되어 있습니다."[43] 광장 주변은 페니슐라레스(Peninsulares)와 대지주인 엔코미엔데로스(Encomienderos)들과 아센데로스(Hacienderos)들이 정착했다. 그 다음 블록에는 상인과 수공업자들이 거주했고 이들의 거주지를 중심으로 시장이 형성되었다. 다음 블록에는 메스티소들이 살았고 원주민들은 도시외곽으로 밀려 도시로부터 소외되었다.[44]

3. 건축물에 관한 규정

유럽의 도시모델을 수용하여 형성된 라틴아메리카 식민도시는 법령에 제시되어 있는 규정에 따라 건설되었다. 건축에 관한 규정은 미래에 형성될 식민도시가 수정 없이 질서정연한 통일감을 유지하면서 발전할 수 있는 기반이 되었다. 건축에 관한 규정에서 무엇보다도 중

---

pp.101~102, 115.

43) 에르난 코르테스 지음, 앞의 책, p.69.

44) Gudalupe Isabel Carrillo(2006), "Pasado y Presente de Una Ciudad Colonial: La Antigua Guetemala," *La Ciudad Latinoanericana: Constitución Cultural*, p.351.

요하게 언급했던 부분은 광장 및 교회 입지조건과 배치에 관한 내용이다. 광장의 형태는 정돈된 직사각형으로 설계하고 위치는 도시 및 마을 중앙에 배치했다. 광장은 사각형 혹은 직사각형이 아닌 다른 형태는 허용되지 않았다. 도시중앙에 위치한 직사각형 구조의 광장은 도시 일상의 중심으로 기능하면서 격자형 그물망 형태의 도시를 발전시켰다.[45)]

도시의 공간구조 중 가장 특징적인 장소는 광장이다. 광장은 새로운 식민도시 건설의 기념비적인 장소였다. 광장 주변에 건설된 근대적 건축물들은 토착문화와는 전혀 관계없이 이식된 식민지배 문화로서 도시중심 광장에 상징처럼 세워졌다. 중앙광장에는 국가의 주요 공공건물들이 집중적으로 배치되었다.

중앙광장의 길이는 광장에서 거행되는 축제 및 각종 행사를 위해 이용될 말이 원활하게 이동하기 위해 필요한 최적의 비율인 광장넓이의 1.5배가 되어야 한다. 광장의 면적은 200×300피트(약 5.500m²)보다 작지 않아야 하며 300×800피트(약 22.000m²) 이하여야 한다. 중앙광장의 면적은 도시의 최종적인 규모를 추산해야 했기 때문에 그 규모는 미리 결정할 수는 없지만 일반적으로 400×600피트인 약 22.000m²의 면적이 권고되었다.[46)]

광장건설 다음으로 교회와 수도원 건축이 중요하게 작용했다. 교회의 건설은 라틴아메리카 정복과 정착과정에서 가장 우선적으로 수행해야 하는 종교적 사명이기도 했다. 정복의 주요 목적인 복음화를 위해 도시설계에서 우선적으로 고려해야 하는 건축물은 교회였다.

---

45) Catalina Gobantes et al., 앞의 글, p.3.
46) 마크 그로워드 지음, 앞의 책, pp.368~369.

1513년 내려진 지침은 "가장 근면하게 추진해야 하는 것은 교회의 건축이며 이는 가장 기본적인 것"이라고 제시했다. "왜냐하면 교회는 신에게 봉헌할 수 있는 최대의 신앙심이기 때문이다."[47] 광장에 건축된 교회와 수도원은 에콰도르의 키토(Quito)의 사례가 모범으로 제시되었다. 교회는 사각형으로 정돈된 광장 옆에 배치하는데 그 면적은 1만사나(Manzana: 6,987m²)로 규정했다.

일반적으로 라틴아메리카에서 대성당은 광장 동쪽 측면에 위치하며 교회는 다른 건물들의 위치와 분리되어 있다. 코스타리카 지방도시 카르타(Carta)의 교회는 중앙광장 동쪽으로부터 완전히 한 블록 정도 떨어진 곳에 위치한다. 도미니카공화국의 산토 도밍고와 마찬가지로 정복초기 건설된 식민도시들은 유럽의 중세도시의 경험을 따라 교회가 광장으로부터 몇 블록 떨어진 곳에 배치되었다. 1525년 베네수엘라(Venezuela)의 마가리타 섬(Isla de Magarita)에 최초로 건설된 식민교회는 광장으로부터 동떨어진 곳에 건축되었고, 포르라마르(Porlamar)를 제외하고 파라과이(Paraguay)의 아순시온(Asunción) 그리고 남미 다른 도시에서도 교회가 광장과 거리를 두고 있음을 확인할 수 있다. 베네수엘라의 코로(Coro)와 엘 토쿠요(El Tocuyo) 지방의 교회는 누에바 안달루시아 지방에 건설된 일부 교회처럼 광장으로부터 동떨어져 있다.

거리는 질서정연하게 정돈된 격자형으로 설계되어야 한다고 규정했다. 대부분의 라틴아메리카 식민도시에서 발견되는 특징은 열두 개의 도로가 광장으로 집합한다. 격자형으로 설계된 도로는 강한 바람과 정면에서 마주치지 않도록 45도 방향으로 놓여야 한다. 추운 지역

---

47) Allan R. Brewe, 앞의 책, p.106.

의 도로는 폭이 넓게 설계되며 더운 지역의 도로 폭은 상대적으로 좁게 설계된다. 거리 폭은 도시가 건설된 지역의 환경에 따라 결정된다. 추운 지역 도시는 태양빛이 도로면에 침투될 수 있도록 도로 폭을 넓게 설계했다. 과테말라(Guatemala)의 안티구아(Antigua)의 거리 폭은 1,500m이고, 베네수엘라의 무쿠치에스(Mucuchíes)의 거리 폭은 3,000m로 추운 지역에 건설될 도시의 거리 폭은 상대적으로 넓게 설계되었다. 이와 반대로 더운 지역의 도시들은 강렬한 태양의 혹독함을 피하기 위해 거리의 폭은 좁게 설계되었다. 콜롬비아 카리브 해의 중심 식민도시 카르타헤나 데 인디아스와 과히라(Guajira)의 거리가 그 예다.[48] 그리고 광장과 교회 그리고 거리에 관한 규정 이외에 도시위생과 관련 있는 도축장, 시장, 작업장 및 쓰레기를 발생시키는 장소는 강이나 바다 또는 도시 외곽에 쓰레기 처분을 쉽게 할 수 있는 곳에 위치한다.[49]

식민도시모델은 도미니카공화국의 수도 산토 도밍고 도시계획에 빠르게 반영되었다. 규정에 따른 도시화는 브라보(Alonso García Bravo)에 의해 시작되었으며 그는 식민도시를 구성하는 기본요소를 바탕으로 산토 도밍고 도시계획을 수립했다. 그리고 파나마(Panama)와 나타(Natá) 도시설계도 담당했다. 코르테스는 식민도시화 규정에 따라 비야리카 데 베라크루스(Villa Rica de Veracruz)와 멕시코시티(Ciudad de México)를 재건했다.

정복 초기에 형성된 이러한 식민도시화 규정은 추가적 노력 없이 라틴아메리카의 식민도시 건설과정에서 지속적으로 유지·적용되었

48) Allan R. Brewe, 앞의 책, pp.126~127.
49) Antonio A. Iglesias, 앞의 글, p.4.

다. 라틴아메리카의 거의 모든 식민도시설계에서 광장, 교회 그리고 거리의 위치 및 규모는 규정에 따라 건설되었다. 이것은 라틴아메리카 식민도시 건설과정에서 핵심적인 요소로 작용했다. 로마와 르네상스 도시모델을 토대로 형성된 라틴아메리카 식민도시는 스페인 왕실의 지배력 강화를 위해 식민지에서 법적 구속력을 갖고 형성되었다. 이와 같이 식민도시건설에 관한 규정은 약간의 변형을 거친 채 라틴아메리카의 모든 식민도시계획에 그대로 적용되었다.

Ⅳ. 결론

16~17세기 스페인의 아메리카 식민건설은 왕실의 명령에 따라 일정하고 질서정연한 도시계획에 의해 실현되었다. 도시건설은 단지 영토와 기후조건 및 환경을 고려하여 계획된 것은 아니라 이베리아 반도의 도시들과는 기능적으로 차별된 새로운 공간을 창출하는 과정이었다. 그러므로 식민도시는 이질적, 복합적 그리고 혼성적이라는 표현이 수반된다. 1573년 펠리페 2세의 법령을 통해 추진된 라틴아메리카의 식민도시화는 외형적으로는 유럽의 직사각형과 격자형의 형태를 모방하고 있지만, 식민화의 주요 수단으로서 어떤 경우 토착도시는 제거되고 어떤 경우 그것이 새로운 도시계획에 통합되었다. 이러한 과정에서 원주민도시는 식민도시 형태에 일정 부분 영향을 미쳤다.

2장에서 원주민도시와 식민도시의 연관성을 미흡한 수준에서 고찰해 보았음에도 불구하고 규칙적인 직사각형 구조에 바탕을 둔 원주민도시는 도로와 중앙광장의 구조 그리고 도시 입지선정에서 식민도시에 일정 부분 영향을 미쳤다고 판단할 수 있었다. 앞서 언급했듯 원주민도시와 식민도시의 연관성에 관한 연구는 라틴아메리카지역 내부에서도 소홀히 다루고 있는 분야로서 향후 이 주제에 대한 다양한 분야에서의 연구 노력이 요구되고 있다. 또한 원주민도시가 식민도시건설에 끼친 영향을 설명하는 데 있어 연구의 공간적 대상을 쿠스코와 멕시코 일부도시 및 테노치티틀란으로 국한함으로써 좀 더 포괄적이고 다양한 도시들을 다루지 못했다는 점에서 한계를 가지고 있다. 하지만 이러한 한계가 모든 결론과 함의들을 무의미하게 만드는 것은 아닐 것이다. 다양한 도시에 대한 좀 더 구체적인 연구는 향후의 연구로 남겨 두고자 한다.

식민권력은 라틴아메리카 도시의 역사적인 공간들을 파괴해 나갔고, 로마와 전통과 르네상스의 '이상도시론'을 바탕으로 형성된 법령에 따라 격자망의 새로운 공간을 창출했다. 식민도시의 기념비적인 장소로서 광장은 교회를 포함하여 권력과 부를 상징하는 건물들이 배치되었으며 이러한 건축물들은 토착문화와는 전혀 관계없이 이식된 식민지배 문화였다. 또한 식민도시의 체계는 지배와 사회통제를 위한 기구 및 제도를 포함했다. 식민도시는 식민행정의 중심지로서 모든 세력들을 통제하고 새로운 규율을 유지하기 위한 목적을 반영하여 종교적, 행정적 그리고 엘리트들에게 다양한 서비스를 제공해야 하는 공간이었고, 식민권력의 기능과 밀접하게 연관되어 있다. 식민 모국의 중앙집권적 국가에 의해 개발된 행정기구 및 사회 통제 제도들이 식민지에 이식되어 도시의 건축형태에 그대로 나타났다. 식민도시건설은 식민권력의 독점 강화 및 지배 효과를 극대화하기 위한 정치적 도구였다고 볼 수 있다.

새로운 공간은 새로운 규율이 적용되었다. 식민도시는 신분과 인종에 따라 엄격한 공간적 분리와 격리가 일어나는 이중적 도시로 발전했다. 원주민들은 새로운 삶의 방식이 도입된 도시의 특권적 공간으로부터 급속히 멀어져 갔다. 도시계획에 작용한 지배 권력은 동화주의와 분리주의 이데올로기의 공간적 구현을 염두에 두면서 도시의 전면적 재편을 추구하였다. 라틴아메리카의 식민도시의 모델이 비록 그리스-로마의 전통을 이어받아 그 형태를 확장하여 적용했지만 그와는 완전히 다른 도시가 건설된 것이다.

이와 같이 라틴아메리카의 도시공간은 단순히 생각의 차원에서 격돌하고 대립하는 것을 넘어서 구체적으로 식민지의 정치, 경제, 사회생활의 무대를 물리적으로 만들어 내고 결과물을 낳는 정치적 지배논리와 긴밀한 연관 속에서 제도화되었다고 볼 수 있다. 유럽 중세도시의 특징을 토대로 왕실의 법령의 따라 형성된 식민도시화는 식민도시에 살고 있는 원주민들이 식민지와 피식민지의 긴장과 상호작용속에서 항상 동원이 가능한 체제를 구축하며 이것이 일정한 지속성을 유지하는 식민지체제의 전반적 구조를 알 수 없도록 파편화시키는 작업이었다.

참고문헌

마크 기로워드 지음(2009), 『도시와 인간: 중세부터 현대까지 서양도시 문화사』
(민유기 옮김), 서울: 책과함께.
에르난 코르테스(2009a), 『코르테스의 멕시코제국 정복기 1』(김원중 옮김), 서
울: 나남.
_____(2009b), 『코르테스의 멕시코제국 정복기 2』(김원중 옮김), 서
울: 나남.

Alomar, G.(1976), *Urbanismo Regional en el Edad Media: Las Ordinaciones de Jaime II(1300) en el Reino de Mallorca,* Barcelona.

Alcina Franch, José(2000), *Las Culturas precolombinas de América,* Primera Edición Alianza Editorial, Madrid.

Antonio Antelo Iglesias(1985), "La Ciudad Ideal Según Fray Fransesc Eximenis y Rodrigo Sánchez de Arévalo", *La Ciudad Hispánica,* Universidad Compultense, Madrid.

Allan R. Brewer-Carías(2007), "El Modelo Urbano de la Ciudad Colonial y Su Implatación en Hiapanoaméricana", Columbia University.

_____(2008), *El Modelo Urbano de la Ciudad Colonial y Su Implantación en Hiapanoamérica,* Universidad Externado de Colombia.

Barros José Ramón(2000), "La Iglesia Parroquial de Na Sra. de la O de Chipiona", *Laboratorio de Arte,* España.

Bieliza de Ory(2002), "Sistema de Ciudades y Territorio en la Unión Europea", Universidad Zaragoza.

_____(2000), "La Ciudad Ortogonal Aragonesa del Camino de Santiago y Su Influencia en el Urbanismo Regular Posteror, en Aragón en la Edad Media XVI", Universidad Zaragoza.

Bernal Díaz del Castillo(1943), *Historia Verdadera de la Conquista de la Nueva España,* (ed.) Nuevo Mundo.

Betrán R.(1999), *El camino de Santiago y la Ciudad Ordenada en Aragón, Prólogo de V.* Goblerno de Aragón, Zaragoza.

Catalina Gobantes et al.(2006), "Dinámicas Sociales y Transformaciones Latinoamericanas",

Universiadad de Chile.

Fernández José Luis García(1985), "Análisis Dimensional de Modelos Teóricos Ortogonales de las Ciudades Españolas e Hispanoamericanas Desde el Siglo XI al XII", *La Ciudad Iberoamericana*, Actas del Seminario de Buenos Aires, CEH.

_____(1987), "Análisis Dimensional de Modelos Teóricos Ortogonales de las Ciudades Españolas e Hispanoamericanas Desde el Siglo XII al XIX", *La Ciudad Iberamericana*, EHOPU, Madrid.

Gabriel Guarda(1965), *Santo Tomás de Aquino y Las Fuentes del Urbanismo Indiano*, Academia Cilena de la Historia, Santiago de Chile.

Graciela María Viñuales(2004), "El Espacio Urbano en el Cusco Colonial: Uso y Organización de las Estructuras Simbólicas", Universidad Nacional de Tucumán, Argentina.

Gudalupe Isabel Carrillo(2006), "Pasado y Presente de Una Ciudad Colonial: La Antigua Guetemala", *La Ciudad Latinoamericana: Constitución Cultural*, Universidad Autónoma del Estado de México.

Hardoy Jorge Enrique(1968), *Urban Planning in Precolombian America*, George Braziulle, New York.

Karl Mannheim(2002), *Revolution of Environment*, Printed and Bound in Great Britain by Biddles Short Run Books, London.

Matos Eduardo(1993), "Tenochititlan", *Arqueología Mexicana*, Octubre-Noviembre, Vol. 1-Num. 4.

Morris, A.(1984), *Historia de la Urbana. Desde sus Orígenes hasta la Revolución Industrial*, (ed.) Gil Ⅰ. Barcelona.

Nicolás J. Quintana(2006), "Havana and Its Landscapes: A city into the future-A Sustainable Approch to Urban Design", Florida International University.

Solano Francisco(1982), "Teoría de la Plaza Mayor Indiana", *En VI Congreso Internacional de la Historia de América*, Buenos Aires.

Stamp, L. Dudley(1960), *Applied Georgraphy*, Penguin Books, London.

Teresa rojas Rabiela(1993), "Las Chinampas de México", *Arqueología Mexicana*, Vol. I, Num. 4.

Rico Galindo, Rosario(2008), "La civilización de Tenochtitlán", *Historia de México*. 3ra., Edición Santillana.

Rojas, Javier A.(1994), *Fundación De Ciudades Hispanoamericanas*, Editorial Mapfre, España.

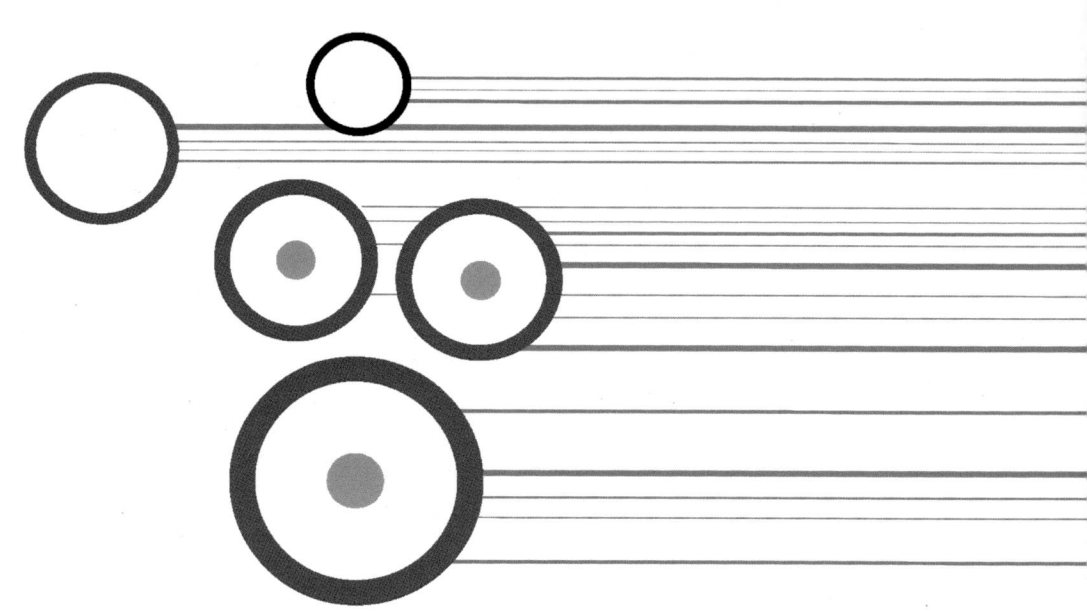

식민시기 파라과이와
브라질 경계의 형성 과정

구경모

I. 서론

2010년을 기점으로 멕시코를 비롯한 대다수의 라틴아메리카 국가들은 독립을 선언한 지 200년이 된다. 라틴아메리카 근대 국가와 국경 형성 문제는 이러한 시기적인 상황에 힘입어 활발히 논의되고 있다. 파라과이에서도 이런 분위기를 반영하여 몇 년 사이에 다수의 근대 국가와 국경 관련 연구들이 발표되었다. 이 연구들은 18세기와 19세기 파라과이의 국경 및 근대 국가 형성에 관심을 두고 있으며, 리오 데 라 플라타 부왕령(Virreinato del Río de la Plata)의 설립 이후 파라과이와 아르헨티나의 관계에 주목하고 있다.[1]

---

1) 이상과 관련된 연구물들은 연도별로 정리하면 다음과 같다. 4개의 연구물은 2007년에 출판한 아레세스(Areces)의 *Estado y Frontera en el Paraguay*와 2008년에 출판한 빠베띠(Pavetti)의 *La Intergración national del Paraguay*(1780~1850), 2009년에 출판한 뗄레스까(Telesca)의 *Tras los Expulso: Cambio demográficos y territoriales en el Paraguay y después de la expulsión de los jesuitas*, 그리고 같은 해에 출판한 위그암(Wigham)의 *Lo que el río se llevó: Estado y comercio en Paraguay y Corrientes, 1776~1870* 등이 있다.

현재 파라과이 국경 형성은 부에노스아이레스를 중심으로 한 지금의 아르헨티나로부터의 분리가 큰 영향을 미쳤지만, 400년 이상 지속된 식민지 역사를 두고 보면 포르투갈의 식민지였던 브라질과의 관계를 무시할 수 없다. 식민시기 스페인령과 포르투갈령 영토 분쟁의 중심에 위치한 파라과이는 포르투갈계 정복자들인 파울리스타2)의 영향을 끊임없이 받았다. 물론 콜롬비아와 베네수엘라, 볼리비아, 아르헨티나 등도 브라질과 인접한 국가들이지만, 식민시기 파라과이 지방(Provincia del Paraguay)은 몇 가지 측면에서 이상의 국가들과 다른 의미를 가진다. 파라과이 지방은 1777년 리오 데 라 플라타 부왕령(Virreinato del Río de la Plata)이 성립되기 전까지 브라질과 가장 넓은 면적에 걸쳐서 경계를 맞대고 있었다. 또한 파라과이 지방은 파울리스타(paulista)의 근거지인 상파울루에 가까이 위치하고 있어 브라질과 인접한 다른 국가들과 비교하여 포르투갈 세력과 자주 대치하였다. 더구나 파라과이 지방에는 예수회 공동체가 밀집해 있어 그곳에 살고 있는 원주민들을 노린 파울리스타들의 침입이 빈번하였다. 이러한 파울리스타의 침입은 식민시기 파라과이 경계의 좌우하는 중요한 요소가 되었다.

식민시기 브라질과 파라과이 경계는 스페인과 포르투갈의 경쟁 결과였던 두 조약에 의해 큰 영향을 받았다. 그 두 조약은 바로 1494년에 체결한 토르데시야스 조약(Tratado de Tordesillas)과 1750년에 맺은

---

2) 여기서 파울리스타는 상파울루 사람들이라는 뜻이다. 식민 시기의 포르투갈의 오지개척단은 반데이란떼(bandeirante)라 불렸다. 이 연구에서 파라과이 지방을 침입한 포르투갈 세력은 "상파울루에 근거지를 둔 반데이란떼"가 정확한 표현이다. 그러나 이 당시 파라과이를 침입한 반데이란떼의 근거지가 상파울루였기 때문에 파라과이 역사서에서는 파울리스타와 반데이란떼를 혼용해서 사용하고 있다. 이 연구에서는 상파울루에 근거지를 둔 포르투갈 세력을 일컫는 의미에서 파울리스타를 사용하고자 한다.

마드리드 조약(Tratado de Madrid)이다. 마드리드 조약 체결의 직접적인 원인은 우루과이 강과 라 플라타 강을 둘러싼 스페인과 포르투갈의 분쟁을 해소하기 위한 것으로 잘 알려져 있다. 이 분쟁이 있기 전인 16세기와 17세기 사이에 파울리스타는 지속적으로 현재 브라질의 영토인 파라나 주(Estado de Paraná)를 침입하였고, 그 결과로서 파라과이 지방에 거주하던 스페인계 세력과 예수회가 남서부지역으로 이동하게 된다(Cardozo: 1970). 파울리스타는 그 여세를 몰아 1678년에 콜로니아 델 새크라멘토(Colonia de Sacramento)를 설립하면서 라 플라타 강(Río de la Plata)인근 지역까지 넘보게 되었으며, 이로 인한 양국의 분쟁은 무용지물이 된 토르데시야스 조약을 대체하기 위해 체결된 마드리드 조약으로서 해결되었다(최영수: 2008, 410~414). 포르투갈 세력이 라 플라타 강에 도달하여 마드리드 조약을 이끌어 낸 것은 16세기 파울리스타의 파라과이 지방 정복으로 가능하였다. 즉 마드리드 조약은 식민시기 파라과이와 브라질에 거주하던 정복자 간의 문제가 시발이 되었다.

그러나 식민시기 파라과이와 브라질의 경계 문제는 스페인과 포르투갈의 대결로 비춰져 중요하게 인식되지 않았다. 포르투갈 입장에서 파라과이 지방은 스페인령 영토의 일부에 불과하였다. 하지만 파라과이 지방 정복자의 입장에서 포르투갈 세력의 침입은 스페인령과 포르투갈령의 대립이 아닌 그들 본거지의 위기를 의미하는 것이었다. 16세기 초 파라과이 지방의 정복자들이 파울리스타의 침입에 대비하여 파라과이 지방의 변방에 속했던 지금의 파라나 주 지역을 과이라 지방(Provincia de Guaira)으로 분리하려고 했던 사건을 기억한다면, 식민시기 파라과이와 브라질의 입장은 식민 본국들과 매우 달랐음을 이해할 수 있다.

이러한 맥락에서 본고에서는 스페인과 포르투갈 세력의 대립이라는 거시적인 맥락과 함께 각 지역을 기반으로 한 정복자들의 국지적인 대립과 갈등이 식민시기 파라과이와 브라질의 경계와 지금의 국경 형성에 큰 영향을 미쳤다는 점을 분석하고자 한다. 이상의 연구목적을 통해 필자는 두 가지 측면에서 연구의 의의를 제시하고자 한다.

첫 번째는 현재의 파라과이 국경이 아르헨티나와의 영향뿐만 아니라 식민시기 브라질의 영향을 받았다는 것을 증명하고자 한다. 이는 여타의 라틴아메리카의 국가들과 차별된 식민시기 파라과이 지방의 지리적 특수성을 반영하는 것이다.

두 번째는 식민시기 파라과이의 스페인어계 정복자와 브라질의 포르투갈계 정복자의 충돌, 즉 미시적 측면의 정복자 간 갈등이 두 국가의 경계 형성에 어떤 영향을 미쳤는지 볼 수 있을 것이다. 이러한 정복자 간의 대립은 두 국가 경계 형성의 큰 흐름이 되는 두 조약, 즉 토르데시야스 조약에서 마드리드 조약으로 이행되는 역사적 배경을 구체적으로 설명할 수 있다. 이와 더불어 식민시기 파라과이와 브라질의 경계뿐만 아니라 거시적인 측면에서 스페인령과 포르투갈령 영토 분쟁의 과정을 이해할 수 있을 것이다.

이러한 연구 목적과 의의를 달성하기 위해 다음과 같이 본문의 내용을 구성하고자 한다. Ⅱ장은 토르데시야스 조약을 바탕으로 한 식민 초기 파라과이 지방의 지리적 범위를 살펴보고자 한다. 이는 토르데시야스 조약이 식민시기 파라과이와 브라질 경계에 어떤 영향을 미쳤는지 파악할 수 있다. 또한 이후 장에 제시될 포르투갈계 정복자인 파울리스타의 침입이 식민시기 파라과이 경계 형성에 얼마나 영향을 주었는지 가늠할 수 있게 한다. Ⅲ장은 식민시기 파라과이 지방 정복자들의 구성과 파울리스타의 위협으로 인한 식민지 행정구역 개편에 따른 파라과이 지방의 분리과정을 살펴보고자 한다. 이 당시 파라과이 지방은 두 개의 지방으로 분리되었는데, 그중 하나가 파라과이 지방이며, 다른 하나는 현재의 아르헨티나 지역을 기반으로 한 리오 데 라 플라타 지방이었다. 이와 같은 내용을 통해 포르투갈계 정복자들의 침입이 지금의 파라과이와 아르헨티나의 근거지가 되는 두 식민 지방 형성에 큰 기여를 했음을 밝히고자 한다. Ⅳ장은 빠울리따의 침입으로 파라과이 지방의 경계가 축소되는 과정을 살펴보고자 한다. 16세기 말에 파라과이 지방은 파라나 주를 빼앗기면서 현재와 유사한 경계를 가지게 되었으며, 이를 계기로 브라질은 라 플라타 강까지 진출하여 마드리드 조약을 이끌어 낸다. 이러한 정복자들 간의 국지적인 대립이 식민시기 파라과이와 브라질의 경계, 나아가 스페인과 포르투갈 양국의 영토 설정에 영향을 미쳤음을 밝히고자 한다.

Ⅱ. 토르데시야스 조약과 파라과이 지방의 범위

1494년에 체결된 토르데시야스 조약[3]은 아메리카 대륙에서 포르투갈령과 스페인령을 구분하는 근거가 되었다. 리오 데 라 플라타(Río de la Plata) 유역을 탐험한 후안 디아즈 데 솔리스(Juan Díaz de Solís)와

---

3) 토르데시야스 조약에 의거한 스페인과 포르투갈의 관할영역은 세네갈 서쪽에 위치한 까보 베르데 제도에서 대서양 서쪽의 370레구아 지점에 북극과 남극으로 그은 직선을 경계로 구분하였다(최영수: 2006, 347). 이 선이 지나가는 지점은 현재 브라질 산타 카타리나의 주도인 플로리아노폴리스와 상파울루 사이이다.

지금의 파라과이 내륙을 탐험한 알레호 가르시아(Alejo García), 파라나 강을 탐험한 세바스티안 가보토(Sebastían Gaboto) 등 리오 데 라 플라타 유역과 파라과이 인근 지역을 탐험한 초기 정복자들은 스페인에서 출발하여 산타 카타리나(Santa Catarina)를 신대륙 첫 도착지로 삼고 내륙으로 침투하였다(Chaves: 1969, 21~60). 산타 카타리나는 상파울루에서 서남쪽으로 약간 떨어진 곳으로서 토르데시야스 조약에 의해 체결된 경계선이 그리 멀지 않은 곳이다. 초기 스페인계 정복자들이 지금의 브라질 영토인 산타 카타리나를 거점으로 탐험한 것은 토르데시야스 조약이 양국의 경계 규정에서 실효성이 있었음을 증명한다.

이러한 토르데시야스 조약은 식민시기 브라질과 파라과이의 경계를 의미하기도 하였다. 식민시기 파라과이 지방은 상당히 넓은 지역에 걸쳐 있었다. 파라과이 지방의 범위는 정확히 파악할 수 없으나 몇몇 주장과 함께 지도를 통해 유추할 수 있다. 16세기 초 예수회 선교사로 머물렀던 테초에 의하면, 파라과이 지방의 영역은 현재의 브라질과 페루의 경계에서 리오 데 라 플라타와 대서양 연안까지 이르렀다고 밝히고 있다(Techo: 2005, 44).[4] 역사학자인 카르도소는 이 시기의 파라과이 지방 영역이 동쪽으로 토르데시야스 선(línea de Tordesillas)과 대서양까지이며, 서쪽으로는 안데스 산맥과 태평양까지 도달했다고 언급하고 있다(Cardozo: 1996, 17).

---

4) 이 책은 예수회 선교사였던 테초가 1673년에 출판한 "HISTORIA PROVINCIÆ PARAQUARIÆ: SOCIETATIS JESV"를 재출간한 것이다. 테초의 책이 나오기 이전인 1639년에는 예수회 선교사인 몬또자(Montoya)가 CONQVISTA ESPIRITVAL HECHA POR LOS RELIGIOSOS DE LA COMPAÑIA de jesús, en las Pronuncias del Paraguay, Parana, Vuruguay, y Tape를 출판하였다(Montoya: 1996). 여기에는 파라과이 지방의 영역을 테초의 책과 달리 1617년의 파라과이 지방 분리 정책을 적용하여 기술하였다.

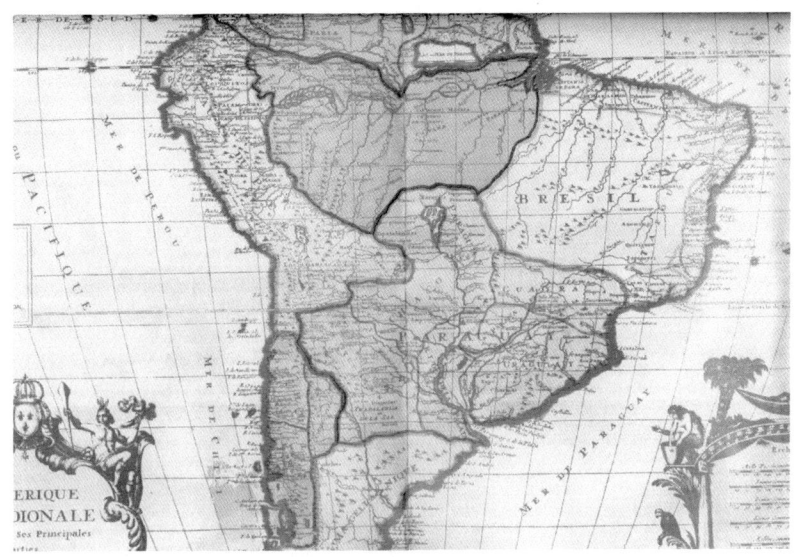

　당시의 파라과이 지방의 면적은 브라질보다 넓은 지역을 차지하고 있었으며, '광대한 식민 지방'이라는 의미로서 프로빈시아 히간테 데 인디아스(Provincia Gigante de Indias)로 불렸다(Brezzo: 2005, 29).

　위의 지도[5]는 1694년 파리에서 제작된 남미지도로서 16세기 파라과이 지방의 모습이 잘 드러나 있다. 지도에서 나타난 파라과이 지방의 범위는 테초의 주장과 유사하게 북동쪽의 페루와 브라질을 경계로 리오 데 라 플라타 유역과 대서양 연안을 포괄하고 있다. 파라과이 지방과 접한 브라질의 서남쪽은 토르데시야스 조약 때와 큰 차이가 없다. 그러나 이 지도는 1617년에 스페인 본국의 명령에 의해서 개편된 식민 정부 체계를 담고 있지 못하다.[6] 그것은 두 가지로 해석할 수 있다.

---

5) 이 지도는 필자가 파라과이 국방지리원에서 구입한 것으로 프랑스에서 제작된 것이다.

6) 이 사건은 1617년 12월 16일 세둘라 레알(Cedula Real)에 의해 파라과이 지방이 두 개의 지방으로 분리된 사건을 말한다(Guevara, 1886; Audivert, 1892).

첫 번째는 식민지 행정체계의 분화를 곧바로 파악하지 못한 것으로 보인다. 두 번째는 식민지 행정체계가 개편의 직접적인 영향을 받는 스페인 본국과 달리, 프랑스를 비롯한 유럽에서는 그 지역을 다른 지방으로 인식할 필요성을 느끼지 못한 것으로 보인다.

이는 영국에서 제작된 17세기 남미지도에서도 마찬가지이다. 이 지도[7]에서도 브라질과 페루, 칠레를 경계로 한 파라과이 지방이 뚜렷하게 보인다. 앞서 언급했듯이 당시의 유럽에서 그린 남미지도들은 17세기의 파라과이 지방의 행정체계를 정확히 담고 있지 못하지만, 토르데시야스 조약을 경계로 한 16세기 파라과이 지방의 모습을 잘 보여준다. 토르데시야스 조약은 초기 식민 시기에서의 스페인과 포르

---

7) 이 지도의 출처는 www.artesco.com.ar/paraguay/cap02.html이다.

투갈, 더 나아가 브라질과 파라과이 지방의 경계에 큰 영향을 주었다는 것을 알 수 있다.

Ⅲ. 파라과이 지방의 형성과 분리

1. 파라과이 지방의 성립[8]

파라과이 지방의 기원은 1537년 본국에서 파견된 페드로 데 멘도사(Pedro de Mendoza)의 정복대가 부에노스아이레스와 아순시온을 설립하면서부터이다. 주지하다시피 부에노스아이레스는 원주민의 공격을 받아 유명무실해졌고[9], 정복자들의 실질적인 근거지는 현재의 파라과이 수도인 아순시온이 되었다. 이때부터 아순시온은 리오 데 라쁠라타 유역과 브라질 경계에 이르는 지역을 모두 포괄하는 중심도시로서의 역할을 하였다. 그러나 광활한 지역을 하나의 도시로 다스리기에 한계가 있었다.

아순시온을 기반으로 한 정복자들은 실질적인 지배권을 확보하기 위해 추가로 도시를 건설하였다. 그 지역은 파라나 강과 대서양 연안 사이에 위치한 지역으로 현재의 브라질 영토이다. 이곳은 스페인으로 나가는 대서양 연안을 접하고 있는 교통로이면서 포르투갈 세력과 경계를 마주하고 있는 전략적 요충지였다.

---

8) 이 절은 2008년 구경모가 쓴 영남대학교 박사학위논문인 "파라과이 과이레뇨 종족성"에 서술된 pp.31~33의 내용을 재구성한 것이다.
9) 현재 아르헨티나의 수도인 부에노스아이레스는 1580년에 아순시온에서 보낸 정복자들에 의해 재설립된 것이다.

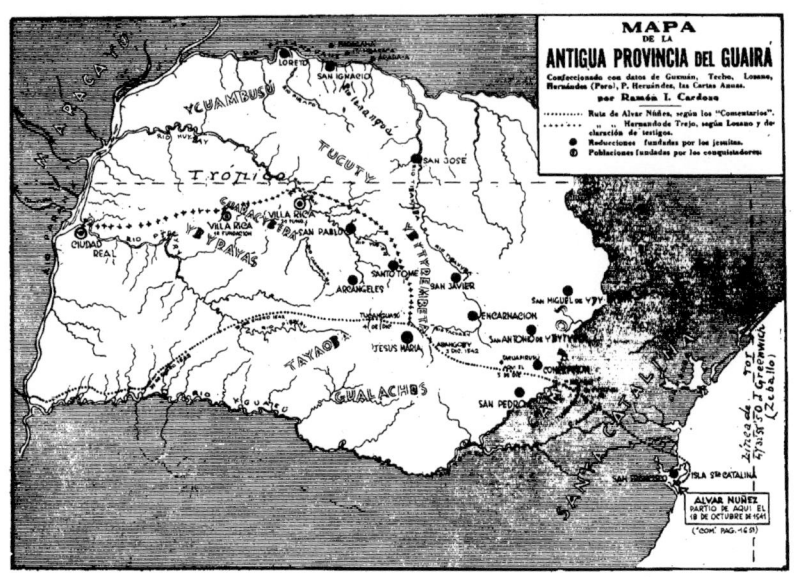

　위의 지도[10)]에서 나타나듯이 새로이 개척된 지역은 파라과이의 중심부인 아순시온 권역과 상파울루를 중심으로 한 포르투갈령 사이에 위치하고 있다. 지도의 오른쪽 가장자리의 선은 상파울루 옆을 지나는 토르데시야스 선이다. 스페인계 정복자들이 파견을 서두른 이유는 포르투갈계 정복자들의 침입으로 위험에 빠진 원주민들이 파라과이 지방 정부에 도움을 요청했기 때문이다. 이에 파라과이 지방정부는 스페인령에 속하는 원주민들을 포르투갈계 정복자들로부터 보호하고 무역로를 방어하기 위해 새로운 도시 건설을 추진하였다. 가르시아 로드리게스 데 베가라(Garcia Rodríguez de Vegara)를 대장으로 한 원정대는 아순시온에서 출발하여 1554년 파라나 강 상류지역에 온티베

―――
10) 이 지도는 1970년에 재출판된 카르도소의 책 *La Antigua Provincia de Guairá y la Villarrica del Espíritu Santo*에서 인용한 것이다.

로스(Ontiveros)라는 도시를 건설하였다. 이곳은 지금의 살토 데 과이라(Salto de Guairá)에서 북쪽으로 약 1레구아 떨어진 곳이었다.

그러나 온티베로스는 여러 가지 문제를 안고 있다. 그중 하나가 엔코미엔다 로 인한 정복자 사이의 불만이었다. 온티베로스의 정복자들은 파라과이 지방 정부의 통치자였던 도밍고 마르티네스 이랄라(Domingo Martínez de Irala)의 지시로 엔코미엔다를 받았으나, 많은 정복자가 엔코미엔다를 지급받지 못하여 불만이 고조되었다. 다른 문제는 온티베로스가 대서양으로 향하는 거점도시로서 위치가 부적절하였다. 이에 파라과이 지방 정부는 루이 디아스 멜가레호(Ruy Díaz Melgarejo)를 대장으로 정복대를 꾸려 다른 도시의 설립을 계획하게 된다. 루이 디아스 멜가레호는 1556년 온티베로스의 정복자들[11]과 60여 명의 원주민들이 함께 시우다드 레알을 건설하였다(Cardozo: 1996, 172).

그러나 시우다드 레알은 지리적 위치가 스페인령과 포르투갈령의 경계가 되는 상파울루 지역과 거리가 너무 멀어 교역 상인과 원주민을 보호하기에 한계가 있었다. 그래서 파라과이 지방의 통치자였던 후안 데 가라이(Juan de Garay)는 포르투갈령 가까운 지역에 새로운 도시를 건설하기 위해 시우다드 레알에 있던 루이 디아스 멜가레호와 40명의 스페인계 정복자를 다시 동쪽으로 파견한다. 루이 디아스 멜가레호는 시우다드 레알의 주민과 과이라 지방에 있던 원주민들의 의견을 수렴하여 1570년 파라나 강에서 동쪽으로 약 60레구아 떨어진 곳에 비야리카 에스피리투 산토를 건설하였다. 루이 디아스 멜가

---

11) 이곳은 피쿠으르(Picuyry) 강 입구이다.

레호와 정복자들이 그곳에 비야리카를 건설한 이유는 원주민들이 그곳에 금과 은이 많다고 했기 때문이다. 그래서 정복자들은 도시를 세운 후 이름을 비야리카(Villarrica)로 명명하였다(Cardozo: 1939, 50). 이때부터 비야리카는 시우다드 레알의 정복자들과 그 지역에 있던 원주민을 포함하면서 이 지역의 중심도시로 성장하였다. 비야리카를 중심으로 한 지역은 아순시온을 중심으로 한 지역과 대비되는 의미에서 과이라 지방으로 불렸다. 지도에서 보듯이 과이라 지방에는 비야리카 에스피리투 산토와 시우다드 레알, 1573년도에 세운 산타 크루스 데 라 시에라 등 3개의 도시가 있었다.

2. 파라과이 지방의 분리

과이라 지방의 개척은 포르투갈 세력과 인접한 지리적인 특성의 영향도 컸지만 스페인계 정복자 간의 대립도 한몫하였다. 과이라 지방에 파견된 정복자들은 아순시온의 정복자들과 대립하던 사이였다. 아순시온의 정복자들은 후안 데 멘도사가 이끌고 온 1차 정복대의 구성원으로 이랄리스타(Iralista)로 불렸다. 과이라 지방의 정복자들은 알바르 누녜스 카베사 데 바카(Alvar Nuñez Cabeza de Vaca)가 이끌고 온 2차 정복대의 일원으로 알바니스타(Alvanista)로 알려져 있다. 사건의 발달은 스페인 왕실의 권한을 위임받은 1차 정복대의 대장인 멘도사 리오 데 라 플라타 강 유역에 도착한 후 병으로 사망하면서 시작된다. 멘도사가 사망 이후 그의 부하들은 도밍고 마르티네스 이랄라(Domingo Martínez Irala)를 앞세워 아순시온을 통치하였다. 이에 스페인 왕실은 카베사 데 바카에게 파라과이 지방을 다스릴 권한을 위임하여 2차 정복대를 파견하였다. 카베사 데 바카는 도밍고 마르티네스 이랄라로부터 통치권을 위임받지만 2년 뒤에 이랄리스타의 반란으로 본국으로 쫓겨난다.[12] 이랄리스타들은 포르투갈 세력으로부터 과이라 지역의 원주민들을 보호하고, 대서양으로 나가는 길목을 만든다는 명목(Cardozo: 1970, 45)으로 남아 있던 카베사 데 바카의 부하들인 알바니스타를 과이라 지방으로 파견하였다. 그러나 이랄리스타의 실제 목적은 알바니스타를 아순시온에서 멀리 떨어진 변방으로 쫓아내 반란의 위험을 사전에 차단하기 위해서였다.

포르투갈 세력과 알바니스타 견제를 위해 과이라 지방을 개척한 이후, 아순시온에서는 라 플라타 강 유역에 정복자를 파견하여 도시를 건설하기 시작하였다. 이 시기에 건설된 도시들은 바로 부에노스 아이레스(1580)와 콘셉시온 델 베르메호(1584), 코리엔테스(1588), 산띠아고 데 제레스(1595) 등이 있다(González: 1998, 127~129). 이 시기에 비로소 파라과이 지방은 도시 건설을 통해 라 플라타 강 유역에서 브라질 경계에 이르기까지 실제적인 통치권을 구축하였다.

브라질에 인접한 과이라 지방은 파라과이 지방의 문젯거리였다. 포르투갈계 정복자들인 파울리스타는 과이라 지방을 수시로 침범하였다. 1607년에 파라과이 지방의 통치자인 에르난다리아스(Hernandarias)는 과이라 지방이 파라과이 지방의 중심지인 아순시온에서 과이라 지방이 너무 먼 거리에 위치하고 있어 파울리스타들이 침입할 때마다 제때 도울 수 없게 되자 스페인 왕실에 과이라 지방을 행정적으로 분리할 것을 간청하였다(Lafuentes: 1943, 47).

---

12) 2절의 시작부터 각주까지 두 정복 집단에 관한 것은 1998년 González, Beatríz가 Crónica Histórica Ilustrada del Paraguay I에서 쓴 부분인 pp.100~123의 내용을 바탕으로 서술한 것이다.

산체스(Sanchez: 1981, 182)에 의하면, 스페인 왕실은 아순시온 통치자들의 의견을 들은 후 페루 부왕에게 두 지역의 분리에 관한 정보를 요청하였고, 이에 몬테스 카를로스는 "새로운 정부를 만드는 것은 아주 적합하다고 판단되나 약간의 심사숙고를 거쳐야 합니다. 과이라의 세 개의 도시만 하나의 정부로 남는 것보다는 아순시온과 합병하는 것이 낫다고 생각됩니다"라고 왕에게 조언을 하였다. 페루 부왕은 에스파냐 왕실에서 직접 파견된 관리, 즉 이념적으로 알바니스타에 속하는 관계로 이랄리스타의 의견을 받아들여 그들이 독자적인 지방으로 분리되는 것을 용인할 리가 없었다.

국왕은 페루 부왕의 의견을 받아들여 1617년에 파라과이 지방을 두 개로 분리하였다(Báez: 1926, 80; Brezzo: 2005, 29). 하나는 리오 데 라 플라타 지방으로 부에노스아이레스와 산타 페, 코리엔테스, 콘셉시온 델 베르메호를 포함하였고, 이 지역은 지금의 아르헨티나와 우루과이를 지역에 해당된다. 다른 하나는 과이라 지방으로 불렸으며[13] 아순시온을 포함한 비야리카와 시우다드 레알, 산띠아고 데 제레스 등의 도시를 병합하였다. 과이라 지방은 파라과이 지방이 관리하던 리오 데 플라타 지역을 잃고 현재의 파라과이와 브라질의 파라나 주(Estado do Paraña)에 해당하는 지역을 통치하게 되었다.

파라과이 지방 통치자였던 에르난다리아스가 왜 과이라 지방 분리를 요청했으며, 국왕과 페루의 부왕은 왜 그의 요구를 들어주지 않았

---

13) 카르도소(1996, 192)에 의하면, 1617년 행정구역이 나뉘면서 파라과이 지방은 그 이름과 리오 데 라 플라타 유역을 모두 잃었다고 주장하였다. 본국에서는 도시의 숫자가 많은 과이라 지방이 아순시온 하나로 대표되는 파라과이 지방보다 이 지역을 대표할 수 있다고 믿어 과이라 지방을 공식적인 이름으로 채택한 것으로 보인다. 그러나 실제로는 과이라 지방과 파라과이 지방이 혼용해서 사용되었으며, 앞선 지도의 사례에서 보듯이 파라과이 지방이 오히려 대표성을 더 많이 띠고 있었다. 이 연구에서는 내용의 혼란을 방지하기 위해 리오 데 라 플라타와 대비되는 지역을 파라과이 지방으로 사용하고자 하며, 과이라 지방이라는 명칭은 비야리카와 시우다드 레알, 산띠아고 제레스를 포함한 지역에 한해서만 사용할 것이다.

는가? 이에 대한 논의와 해석은 기존의 문헌에서 찾아보기 힘들지만, 이 당시의 사회·경제적인 상황을 감안하면 분석이 가능하다. 에르난다리아스는 파울리스타의 침입으로 골치 아픈 과이라 지방을 파라과이 지방에서 분리하여 행정 및 군사적 부담을 줄이고, 경제적으로 이익이 되면서 바다로 통하는 길이 확보된 부에노스아이레스를 확실하게 흡수하려는 목적이 있었다. 파라과이 역사학자들이 이 시기에 두 지방으로 분리되면서 파라과이가 영원히 해양으로 진출할 수 있는 길을 잃었다고 주장(Cardozo: 1996, 193; Estrago: 1998, 195)하는 것도 바로 이와 같은 맥락 때문이다. 또한 과이라 지방에 파견된 정복자들이 한때 아순시온의 정복자와 정치적으로 껄끄러운 관계였다는 사실도 과이라 지방을 분리해야 할 원인으로 작용하였다. 이러한 에르난다리아스의 복잡한 계산과 달리 스페인 본국과 페루 부왕은 단순하게 지리적 측면에서 가까운 도시들을 묶어서 두 지방으로 나누었다.

결과적으로 1617년의 파라과이 지방 분리는 독립 이후 국가경계 형성에 큰 의미를 지니고 있다. 만약 에르난다리아스가 의도한 대로 과이라 지방이 독자적인 식민 행정 체계로 분리되었다면 어떠했을까? 자체적인 행정 및 군사 능력을 가진 과이라 지방은 포르투갈계 정복자의 침입을 막았을 가능성이 높았을 것이며, 과이라 지방이 파라과이와 브라질, 아르헨티나 사이에서 하나의 국가로서 독립했을 가능성을 배제할 수 없다. 즉 파라과이 지방이 두 개의 식민지 행정 체계로 분리된 것은 지금 같은 구도의 국가 경계가 형성되는 데 적지 않은 기여를 했음을 알 수 있다.

Ⅳ. 포르투갈 세력의 침입과 파라과이 지방 경계의 재편

과이라 지방은 포르투갈 세력과 접해 있어 그들의 침입으로부터 자유로울 수 없었다. 이 당시 포르투갈계 정복자들은 사탕수수밭을 경영하고 있어 인디오 노동력이 항상 부족하였고 과이라 지방에 있는 인디오들은 그들의 좋은 '사냥감'이 되었다. 특히 과이라 지방에는 비야리카를 포함한 인근 지역에 예수회에서 설립한 12개의 레둑시온[14]이 있어 파울리스타들이 노리는 원주민들이 많이 거주하고 있었다. 과이라 지방의 정복자였던 루이 디아스 구즈만(Ruy Días Guzman)은 1612년에 파라과이와 리오 데 라 플라타의 정복 역사에 관해 서술한 "라 아르헨티나(La Argentina)"에서 비야리카 인근에만 200,000만 명의 원주민이 존재했다고 밝히고 있다(Cardozo: 1970, 17). 그중에 레둑시온에 거주하는 원주민은 약 8만 5천 명으로 추산하였다.

포르투갈계 정복자들 중에서도 파울리스타들이 수시로 과이라 지방을 침범하여 인디오를 잡아갔다.[15] 이러한 상황이 지속되면서 과이라 지방의 중심도시이며 상파울루와 가장 인접한 곳에 위치했던 비야리카는 파울리스타를 공격을 피해 도시를 옮기게 된다. 빠울리스타들이 노리는 것은 과이라 지방의 영토가 아니라 원주민 노동력이었기 때문에 피난가던 도시를 계속 추격하였다.[16]

---

14) 레둑시온(Reducción)은 예수회 선교사들이 인디오들을 선교하기 위해 만든 마을로서 일종의 공동체적인 성격을 띠고 있다. 이들은 마을 안에서 농장과 교회, 학교를 지었고 농장에서 키운 작물을 바탕으로 자급자족적인 경제를 유지하였다.

15) 이 당시 비야리카와 레둑시온을 포함한 주변 지역에 약 300,000명의 인디오가 있었다. 그 중에서 60,000명의 원주민이 상파울루에 노예로 끌려갔다는 통계가 있다(Susnik 1991).

16) 4장의 시작부터 각주[16]까지는 2008년 구경모가 쓴 영남대학교 박사학위논문인 "파라과이 과이레뇨의 종족성"에 서술된 33페이지의 내용을 재구성한 것이다.

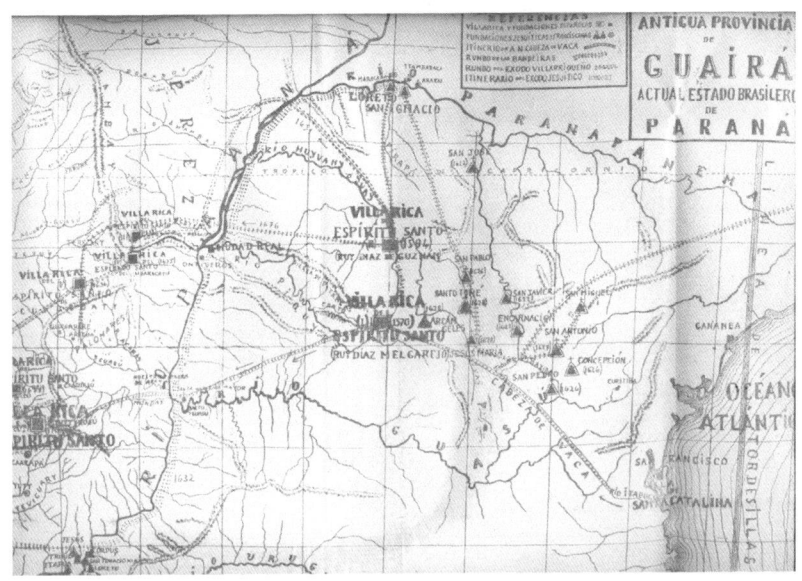

　위의 지도[17]는 파울리스타들의 침입을 피해 비야리카가 이동한 과
정을 나타낸 것이다. 비야리카를 처음 세운 장소는 지도 중앙에 가장
큰 글씨로 비야리카 델 에스피리투 산토(Villarrica del Espíritu Santo)라
쓰인 부분이다. 비야리카는 1592년 빠울리스타의 공격으로 도시를 처
음 옮긴 이후 시우다드 레알과 비롯한 다른 도시의 주민과 함께 서쪽
으로 6번이나 이주하였고, 1701년에 마지막으로 정착하였다(Cardozo:
1970, 128~187). 마지막 정착지는 현재 파라과이 남쪽 중앙에 위치하
고 있으며, 아순시온에서 174km 떨어진 곳이다. 도시의 주민들과 함
께 예수회의 레둑시온도 현재의 파라과이 남부지역과 아르헨티나, 우
루과이 쪽으로 이동하게 된다.

17) 이 지도는 2005년에 Vellia가 쓴 *Aportes de Benjamín Velilla a la Historia del Paraguay*에서 인용한 것
　　이다.

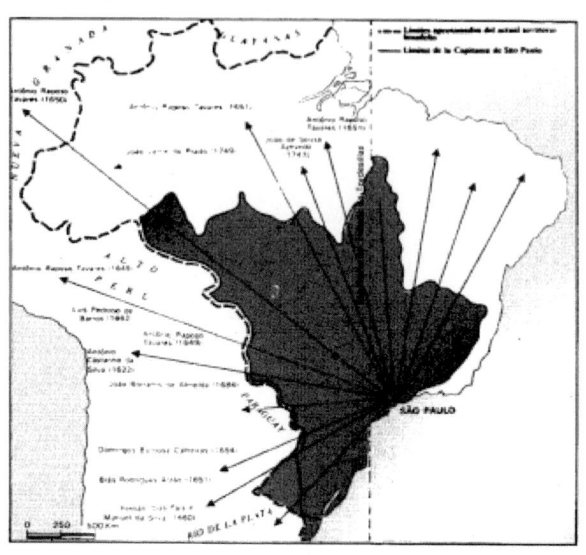

독자적인 식민지 행정체제를 갖추지 못한 과이라 지방은 파울리스타의 침입에 속수무책으로 당하였다. 이를 계기로 파라과이 지방은 지금의 파라나 주 지역을 제외한 지역으로 축소되었다. 반면에 포르투갈 세력은 산타 카타리나와 파라나 강 동쪽의 내륙 지역을 장악함으로써 대서양 연안을 통해 라 플라타 강으로 진출할 수 있는 기회를 마련하게 되었다.

위의 지도[18]는 17세기와 18세기 파울리스타들의 영향력을 나타낸 것이다. 점선은 현재의 브라질 영토를 나타낸 것으로, 검은색으로 표시된 부분은 상파울루를 중심으로 한 파울리스타들의 실제적인 지배권역을 표시한 것이다. 또한 토르데시야스 조약을 체결한 그 당시에 비해 포르투갈계 세력이 스페인령 관할 영토에 상당히 많이 침투했

---

18) 이 지도의 출처는 Estrago, Margarita(1998), *Crónica Histórica Ilustrada del Paraguay I*, Buenos Aires: Distribuidora Quevedo이다.

음을 알 수 있다.

이로써 파라과이 지방은 16세기의 거대했던 영토를 거의 잃어버리고 현재 파라과이와 유사한 크기로 남게 된다. 지도에 나타난 브라질 서남부 지역의 국가 경계는 지금과 큰 차이를 보이지 않으며, 특히 파라과이 지방과 브라질 지방의 경계는 현재의 국경과 매우 유사하다. 즉 포르투갈 세력의 침입 후에 재편된 파라과이 지방 경계는 현재 파라과이 국경의 토대가 되었음을 알 수 있으며, 향후 포르투갈 세력이 라 플라타 강 유역까지 진출할 수 있는 여건을 제공함으로서 마드리드 조약이 체결되는 데 기여하였다.

V. 결론

식민시기 파라과이와 브라질의 경계 형성은 스페인계 정복자 간의 갈등과 대립, 정복자의 스페인 왕실에 대한 반감과 포르투갈 세력의 침입으로 인한 정복자 간의 연합 등 오랜 기간 동안 그 당시 엘리트였던 정복자와 그 후손들의 다양한 정치적 관계에 의해 이루어졌다. 그러나 경계 형성과 관련하여 익히 잘 알려진 바는 1494년에 맺은 토르데시야스 조약과 1750년에 체결한 마드리드 조약이었다. 앞서 보았듯이 두 조약 사이의 기간에 벌어진 정복자들의 활동은 토르데시야스 조약에서 마드리드 조약으로 이행하는 단계에서 중요한 역할을 하였다. 그러나 파라과이 국가 경계에 관한 연구는 마드리드 조약과 1777년 리오 데 라 플라타 부왕령 수립 이후 아르헨티나와의 관계를 중심으로 연구되었다. 실제로 마드리드 조약은 그 이전에 진행된 파라과이 지방의 정복자와 파울리스타들의 대립에 의해 파생된 것으로, 파라과이에서는 이에 대한 논의가 활발하지 않았다.

본고에서는 이러한 기존의 연구를 보완하기 위해 식민시기의 파라과이와 브라질의 경계, 특히 16세기와 18세기 사이의 포르투갈계 정복자인 파울리스타들이 지배한 브라질과의 관계를 통해 파라과이 지방의 경계 형성을 살펴보았다. 그 결과 식민시기 파라과이의 경계는 포르투갈 정복자들에 의해 주도적으로 영향을 받았으며, 이로 인해 파라과이는 지금과 비슷한 수준의 영토를 가지게 되었다. 이는 현재의 파라과이 국경이 리오 데 라 플라타 부왕령 수립 이후의 아르헨티나와의 관계뿐만 아니라 그 이전의 브라질과의 관계에 의해서도 영향을 받았다는 것을 증명한다. 또한 토르데시야스 조약을 대체한 마드리드 조약의 체결은 포르투갈의 라 플라타 강 유역에 대한 점령이 주요 원인이었지만, 그 이전에 있었던 포르투갈 세력의 파라과이 침투가 그 토대가 되었다는 것을 부인할 수 없다. 이는 식민시기의 파라과이와 브라질의 경계 형성 과정에서 양 식민 본국의 영토 분할에 적지 않은 영향을 끼쳤다는 사실도 알 수 있었다.

식민시기 파라과이와 브라질의 대립 관계는 영토적인 측면뿐만 아니라 파라과이 지방 세력들이 결집하는 계기도 만들어 주었다. 16세기에 대립적 관계였던 두 스페인계 정복자 집단은 파라과이 지방 내에서 분리되었지만 외부 세력인 파울리스타의 침입으로 인해 하나의 집단으로 인식하게 되었다. 결과적으로 파라과이 지방의 영역이 축소되는 결과를 가져왔으나, 파라과이 지방의 정복자들은 그들의 영역 내에서 지역 정체성을 가지게 되었다. 이는 향후 근대 국가 성립과 관련하여 민족 집단으로 성장할 수 있는 계기를 마련하였다.

참고문헌

구경모(2008), 『파라과이 과이레뇨(Guaireño)의 종족성』, 영남대학교 박사학위
　　　논문.
최영수(2006), "또르데질야스 조약(Tratado de Tordesilhas)에 관한 연구", 『역사문
　　　화연구』, 제25호, pp.323~370.
＿＿＿(2008), "브라질 국경형성에 관한 연구", 『국제지역연구』, 제12권 3호,
　　　pp.395~434.

Areces, Nidia(2007), *Estado y Frontera en el Paraguay*, Asunción: CEADUC.
Audibert, alejandro(1892), *Los Limites Antigua Provincia del Paraguay*, Buenos Aires: La
　　　Economia.
Baéz, Cecilio(1926), *Resumen de la Historia del Paraguay*, Asunción.
Brezzo, Liliana(2005), *Aislamineto, Nación e Historia en el Río de la Plata: Argentina y
　　　Paraguay, Siglos 18-20*, Rosario: UCA.
Cardozo, Efraím(1996), *Apuntes de la historia Cultural del Paraguay*, Asunción: El Lector.
＿＿＿＿＿＿(1996), *El Paraguay de la Conquista*, Asunción: El Lector.
Cardozo, Ramon(1970), *La Antigua Provincia de Guairá y la Villarica del Espíritu Santo*,
　　　Buenos Aires: Librería y Casa Editora.
Chaves, Juan(1968), *Descubrimiento y Conquista del Río de la Plata y el Paraguay*, Asunción:
　　　Ediciones Nizza, pp.21~60.
González, Beatríz(1998), *Crónica Histórica Ilustrada del Paraguay I*, Buenos Aires:
　　　Distribuidora Quevedo, pp.47~139.
Guevara, José(1886), *Historia del Paraguay, Río de la Plata y Tucumán*, Buenos Aires: Del
　　　Estado.
Lafuentes, Machain(1943), *Las Conquistadores del Rio de la Plata*, Buenos Aires: Ayacucho.
＿＿＿＿＿＿＿(2006), *El Gobernador Domingo Martínez de Irala*, Asunción: Academia
　　　Paraguay de la historia.
Meliá, Bartolomeo(1993), *El Guaraní Conquistado y Reducido*, Asunción: Centro Estudio
　　　Antropologíco de Universidad Catolica.
Montoya, Antonio(1996), *La Conquista Espiritual del Paraguay*, Asunción: El Lector.

Pavetti, Ricardo(2008), *La Intergración national del Paraguay(1780~1850)*, Asunción: CEADUC.

Sanchez, Hipolito(1981), *Estructura y Funcion del Paraguay Colonia*l, Asunción: Casa America.

Susnik, Branislava(1982), *El Rol de los Indígenas en Formación y en la Vivienca del Paraguay I*, Asunción: Instituto Paraguayo de Estudio Nacionales.

Techo, Nicolas(2005), *Historia de la Provincia del Paraguay de la Compañía de Jesús*, Asunción: Fondec.

Telesca, Ignacio(2009), *Tras los Expulsos: Cambio demográficos y territoriales en el Paraguay y después de la expulsión de los jesuitas*, Asunción: CEADUC.

Vellia, Maria(2005), *Aportes de Benjamín Velilla a la Historia del Paraguay*, Asunción: Edicione y Arte.

Whigham, Tomas(2009), *Lo que el río se llevó: Estado y comercio en Paraguay y Corrientes, 1776~1870*, Asunción: CEADUC.

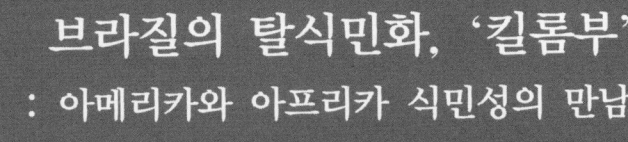

브라질의 탈식민화, '킬롬부'
: 아메리카와 아프리카 식민성의 만남

김영철

I. 들어가기

브라질은 아메리카 문명의 토대에 포르투갈의 유럽문명과 아프리카 문명이 혼합된 혼종성이 높은 독창적인 문화이다. 문화의 혼종성은 서구 근대 문명이 브라질에 도착한 1500년 이후 형성되었으며 위계질서에 따라 선택적으로 이뤄졌다. 이 과정에서 서구문명은 모든 가치 평가의 기준이 되었으며 브라질인들이 추구해야 하는 이상적 목표로 근대성 혹은 근대적인 것이 되었다. 브라질 문화에 강하게 나타나는 남성 중심의 가부장적 위계질서, 가톨릭 중심의 종교적 위계질서와 서구 자민족중심주의적인 인종적·종족적 위계질서 등이 근대성이 만든 문화형태이다. 이와 같은 식민성의 내면화는 유럽 중심적 사고와 가치로 브라질 문화를 바라보는 시각으로 고착되었다.

카스트루는 브라질을 설명할 때 기술적·경제적 생산관계에서는 유럽중심주의적인 서구적 공간, 지리적인 관점에서는 남미적인 공간,

문화적인 환경 측면에서는 아프리카적인 공간을 형성하고 있다고 주장한다(De Castro: 2009, 24). 초기 식민과 정착과정에 '아프리카'는 식민지 수탈을 위한 노동력으로만 고려되었지만 아프리카의 유입이 증가하면서 인종과 문화가 브라질 식민 사회의 다양한 영역으로 확산되었다. 식민기간 유입된 아프리카 흑인은 약 500만 명에 이르렀기 때문에 17~18세기에는 인디오보다는 아프리카 문화와 언어가 좀 더 일반적으로 사용되었다. 수적인 성장은 식민지배에 대한 아프리카인들의 집단적 저항을 가능하게 했고 도망 노예가 증가하여 집단적인 공동생활에 기반을 둔 킬롬부(Quilombo)[1]를 만들었다. 때문에 킬롬부는 식민지배에 대한 아프리카 흑인들의 탈식민화 과정이었다고 할 수 있다. 킬롬부에 거주하는 흑인은 아프리카에서부터 강요된 이주와 아메리카 식민지에서 강요되는 노동으로부터의 탈출을 시도했다는 측면에서 이중적인 식민성으로부터의 탈식민화 현상이라 할 수 있다. 이와 같이 킬롬부가 식민사적으로나 문화사적으로 중요할 뿐만 아니라 근대성과 식민성의 관계에서도 역사적 의미를 지니고 있음에도 불구하고 브라질뿐만 아니라 대부분의 연구자들이 아프리카 문화의 보존 공간으로서의 가치만을 인정하는 경향이 있어 근대성과 식민성 관계에서의 킬롬부의 의미와 역할에 대한 분석들을 찾아보기 어렵다.

스페인령 아메리카에서는 근대성과 식민성에 대해 언급할 때 식민성의 피해자로 인디오에 대한 논의가 중심을 이루지만, 브라질에서는 흑인이 근대성의 가장 큰 피해자이며 동시에 가장 강력한 저항 세력

---

1) 킬롬부는 식민기간 도망 노예들이 만든 공동체를 통칭하는 말이었다. 지금의 알라고아스 주에 있었던 팔마리스 킬롬부가 가장 큰 규모였으며, 1600년경에 세워져 1695년까지 유지되었다. 식민기간 브라질 전역으로 확산되었으며 노예제가 지속되었던 독립 이후에도 킬롬부가 건재했고 현재도 브라질 정부가 인정한 킬롬부만 약 10,000여 개가 있다. 흑인사에서 킬롬부의 의미에 대해서는 *Uma História Do Negro no Brasil* 참조.

이었다. 이 때문에 아프리카 흑인들이 브라질로 유입된 이후 권력관계에서 어떤 위치를 점하고 있었는가에 대한 분석과 이해는 이중적 구조를 지니고 있는 브라질 사회의 특성을 설명하고 이해하는 데 기본적인 틀을 제공해 준다.

본고에서는 킬롬부의 문화적 특성보다 탈식민화 혹은 탈식민화 과정으로서의 탈식민성에 중점을 두고 아메리카의 식민성에 아프리카의 식민성이 어떻게 이식되고 정착했는가를 도망 노예들의 공동체인 킬롬부를 통해 분석하고자 한다. 위계적인 질서에 의해 형성된 브라질 문화의 혼종성이 어떤 지배와 피지배, 피지배와 피지배의 권력관계, 즉 식민성과 식민성으로 형성되었는가를 밝혀보고자 한다. 이에 따라 2장에서는 근대성과 식민성, 탈식민성과 네그리튀드의 관계 속에서 킬롬부가 지니고 있는 탈식민성의 특성을 검토하고, 3장에서는 킬롬부의 형성과 발전에 대해 분석할 것이며, 4장에서는 킬롬부의 정치사회구조, 경제활동과 같은 구고적인 측면을 탈식민화 과정으로 분석할 것이다.

II. '아메리카'의 네그리튀드와 킬롬비즘

1. 근대성과 탈식민성

브라질 문화는 근대성과 식민성의 끊임없는 대립과 조절을 통해서 형성된 것이다. 근대성은 흔히 16, 17세기 유럽에 처음 등장하여 점차 다른 지역으로 확대된 지식, 권력, 그리고 사회적 실천의 집합체로 이해된다(니콜라: 2008, 35). 유럽의 근대적 지식체계와 우주론을 중심으로 한 인식, 다양한 노동의 형태[노예, 반(半)농노, 임금노동, 소상품 생산자 등]가 공존하는 독특한 계급 구성, 중심과 주변의 분할에 따른 국제적 노동 분업, 유럽언어 중심적인 언어체계, 이성애 중심적인 성차별적(sexual) 질서, 유럽중심주의적인 인종적/종족적 질서, 남성가부장적인 젠더 질서, 기독교 중심적인 종교적 질서 등을 배태시켰다. 이와 같은 근대성은 식민성과 결합되어 있어 근대성이 강화된다는 의미는 식민성 또한 강화됨을 의미한다. 그것은 식민성(Coloniality)이 근대성에서 파생된 것도 아니고 근대성에 앞선 것도 아니기 때문이다. 식민성과 근대성은 같은 동전의 양면을 이룬다. 유럽의 산업혁명이 식민지의 강제 노동을 통해 가능했던 것처럼, 새로운 정체성, 권리, 법률 그리고 국민국가, 시민권, 민주주의 같은 근대적 제도들은 비유럽 주민들의 지배/착취의 과정에서 형성되었다. 브라질 문화에 나타나는 남성 중심적이고 가부장적인 체제와 권위적인 정치체제, 신앙 자체보다는 종교적 행위를 중시하는 위계적인 종교 문화, 겉으로 들어나지는 않지만 백인중심주의적인 인종 질서 등이 식민성이 가장 두드러지게 나타나는 부분이다.

아프리카와 흑인은 원주민의 경우처럼 라틴아메리카의 사회적 시스템과 역동성에 대한 논의에서 중요한 부분을 차지하고 있다. 백인/유럽 문화의 대항문화로 인식되는 흑인문화는 지배 권력 구조 내에서 인종적 분리, 인종적 혼혈과 같은 분리와 혼혈의 결과들에 대한 문제를 탐구하는 키워드로서 가치를 지닌다. 라틴아메리카에서 아프로아메리카니즘은 이산의 특성, 정체, 혼합주의로 그려지며 얼핏 보기에 아프리카와 라틴아메리카를 평등의 원칙에서 접근하고 있는 것처럼 보이지만 그 형성과정 자체가 철저히 권력의 식민성의 위계질서에 포함된다. 라틴아메리카의 발견 이후 아프리카계 흑인은 강제이산, 정착, 강제노동의 과정 전체가 노동력의 부족을 메울 필요에 의해 이루어졌다는 의미이다(김영철: 2007).

탈식민적 비판이론은 반식민주의적 담론의 한계를 벗어나서, 탈영토화, 민족적 경계, 민족주의 등을 구성하는 본질을 문제 삼는다. 유럽의 탈중심화를 시도한 개념들이 혼합주의, 크레올화, 혼혈주의(Mestizaje)라고 하지만 여전히 서구 중심의 개념들이다. 이러한 혼종성의 개념은 상당 부분 라틴아메리카 민족주의자들이 만든 인종적 이데올로기이다. 민족주의는 독립 이후 국민국가의 형성과정에서 인종과 종족의 차이를 무시하고 주민들을 통합시키기 위해 만들어 낸 이데올로기이며 국민국가를 통제하기 위한 문화적 공간으로 활용되었다. 이런 관점에서 라틴아메리카의 인종 민족주의는 인종적 혼혈, 인디언니즘(Indianismo) 혹은 흑인성으로 구분될 수 있다. 혼혈성이 민족주의적 개념이 되기 위해서는 인디언니즘적 입장을 가져야 하며, 인디헤니즘(Indigenismo)은 과거의 인디오를 상징화해서 민족주의 사상을 형성하려는 것이며, 동시에 현재 문화변용된 인디언의 생활환경을 선뜻 수용하지 않는 분위기의 사회적, 정치적, 문화적 상황을 의미한다.

또 하나의 인종적 스펙트럼은 흑인의 네그리튀드(Negritude)이다. 네그리튀드는 식민지 흑인들의 존재론적인 소외와 그 소외를 정당화하는 식민주의 이데올로기에 대한 거부의 외침이었고, 유럽적인 가치에 의해 억압당해 온 흑인성을 깜깜한 망각의 어둠으로부터 복원해 내려는 외침이었다. 또한 치욕스런 과거에서 벗어나 새롭게 탄생하고자 하는 의지의 표현이었고, 과거로부터 대물림되어 내려온 열등 콤플렉스의 굴레에서 벗어나 스스로의 운명을 양손에 움켜쥐고자 하는 인간적 존엄성의 표현이었다(심재중: 2004, 12~13). 인종적 민족주의가 내포하는 바는 유럽적 사고와 문화의 외면, 수용과 거부이다. 네그리튀드는 백인 식민주의자들의 야만성에 반대하고 아프리카의 진정한 타자성과 인본주의에 근거하여 제시한 것으로 토착주의적이면서 아프리카 중심적인 역전적 담론으로 이해될 수 있다. 네그리튀드가 말하는 탈식민성은 흑인이 백인의 타자일 뿐 아니라 흑인의 타자이기도 하다는 고통스러운 인식에서 출발한다. 이런 논의는 셍고르의 네그리튜드 개념을 차용하고 있는데, 그는 네그리튀드가 검은 아프리카의 문화적 특징의 총화라고 강조하면서, 본원적인 네그리튀드와 효과적인 해방 수단으로서의 네그리튀드를 구별하고 있다. 본원적인 네그리튀드란 백인이 아프리카 대륙을 짓밟기 이전의 상황을 의미한다. 이런 측면에서 네그리튀드는 지배당한 역사적 경험과 현재의 식민성에서 벗어나고자 하는 탈식민적인 투쟁의식을 그대로 노출시키고 있다(박원탁: 1989, 45). 네그리튀드는 아프리카의 흑인뿐만 아니라 서구의 근대성과 식민성으로부터 속박받고 있는 아메리카 흑인들에게도 아프리카의 저항정신과 문화의 본원적 가치를 회복해야 할 필요성을 강조한다.

2. 브라질의 네그리튀드와 킬롬비즘

네그리튀드는 브라질 흑인과 흑인문화를 재해석하는 데 많은 영향을 미쳤다. 브라질 흑인과 흑인문화는 지배권력의 이데올로기를 뒷받침하는 혼종성의 범위 내에서만 논의되었다. 흑인성, 즉 네그리튀드의 등장은 브라질 흑인, 흑인문화와 사회운동에서 이데올로기적 측면을 강조하는 전환점이 되었다. 사실 브라질의 탈식민성 논의는 포르투갈인이 도착한 식민 초기까지 거슬러 올라간다. 그 근원은 식민기간 발생했던 인디오들의 도망과 저항, 문화적 공동체의 형성, 아프리카 노예들의 도망과 저항, 문화적 공동체 형성에서 찾을 수 있다. 포르투갈인의 도착 이후 인디오들의 도망과 저항은 자신들의 사고와 가치를 지키기 위한 것이라 할 수 있지만, 흑인들의 저항과 도망은 아메리카 대륙에서 전혀 예상하지 못했던 새로운 도전과 응전이라 할 수 있으며, 아프리카에서 달성하지 못한 반식민혁명이라 할 수 있다. 따라서 아메리카, 즉 브라질에서의 저항은 아프리카 문화전통을 재정립하고 이를 토대로 식민지배와 정당화시키는 서구 자본주의의 팽창에 대항하는 것이었다. 이것이 곧 브라질 식민화 과정에서 만나는 아프리카의 저항이자 아프리카적 반자본주의 논리가 되었다. 이를 반영하듯 브라질 흑인의 유토피아는 인종적 차별과 편견이 없으며 모두가 경제적 평등주의와 정치적 민주주의를 누릴 수 있는 킬롬비즘(Quilombismo)2)으로 발전했다. 킬롬비즘은 브라질에서의 흑인들의 이상사회를 추구한다. 이를 위해 아프리카 흑인의 노예화와 노예무역 이전의 기억을 되살리고 동시에 흑인들이 아메리카에서 더 나은 삶을 살 수 있도록 구조적·환경적 요소들을 변화시키고자 하는 급진적인 흑인운동으로 이어진다.

　　브라질 흑인운동이 새로운 이데올로기로 수용하고 있는 킬롬비즘은 아프리카 중심주의를 주장하는 디우프(Cheik Anta Diop)3)와 윌리엄

---

2) 킬롬비즘은 1980년대 흑인저항이데올로기로 문화적 급진주의와 정치적 급진주의가 결합된 것이다. 표면적으로 아프리카 중심주의(Afro-centrism), 전통의 발견과 흑인 문명화 과정에서 영향을 받았으며, 1960년대 브라질 민족주의의 토대가 되었던 맑시즘에 영향을 받았다. 킬롬비즘은 브라질 흑인의 해방은 자본주의 수탈로부터 브라질 국민 전체가 해방되는 것이라고 본다.

스(Chancellor Williams)[4]의 범아프리카주의에 근간을 두고 있다. 이들은 서구 문화는 북아프리카 문화에 토대를 두고 있으며, 북아프리카 문화는 흑인문화에서 발전했다고 주장하면서 흑인 문화의 우수성을 강조한다. 이러한 논리에 따라 킬롬비즘도 브라질 흑인의 현재 상황을 아프리카인 중심으로 재해석하고, 아프리카인들의 인종적·문화적 논의를 부각시키기 위한 정치활동 플랜을 제시한다. 즉 과학, 기술과 문화 분야에서 흑인의 업적들을 강조함으로써 백인이 지니고 있는 잘못된 인종적·문화적 관념들을 바꾸고자 한다. 또한 흑인과 흑인문화가 지금과 같이 황폐해진 원인이 서구인들이 자본주의 팽창을 위해 저지른 식민화와 서구 문화 중심주의적인 시각을 통한 문화 파괴에서 비롯되었다고 본다. 이런 측면에서 킬롬비즘은 여전히 명확하지는 않지만 아프리카의 탈식민화를 위한 지식적 도구임을 강조한다(Nascimento: 1980, 92). 그러므로 킬롬비즘이 내세우는 경제적 평등주의, 정치적 민주주의 등은 아프리카인들이 아메리카에서 추구해야 할 이상 사회를 의미한다. 이 때문에 킬롬비즘은 해방이 이루어지는 곳, 종족적·선대적 관계가 회복되는 곳으로 정의된다. 따라서 이는 모든 수준의 흑인 생활이 녹아 있는 브라질 흑인의 개성이며, 전통을 중시 여기는 민족주의적인 특성을 지니고 있다. 결국 출발점은 다르지만 유럽의 식민주의, 인종주의 등으로 희생당한 원주민 해방운동과 같은 논리 구조를 지니고 있다(Nascimento: 1980, 148).

---

3) 세네갈의 디우프는 이집트 문명은 서구 세계가 주장하는 것처럼 백인이나 백인에 가까운 인종이 만든 것이 아니라 흑인들이 만든 것이라 주장하고, 아프리카의 거의 모든 문명들은 이집트 문명과 긴밀한 관계를 형성하고 있다고 본다.

4) "The Destruction of Black Civilization"을 통해 아프리카 인종의 역사 재해석을 시도했으며 아프리카 역사 연구와 교육의 관점을 아랍과 유럽의 역사에서 아프리카인들의 역사로 전환시켰다.

유럽중심주의를 부정하고 거부하는 킬롬비즘은 백인 우월주의, 백인화(Whitening), 유럽 문화의 우수성과 계층화와 같은 정신적 식민화를 탈피함으로써 탈식민성의 한 측면을 보여준다. 이런 측면에서 킬롬부가 단순히 도망 노예들이 만든 공간만을 의미하는 것이 아니라 흑인의 존재론적 가치, 공존, 연대, 자유와 형제애로 뭉쳐진 집단이다. 집단을 움직이는 경제적 평등주의와 정치적 민주주의는 맑스주의가 제시한 인류 발전의 최종단계이다. 킬롬부가 채용하고 있는 아프리카 전통의 공동체주의(Communitarianism)[5])와 우자마아(Ujamaa)[6])는 강제이주당한 흑인문화에서 비롯된 것이기 때문에 브라질의 흑인과 흑인문화는 브라질 문화의 우수성을 보여주는 것이라 할 수 있다. 이 속에서 아프리카인의 생명 비용과 인적 비용이 적용됨으로써 상호작용을 통한 창조적 능력을 실현할 수 있다고 본다. 이 과정에서 경제활동의 가장 기본인 직업은 처벌, 억압과 착취가 아니라 시민의 권리와 사회적 의무를 향유하는 인간 해방의 한 형태라고 주장한다(김영철: 2009, 155~156).

따라서 킬롬부는 브라질 자본주의 발전에서 **빼놓을** 수 없는 독립된 경제 활동 시스템이라 할 수 있다. 최근 브라질 정부가 킬롬부 공동체를 법적으로 인정하고 토지소유권을 이양하는 것은 공동체가 지니고 있는 문화적 가치뿐만 아니라 독립된 어떤 경제 사회 조직으로서의 가치를 인정한 것이다.[7]) 도망 노예들이 만든 전통적인 킬롬부와

---

5) 아프리카 전통의 공동체주의는 아프리카 사회를 특징짓는 것이며, 공동체가 개인주의를 압도하는 존재론적 우선성을 지니고 있으며, 평등주의를 기본전제로 한다. 아프리카 공동체의 에토스는 개인의 존엄성과 자유를 존중하며 개인적인 인권를 통합시키는 것이다. 아프리카 공동체주의는 개인과 공동체를 일체화시키는 급진파와 개인보다는 집단을 강조하고 개인들의 공동체로서 사회를 바라보는 온건파로 구분된다. 본 연구에서는 경제적 관점에서의 공동체적 삶을 강조하기 때문에 급진적인 개념을 수용하고자 한다(Kenyan: 2006).
6) 확대가족 혹은 가족애라는 스와힐리어에서 유래되었는데 탄자니아의 줄리어스 니에레레 대통령이 아프리카의 발전 모델로 아프리카 사회주의를 나타내는 상징적인 용어로 사용했다. 민주주의 창달을 통해 사회, 경제, 정치적 평등의 제도화를 추구했다(위키피디아).

독립된 경제활동과 전통 문화 집단인 현재의 킬롬부는 구분된다. 그렇지만 모든 킬롬부는 도망 노예들이 만들었기 때문에 흑인 저항의 역사를 지니고 있다. 이런 논의에서 킬롬비즘이 주장하는 요소들은 흑인들이 지니고 있는 오래된 이미지를 바꿀 뿐만 아니라 정치적, 사회적, 문화적 지형을 바꿀 수 있는 요소라 할 수 있다. 식민기 브라질에 나타난 킬롬부는 아프리카 문화를 보존하고자 하는 자기 방어적인 활동임과 동시에 아프리카 정치, 경제, 사회적 생활을 재건하는 과정이었으며, 어떤 형태로든 식민 사회를 거부하는 다양한 인종집단들이 형성한 탈식민화의 과정이었다.

Ⅲ. 브라질 탈식민화로서의 '킬롬부'

1. '아프리카' 킬롬부의 정착

포르투갈인들은 브라질 식민 사업을 위해 아프리카 노예를 유입했다. 이 짧은 문장은 앞에서 설명한 두 개의 식민적 상황을 함축하고 있다. 하나는 유럽인들이 서구 자본주의의 수탈을 통해 아메리카를 식민화하는 과정을 담고 있고, 다른 하나는 이미 아프리카에서 식민성을 체득한 아프리카인들이 또 다른 식민지에 정착하는 것을 의미한다. 하나의 근대성이 흑인들에게 이중의 식민성을 강요하게 되는 것이다. 아메리카의 식민화임에도 아프리카 흑인이 억압과 피지배의

---

7) 인종평등정책위원회의 2007년 1월 발표에 의하면 브라질에는 3250개의 킬롬부가 있으며 약 250만 명이 거주하고 있는 것으로 조사되었다. 반면 흑인운동단체인 UNEGRO는 4,000개가 넘는다고 주장한다.

주체로 등장한다. 이미 억압적인 권력 구조의 패자가 브라질로 끌려왔다는 점을 고려한다면 흑인 노예는 서구 근대성에 의해 식민화된 아프리카인들의 재식민화를 통해 강제로 이주된 것이다.

흑인 노예들이 서구 자본주의 시스템을 거부하고 만든 킬롬부가 아프리카 흑인들의 식민성을 잘 설명해 준다.[8] 킬롬부는 지금의 앙골라에 자리하고 있던 킴분두 킬롬부(Kimbundu Kilombo)에서 유래되었다.[9] 당시 킬롬부가 남성의 성인식이나 남성 중심의 군사 조직이었다는 것은 널리 알려진 사실이다. 아프리카에서 노예가 되는 경우는 전쟁, 채무, 범죄, 기근 등이었다. 특히, 전쟁 포로가 노예가 되는 것은 아주 일반적인 현상이었다(주경철: 2009, 293). 그러므로 군사조직인 킬롬부가 대서양을 건너 다시 출현했다는 것은 아프리카 내부에서 권력 쟁탈을 위한 싸움이 있었으며, 그 결과에 따라 노예화되었다는 것과 아프리카에서 이미 근대성으로 무장한 백인들과의 탈식민화 투쟁이 진행되고 있었다는 것을 의미한다. 아메리카에서 흑인들은 백인 지배에 대해 저항해야 했고, 자신들과 유사한 사회적·문화적·인종적 위계질서에 노출되어 있던 인디오와의 문화적 충격과 정치적 대립을 극복해야 했다. 즉 킬롬부는 유럽문명과 아메리카 문명에 포위된 '문화 섬'으로서의 역할과 지위를 지니고 있었다. 이와 같은 고립된 상황은 자생력을 갖춘 공동체 집단을 형성하게 만들었다. 외부에

---

8) 스페인령 아메리카에서는 팔렌케스(Palenques), 쿰베스(Cumbes), 라데이라(Ladeiras), 맘비세스(Mambises), 영국령 아메리카에서는 마룬(Maroons), 그리고 프랑스령 아메리카에서는 그랑 마롱지(Grand Marronage)라고 한다.

9) 고고학자들은 킬롬부 인종의 기원에 대해 크게 두 가지 설명을 하고 있다. 하나는 앙골라에서 기원했다는 것이며, 다른 하나는 중앙아프리카에 기원했다는 것이다. 현재까지는 앙골라에서 비롯되었다는 것이 일반적으로 수용되고 있다. 본 연구에서는 킬롬부가 "강가 앙골라"라는 역사적 기록에 근거하여 앙골라 기원이라는 주장을 받아들이고자 한다.

자신들을 지원해 줄 세력이 없었기 때문에 철저히 외부와 단절시키고 침입에 맞서기 위해 내부의 단합과 결속력을 높이는 집단적 생존 전략을 구사하는 것이 유일한 방편이었다.

킬롬부는 식민사회가 백인, 가톨릭, 대농장제, 노동의 분화와 같은 서구 근대성에 의해 길들여질 때 흑인, 원시 종교, 공동생산과 협동이라는 아프리카적 방식에 따라 성장했다. 초기에는 흑인들이 대부분을 차지했지만 서구 식민 사업에 반대하거나 식민사회에 적응하지 못한 백인, 인디오, 새로운 인종인 물라토가 공존하면서 인종적 혼혈이 진행되었다. 공동체 내의 혼혈은 식민사회의 백인 우월주의적 위계질서에 따른 혼혈이 아니라 동등한 관계 속에서 비교적 자율적으로 이루어졌다.

이처럼 킬롬부는 주류사회를 특징짓는 백인 브라질(Brasil Branco) 속의 흑인 브라질(Brasil Negro)이라고 할 정도로 식민사회와는 경제시스템, 정치시스템뿐만 아니라 인종적·문화적으로도 많은 차이가 있었다. 이런 차이는 지금까지도 유지되고 있으며 킬롬부가 아닌 주류 사회와 통합된 흑인들도 향유하는 문화가 다르다. 식민기간 킬롬부는 노예 노동력을 이용하던 곳에서는 어김없이 나타나는 집단 촌락이었는데, 북동부 지역에 형성된 팔마리스 킬롬부(Quilombo de Palmares)10) 가 규모와 식민 사회에 미친 영향력 면에서 가장 강력한 공동체였다. 1695년에 도밍구스 조르지 벨류(Domingos Jorge Velho)가 이끄는 포르

---

10) 팔마리스는 지금의 알라고아스 주와 페르남부쿠 주에 위치해 있는 바히가(Barriga) 산맥에 도망노예들이 만든 가장 큰 노망 노예 공동체이며, 켄트(Kent)는 브라질의 흑인공화국이라고 주장한다. 포르투갈 식민정부와 네덜란드인들이 각각 1640년 Bartholomeus Lintz, 1643년 Roelox Baro, 1645년 Johan Blaer와 Jürgens Reijmbach를 대장으로 하는 원정대를 파견하여 점령하려 하였으나 실패했을 정도로 단단한 정치·사회조직을 구축했다.

투갈 원정대가 파괴할 때까지 약 70년간 유지되었으며 흑인공화국이라고 불리기도 했다. 네덜란드가 1630년대에 북동부를 침입하면서 도망 노예들이 증가하면서 팔마리스의 규모가 확대되었다. 한때 식민정착 마을보다 흑인 촌락이 더 많아 식민사회에 큰 위협이 되었다. 대농장주들이 주로 혼혈인이나 현지 지리에 밝은 인디오들로 구성된 원정대를 파견했지만 매번 실패했고 흑인들이 노출된 지역을 버리고 더 접근하기 어려운 내륙 산간이나 정글 지역으로 이동하면서 킬롬부는 이름은 있지만 실체를 찾기 어려운 흑인 집단 촌락으로 성장했다.

2. 식민사회에서의 탈식민화

맑스주의자들은 킬롬부의 존재를 노예노동에 대한 저항으로 분석한다. 즉 서구 자본주의가 강제한 대농장제, 노예제도와 불평등한 교환관계를 거부하는 흑인 노예들의 인간적 존엄성과 문화적 가치를 재평가하는 계급투쟁이라는 것이다. 그러나 킬롬부의 등장을 브라질 노예 경제 시스템의 점진적 붕괴로 보는 것은 지나친 해석이라 할 수 있다. 킬롬부 등장 이후식민 시스템은 200년간이나 지속되었고, 노예제는 그보다 80년이나 더 유지되었기 때문이다. 흑인들의 킬롬부 형성은 반식민 운동과 노예제 폐지에 직·간접적으로 영향을 미쳤다는 것은 부정할 수 있다. 특히, 흑인들이 직접적인 행동을 통해 식민체제에 저항하고 지속적으로 대립적 관계를 유지하여 흑인 노예의 해방을 위한 최후의 보루를 형성하고 있었다는 것, 식민기간 노예 저항을 이상사회라는 정신적인 측면을 통해 간접적으로 지원한 것, 흑인들의 구전을 통해 해방을 꿈꾸게 했다는 것은 킬롬부가 단순히 아프리카 문화의 보고일 뿐만 아니라 저항과 해방운동의 토대였다는 것을 보여준다(De Castro: 2009, 26).

때문에 킬롬부는 한 시기에 나타났다 사라지는 유형적인 사건이 아니라 시대적 흐름에 따라 그 역할과 기능이 변화되었다. 이를 반영하듯 킬롬부는 다양한 의미로 브라질 사회에 받아들여지는데 '공동체가 형성된 곳을 지칭하는 것부터 그곳에서 생활하는 사람', '민중적인 저항(Festa de Rua)', '사창가가 있는 공공장소', '사회적으로 비난받는 행위가 이루어지는 곳', '큰 혼란이 있는 대립, 통합, 사회적 관계', '기후와 토양으로 인해 한계지에 위치하는 경제체제'로 등으로 이해된다(Leite: 2000, 336~337). 대체적으로 부정적인 의미로 해석되는데 이는 백인들이 브라질 사회에서 흑인의 인종적 · 문화적 열등성을 사회화시킨 결과이다.

여기에서 '킬롬볼라젱(Quilombolagem)'이라는 말이 파생되었다. 킬롬볼라젱은 식민기간 동안 브라질 전역에서 노예들이 리드하고 조직한 반란운동을 말한다. 이것은 사회변혁운동이었으며 노예시스템을 상당히 약화시키는 세력(힘)이었다. 또한 경제적, 사회적, 군사적으로 다양한 수준으로 구성되었으며 노동 행태 붕괴에 많은 영향력을 행사하여 자유노동으로 대체시키는 결과를 가져왔다. 이와 같은 정치 · 경제적 킬롬볼라젱이 사회 운동의 추동력을 지닐 수 있었던 것은 서로 다른 종족적 정체성의 안정화, 특수한 정치적 메커니즘의 형성, 자연 자원에 대한 사회적 통제권의 재정의, 문화 재창조를 통한 새로운 사회 · 문화적 집단으로 구체화되기 때문이다. 이런 킬롬볼라젱에는 도망 흑인 노예뿐만 아니라 박해받는 원주민, 물라토, 수배자, 산적, 탈영한 군인, 여성, 가난한 백인과 창녀들이 끼어 있었다(Bergel: 2006, 2~

3). 브라질 식민사회의 억압적 구조에서 비롯된 모순과 대립이 킬롬부를 통해서 표출된 것이었다.

킬롬부에서 브라질 사회저항 운동의 뿌리를 찾는 이유가 여기에 있다. 심지어 1970년대를 전후해 등장한 흑인운동, 인권운동과 무토지 운동까지도 저항운동의 뿌리를 킬롬부에서 찾는다. 사실 킬롬부는 아프리카 흑인 노예들이 강제된 노동과 예속으로부터 벗어날 수 있다는 상징적 공간이었는데 18세기 일레우스(Ilhéus) 카피타니아의 산타나 사탕수수 농장에서 발생한 노예들의 반란에서 킬롬부가 어떤 역할을 했는지 알 수 있다. 1789년 노예들은 자신들이 차지하고 있는 토지의 경작과 지방시장에 상품을 판매할 수 있는 자치권을 포함하는 노동조건을 정하여 농장주에게 협정안을 보냈다(Gomes: 2004, 741).[11] 농장주인 마누엘 다 실바 페헤이라는 약 300명의 노예를 소유하고 있었으나, 노예들이 반란을 일으켜 살해하고 숲 속으로 도망쳤다. 그리고 노예주인에게 평화 협정안을 제안했다. 이 요구안에는 금요일과 토요일에는 자신의 땅에서 농사지을 수 있는 자유일로 해 줄 것, 물고기를 잡을 수 있는 그물과 카누의 대여, 자신들이 생산한 상품을 시장에 보낼 수 있는 권리, 노예감시인의 즉각적인 교체와 노예들이 인정하는 감시인의 채용, 사전승인 없이 축제와 바투키를 즐길 수 있는 권리, 일일 노동 시간과 속도를 정해 줄 것 등이었다. 이 내용은 예수회원들이 농장을 관리할 때 누렸던 자치권으로 다시 회복시켜 줄 것을 요구한 것이었다(Gomes: 2004, 741). 이와 같은 사건들은 식민

---

11) Schwartz이 1977년에 처음으로 공개했는데, 학계에서 이론적 · 방법론적인 부분에서 논쟁이 있었다. 일부 학자들은 노예제 하에서 노예들 스스로 노예저항, 만족(complacency)과 경제활동 간의 관계를 역사적 관점에서 볼 필요가 있다고 주장했고, 다른 학자들은 그 농장의 노예들만이 포함된 비전형적인 특성을 강조한 것이라고 보았다.

시기 전반에 나타나는 것은 아니지만 흑인 노예들이 식민사회의 경제 활동 제도 자체를 변화시키려 했다는 점에서 킬롬부의 역할이 매우 중요했다는 것을 알 수 있다.

킬롬부는 시대적 상황을 수용하지만 다양한 상황 속에서도 의미가 변화되지 않으면서 역사를 초월하여 저항이라는 공시적·보편적 개념으로 안착되었다. 아프리카인들의 저항이 아메리카에 강제된 식민의 정치, 사회와 경제구조를 바꾸려는 탈식민화 운동을 전개했다는 것은 상당히 중요한 의미를 지닌다. 이런 아프리카인들의 탈식민화는 강제이주당한 땅인 아메리카로부터의 탈출, 주인과 노예 관계로 맺어진 백인으로부터의 자유, 자신을 둘러싸고 있는 유럽문화로부터의 해방을 의미하기 때문이다.

Ⅳ. 브라질 흑인의 탈식민화

1. 아프리카 친족 중심의 연방형 통치구조

팔마리스는 흑인운동에서 흑인공화국으로 평가되고 있으며 최근에는 이데올로기로 이론화되면서 정치·사회적인 의미가 더 높게 평가되고 있다. 브라질 흑인운동을 주도했던 압지아스는 킬롬부가 도망노예만을 의미하지는 않으며 자유 형제단, 연대, 공존, 실존적 단체라고 주장한다. 또한 경제적 평등주의라는 측면에서 사회-정치적 인류의 진보 단계를 나타낸다고 주장한다. 이러한 킬롬비즘은 브라질식 범아프리카주의의 실제적인 정치 프로그램인데 16세기 브라질 북동부에 자리한 팔마리스 킬롬부를 모델로 하고 있다. 이 때문에 그는 팔마리스가 실현해야 하는 이상사회라고 주장한다.

팔마리스는 17세기 아프리카에 형성되었던 많은 부족 국가들과 유사한 형태의 흑인 국가였다. 중서부 아프리카 킬롬부와 같은 중앙집권적인 리더십에 따른 정치 체제를 이루고 있었지만 아프리카와는 다른 형태로 친족 중심의 연방 형태였다. 왕은 지방 지도자들의 집회에서 선출되었으며, 공동 관심사도 집회에서 결정되었다. 왕의 선출 방식과 정책 결정의 민주적 성격이 팔마리스가 지니고 있던 가장 큰 장점이라 할 수 있다. 팔마리스의 초대 왕은 '강가 줌바(Ganga Zumba)' 였는데, 킴분두어(Kimbundu)인 '엔강가 이아 엔줌비(Nganga-ia-Nzumbi)' 라는 말이 토착화된 것으로 '정신적 지도자'라는 뜻이었다. 강가 줌바가 죽은 후에는 조카였던 '강가 줌비(Ganga-Zumbi)'[12]가 승계했는데 '전쟁의 신'이라는 뜻으로 킬롬부의 마지막 왕이었으며 포르투갈의 공격에 맞서 싸웠다는 측면에서 흑인들의 저항 정신을 상징적으로 대변한다. 킬롬부의 중심 도시는 왕이 직접 관리하고 다른 도시들은 권력자가 지배하고 있었다. 팔마리스의 제2의 도시는 수부피라(Subupira)로, 왕의 동생인 가나 조나(Gana Zona)가 통치하고 있었는데 카신기(Cachingi) 강변에 약 800가구로 구성되어 있었고 흑인 전사들을 훈련시키는 곳이었다(Allen: 2001, 36~40; Anderson: 1996, 553). 킬롬부의 사회·정치조직은 친족관계와 공적이나 위신에 근거하고 있다. 각 킬롬부의 지도자들은 기본적으로 독립적인 권력을 지니고 있었지만, 팔

---

12) 현재 줌비는 흑인의 영웅일 뿐만 아니라 브라질인의 영웅으로 추앙받고 있다. 앤더슨은, 줌비가 1655년에 태어났는데 포르투갈 군대의 원정에서 체포되어 포르투 칼부의 멜루(Melo) 신부가 양육하여 프란시스쿠(Francisco)라는 세례명을 받았으며 15세가 되던 1670년에 팔마리스로 도망한 노예였다고 밝히고 있다(Anderson: 1996, 560).

마리스에 영향을 미치는 결정에 대해서는 상호 지원하는 형태를 취하고 있었다. 친족관계에 기초하고 있다는 것은 가나 조나의 경우를 통해서 알 수 있는데, 그는 왕의 동생이었으며 수부피라 킬롬부의 지도자였다. 1680년에 왕이 포르투갈과 협정에 서명하면서 권력이 가나 조나와 왕의 조카이며 팔마리스 북부를 관리하는 줌비로 나뉘어졌다. 이러한 킬롬부의 사회·정치 조직은 중앙아프리카의 부족 집단들의 전통에 따른 것이었다.[13]

팔마리스 킬롬부는 아프리카 반투어족과 문화를 지닌 자가(Jaga) 부족이 중심이 되어 만들었다. 리스본과 아프리카 교회의 기록을 보면 1580년부터 지금의 앙골라에 정착해서 살고 있던 반투인들이 노예로 브라질에 보내지기 시작했다. 당시 콩고왕국은 5개의 느슨한 연맹으로 연결되어 있었는데, 팔마리스 킬롬부도 잠비, 아로티레니, 타보카스, 담브라반가, 수부피라, 마카쿠, 오젠가, 세린냐엥, 아마루, 안달라키투치, 포르투 칼부로 구성된 연맹체였다.[14] 각 킬롬부는 지역의 식민농장을 공격하거나 방어를 위해 군사조직을 갖추고 있었다. 강가 줌바의 권력은 반투인들의 왕으로서 정신적으로나 세속적으로나 절대 권력을 지니고 있었다. 또한 법을 엄격하게 적용하여 위반했을 경우에는 사형에 처하기도 했다. 팔마리스의 본거지인 마카쿠 킬롬부에서는 상 브라스, 아기 예수상과 성모 마리아 상이 있었으며, 포르투갈어와 반투어를 섞어서 사용하는 라디누들이 각 모캄부의 교구 목사로 예배를 집도하고 가톨릭교회의 신부처럼 세례를 주고, 결혼식

---

13) 킬롬부의 기원에 대해서는 Kabengele Munanga의 "Origen Histórico del quilombo en Africa" 참조.

14) Zambi, Arotirene, Tabocas, Dambrabanga, Subupira, Macaco, Osenga, Serinhaém, Amaro, Andalaquituche, Porto Calvo 등이다. 수부피라와 타보카스는 아메리카 인디오들이 주축이고, 마라루는 포르투갈인, 나머지는 반투족들이 주축인 도망 노예 마을이었다(Funari: 2001, 17).

을 진행하며 기도문을 가르쳤다.

킬롬부의 사회구조는 반식민적 성격을 지니고 있었지만 식민사회와 유사한 패턴을 지니고 있었다. 첫째, 킬롬부 내에 노예제가 유지되었다. 노예제를 피해 도망했음에도 불구하고 노예제를 유지하고 있었다는 것은 특이한 현상이라 할 수 있다. 그러나 아프리카에서 이미 노예제가 있었고 노예를 통한 노동이 일반화되어 있었다는 점을 고려한다면 이 현상을 일부 이해할 수 있다. 노예들은 새로운 노예들이 도착할 때까지 신분이 유지되었다. 둘째, 일부다처제와 일처다부제가 인정되었다. 만성적인 성비 불균형을 해소하기 위한 것이었는데, 초기 도망 노예들의 대부분이 남자였다는 것이 이를 잘 설명해 준다. 마지막으로 개인과 집단 대표가 있었다. 킬롬부는 아프리카인, 아프로 브라질인, 백인과 인디오의 인종집단으로 구성되었는데 이들의 대표들이 있었다. 킬롬부가 단순히 아프리카의 재현이 아니라 식민사회에 저항하거나 부적응하고 있는 사회 계층들을 수용하면서 식민체제를 거부하는 사람들이 모인 집단이었다는 것을 반증한다. 이런 특성을 반영하듯 킬롬부는 노동에 따라 농민, 수공업자, 군인과 관리인 등 4개 계층이 있었다. 지도자는 정착지 외부에 농장과 집을 소유하고 있었으며, 모캄부를 도망치는 흑인들뿐만 아니라 주술사들을 엄하게 다스렸다. 관리인은 조세를 관리하는 행정 관리인, 법적용과 처벌을 담당하는 법적 관리인과 군대 훈련을 담당하는 군사 행정으로 나누어졌다. 초기 킬롬부에는 여성의 숫자가 소수에 불과했으며 여성들은 주로 바구니와 도자기를 만드는 일에 종사했다. 여성이 군대에 참여하는 경우는 드물었지만 정치 활동에는 직접 참여하는 경우가 있었는데 아콸투니(Aqualtune) 모캄부를 다스리던 사람이 왕의 어머니였다는 것이 이를 뒷받침해 준다(Anderson: 1996, 551).

앞에서도 언급했듯이 킬롬부는 도망 흑인들이 억압적 구조에 의해 배태된 식민성을 극복하기 위한 초보적이지만 급진적인 탈식민화를 위한 노력이면서 저항을 유지하고 생활을 유지하는 생존 공간이었다. 많은 학자들이 흑인 공동체를 분석하는 과정에서 흑인문화의 정체성을 보호하기 위한 곳이었다고 정의하는 것이나 지배와 저항의 공간 등의 정의들은 기본적으로 생존을 위한 공간으로서의 킬롬부의 가치를 인정하는 것이다. 식민화가 시작된 이후 약 500년의 역사 속에서 그 기능과 역할은 조금씩 변화되었지만 여전히 브라질 사회구조와 구별되는 특성을 지니고 있을 뿐만 아니라 역사성을 지니고 있다는 측면에서 사회적으로 소외받고 있는 흑인들이 선택할 수 있는 공동체적 삶의 방식을 제시해준다.

2. 토지소유권 없는 공동체

킬롬부는 공동소유와 집단 노동을 기본으로 하고 있었다. 당시 아프리카 사회에서 왕은 한 지역을 지배하는 것이 아니라 국민을 지배하는 것이었기 때문에 전체 인민들에게 조세를 요구한다(주경철: 2009, 293). 그러므로 초기 킬롬부에서도 토지와 생산 수단의 소유 개념이 없었다. 엄밀히 말하면 토지에 대해서만큼은 무소유였다고 하는 것이 옳을 것이다.[15] 그렇지만 식민사회가 발전하면서 식민사회에서

---

15) 식민사회와 달리 공동체는 서구 자본주의 문명이 전달했던 토지소유권의 개념이 없었기 때문에 공동 생산이 가능했다. 최근 브라질 정부가 킬롬부의 전통성과 역사성이 인정될 경우 토지의 공동소유권을 인정해주는 과정에서 흑인들 중에서는 여전히 토지소유권의 개념에 대한 이해가 제대로 되어 있지 않는 것으로 나타났다.

수용되는 많은 경제활동이 유입되었다. 정착단계의 경제활동은 아프리카에서 자신들이 채득한 기술을 활용할 수 있는 채집과 사냥이었다. 생산품들은 자연환경을 활용한 생활방식으로 나무열매, 약용식물, 팔메이라 기름, 여러 가지 섬유, 망고와 오렌지 같은 것들이었다. 이 때문에 킬롬부는 식량자원을 안정적으로 확보하기 위해 수풀이 우거지고 토양이 비옥한 곳을 선택하여 정착했다. 초기에는 식민사회에서 멀지 않는 곳에 정착지를 마련할 수 있었으나 킬롬부가 증가하고 노예사냥이 심화되면서 더 안전한 곳을 찾아 내륙으로 이동했다.

이 단계를 거쳐 경작 단계로 진입하게 된다. 사실 아프리카인들은 브라질에 정착한 인디오들보다 농업기술이 발달되어 있었는데, 이미 보습과 비료를 사용하고, 다작 경작을 할 수 있었다(Fiabani: 6). 인구가 급속하게 증가하면서 단순한 채집생활로는 식량자원을 공급할 수 없게 되어 새로운 경제활동으로 전환할 수밖에 없었다. 주로 식량자원인 페이자웅, 만디오카, 고구마, 바나나와 사탕수수 등을 재배했다. 노동 방식과 소유구조는 초기 단계와 크게 다르지 않았지만 생산품의 관리 혹은 운영에서는 큰 차이를 보인다. 우선 킬롬부가 자발적인 노동을 통해 생산하기 때문에 생산량이 수요를 초과하여 잉여 생산물이 발생하게 되었다. 잉여 생산물이 발생하면서 인근의 식민사회와 물물교환을 시작했다. 킬롬부 인근에 위치한 식민 마을은 대부분이 사탕수수, 카카오와 면화 등을 비롯한 환금작물을 재배했기 때문에 식량 작물은 항상 부족했다. 이 때문에 식민마을이 킬롬부의 존재를 인정하고 물물교환을 먼저 제안하기도 했다.

식민 경제의 성장은 유럽중심적인 경제구조가 제도화되고 식민인들에 대한 착취가 강화되는 것을 의미한다. 브라질에서는 노예 노동을 근간으로 하는 사탕수수 재배가 확대되고 대농장제가 제도화되는 것으로 귀결되었다. 농장주들은 경작을 위해 끊임없이 흑인 노예들을 들여올 수밖에 없었는데, 그 이유는 흑인들이 환경에 적응하지 못해 수명이 짧았고, 남자 중심으로 유입하면서 노예 인구의 자연 성장률이 매우 낮았기 때문이다. 또한 환경에 적응한 노예들이 식민체제를 거부하고 도망했는데, 결국 식민 경제 성장이 곧 킬롬부의 성장을 부추긴 것이 되었다. 킬롬부는 다양한 작물을 재배하여 사탕수수 경작과 환금 작물 재배로 생필품과 식량이 풍족하지 못했던 식민 마을과 교역했다. 주로 팔마리스 가까이에 위치한 이포주카(Ipojuca), 세링냐엥(Serinhaém), 우나(Una), 상 미구엘(São Miguel), 포르토 칼보(Pôrto Calvo) 마을이었다. 킬롬부의 주식은 일 년에 두 번 수확이 가능한 옥수수였으며 만디오카, 페이자웅(Feijão), 고구마, 사탕수수, 바나나와 다양한 야채들을 재배했다. 그리고 야자수의 일종인 핀도바(Pindoba)를 재배했는데, 여기서 요리에 이용되는 기름을 추출할 수 있었다. 농업 외에 철제 장비, 도자기와 나무를 가공할 수 있는 공장을 운영하기도 했다. 또한 일부 백인들과의 교류를 통해서 무기와 기타 생필품들을 교환하기도 했다. 이러한 무기를 이용해 대농장 침범이 잦아지고, 팔마리스 킬롬부의 경제와 사회가 식민 체제에 위협적인 요소가 되었다.

킬롬부의 공동 노동 방식은 식민시대 노예 노동력에 의지하던 플랜테이션보다 생산성이 높았다. 또한 풍부한 노동력, 협력 노동과 사회적 연대가 생산량을 증대시켰고, 생산품은 식민사회와 교환했다. 토지는 어느 개인의 소유가 아닌 특정한 킬롬부에 정착한 모두의 것이었다. 흑인들이 땅을 공동으로 소유하는 전통을 이어왔고, 토양의 고갈과 안전 때문에 모든 사람들이 다른 지역으로 이주하면서 땅을 소유할 필요도 없었을 뿐만 아니라 사고팔거나 유산으로 물려줄 수도 없었다(Moura: 1988, 172). 토지에 대해 비교적 자유로운 태도 때문에 근대적 의미에서 보면 경제적 평등주의가 실현된 것이라 할 수 있다.

킬롬부는 식민경제가 도입하고 있는 집단 노동의 형태를 이루고 있지만 그 성격에서 차이가 난다고 할 수 있다. 사탕수수 농장에서도 집단 노동이 이루어지지만 식민자들에 의한 강제노동이었기 때문에 노동 생산성이 매우 낮았으며, 생산 활동이 식민사회 자체를 위한 것이 아니라 불균등한 교환 관계로 연결되어 있는 외부세계, 즉 유럽의 필요를 충족시키는 것이었다. 반면 킬롬부의 노동은 생존을 위한 자발적인 노동이었으며 자급자족을 목적으로 하는 것으로 지금의 개념으로 말한다면 내수지향적인 구조였다고 할 수 있다.

또한 킬롬부는 대농장, 플랜테이션, 강제노동과 단일 작물 농업을 구성하고 있던 식민경제의 또 다른 경제 시스템이라 할 수 있다. 위에서 살펴본 바와 같이 킬롬부는 토지의 무소유, 자급자족형, 자발적 노동과 다작농을 중심으로 생산 활동이 진행되어 식민경제를 보완할 뿐만 아니라 전혀 다른 시스템으로 작동했다. 킬롬부가 문화적으로나 정치적으로는 식민사회와 배치되는 관계를 형성하고 있었지만 경제적인 측면에서는 노동력의 손실이라는 부정적인 영향 외에 식민사회가 해결하지 못하는 식량문제 해결에 일정 정도 도움을 주면서 식민정부는 아니더라도 식민 마을에서는 보완적인 관계를 형성하고 있었다. 이 때문에 식민기간 포르투갈 정부가 도망 노예 사냥과 킬롬부 파괴에 많은 노력을 기울였음에도 킬롬부가 브라질 전역으로 확대되고 유지될 수 있었다.[16]

---

16) 조엘 루피누스는 킬롬부를 식민세계와 대비하여 정의하고, 식민체계와 비교해서 킬롬부는 자유농민 조직이며, 다작농을 통해서 땅을 경작하고 있으며, 자연을 파괴하지 않았다고 주장한다. 이 때문에 킬롬부가

V. 맺음말

브라질은 발견과 함께 유럽문명의 근대성에 참착된 가부장적인 사회구조, 종교적인 위계질서와 인종적·종족적 위계질서 내에서 작동하고 있다. 킬롬부는 아메리카의 식민성에 아프리카의 식민성이 이식된 문화 공동체이기 때문에 브라질의 근대성과 식민성의 관계변화를 가장 잘 설명해준다. 킬롬부 분석을 통해 브라질 문화의 혼종성이 지배와 피지배, 피지배와 피지배의 권력관계, 즉 식민성과 식민성으로 형성된 문화 요소로 이루어져 있음을 살펴보았다.

브라질 인종 스펙트럼 중의 하나인 네그리튀드는 식민지 흑인들의 존재론적인 소외와 그 소외를 정당화하는 식민주의 이데올로기에 대한 거부의 외침이었고, 유럽적인 가치에 의해 억압당해 온 흑인성을 깜깜한 망각의 어둠으로부터 복원해 내려는 외침이었다. 네그리튀드의 등장은 브라질 흑인, 흑인문화와 사회운동에서 이데올로기적 측면을 강조하는 전환점이 되었다. 브라질에서 유럽 근대성으로부터 벗어나 브라질 중심적인 논의를 이끌었던 탈식민성은 포르투갈인의 도착에서부터 출발한다. 이 때문에 브라질의 탈식민성은 식민기간 발생했던 아프리카 노예들의 도망과 저항, 문화적 공동체 형성으로 설명될 수 있다. 킬롬비즘은 유럽중심주의의 정신적 식민화에서 비롯된 백인 우월주의, 백인화, 유럽 문화의 우수성과 같은 식민성을 거부한다. 이런 측면에서 단순히 도망 노예들이 만든 공간만을 의미하는 것이 아니라 존재론적 가치, 공존, 연대, 자유와 형제애 집단이라 할 수 있다. 또한 사회는 경제적 평

유토피아를 실현한 것이라 주장한다(Fonseca: 2000, 313).

등주의에 기초하고 있는 정치사회적, 인간적인 발전 단계였다.

킬롬부는 브라질로 유입된 흑인들이 아프리카의 생활 방식과 문화를 유지하고 있었던 공동체였다. 또한 초기에는 흑인들이 대부분을 차지했지만 서구 식민 사업에 반대하거나 식민사회에 적응하지 못한 백인, 인디오, 새로운 인종인 물라토가 공존하면서 인종적 혼혈이 진행되었다. 킬롬부 공동체 내에서의 혼혈은 식민사회의 백인중심주의적 위계질서에 따른 혼혈이 아니라 동등한 관계 속에서 비교적 자율적으로 이루어졌다. 또한 시대적 상황을 수용하지만 다양한 상황 속에서도 의미가 변화되지 않으면서 역사를 초월하여 저항이라는 공시적·보편적 개념으로 확대되었다. 아프리카인들의 저항이 아메리카에 강제된 식민의 정치, 사회와 경제구조를 바꾸려는 탈식민화 운동을 전개했다는 것은 상당히 중요한 의미를 지닌다. 이런 아프리카인들의 탈식민화는 강제이주당한 땅인 아메리카로부터의 탈출, 주인과 노예 관계로 맺어진 백인으로부터의 자유, 자신을 둘러싸고 있는 유럽문화로부터의 해방을 의미한다.

따라서 킬롬부는 도망 흑인들이 억압적 구조에 의해 배태된 식민성을 극복하기 위한 초보적인 수준의 탈식민화 과정이면서 저항을 유지하고 생활을 유지하는 생존 공간이다. 브라질이 대농장제에 기초한 경제구조를 지니고 있었다는 측면에서 소농과 농민으로 성장한 킬롬부가 흑인들의 문화적 저항을 나타내든, 아니면 계급투쟁으로 평가되든 그 의미는 매우 크다고 할 수 있다. 대농장제 중심의 경제 구조에서 무소유의 경제활동이 독립된 공간이지만, 유지될 수 있었다는 것을 보여주는 좋은 사례이다.

참고문헌

김영철(2009), "브라질의 인종적 유토피아와 킬롬비즘", 『중남미연구』, 제28권 1호, pp.133~162.

_____(2007), "라틴아메리카 사회구조 리맵핑", 부산외대 이베로아메리카연구소 2007년 인문한국 연구계획서.

니콜라 밀러 · 스티븐 하트(2008), 『라틴아메리카의 근대를 말하다』(서울대 라틴아메리카연구소 옮김), 서울: 그린비.

박원탁(1989), 『아프리카 지역정치론』, 서울: 명지출판사.

심재중(2004), "카리브의 문화 현상; 정체성 담론과 이데올로기－아이티와 마르티니크의 흑인 정체성 담론을 중심으로", 『라틴아메리카연구』, Vol. 17, No. 2, pp.5~23.

이광윤(1998), "네그리뚜지와 브라질의 흑인문학", 『외대논집』, 제18권, pp.587~608.

주경철(2009), 『대항해시대: 해상팽창과 근대 세계의 형성』, 서울대학교 출판문화원.

Allen, Scott Joseph(2001), "Zumbi Nunca Vai Morre: History, The Practice of Archaeology, and Race Politics in Brazil", Dissertation of Ph. D. Providence.

Anderson, Robert Nelson(1996), "The Quilombo of Palmares: A New Overview of a Marron State in Seventeenth-Century Brazil", *Journal of Latin American Studies*, Vol. 28, pp.545~566.

Bergel, María Laura, *Quilombos and their influence on Afro-Brazilian Interpenetraion,* April 2006, pp.1~10.

Carvalho, Aline Vieira de, "Archeological Perspectives of Palmares: A Maroon Settlement in 17th century Brazil", T*he African Diaspora Archaeology Network,* March 2007 Newsletter.

Chagas, Miriam de Fátima(2001), "A Política do Reconhecimento dos "Remanescentes das Comunidades dos Quilombos"", *Horizontes Antropológicos*, No. 15, pp.209~235.

De Albuquerque, Wlamyra R. and Filho(2006), Walter Fraga, *Uma História Do Negro no Brasil*, Brasília, Fundação Cultural Palmares.

De Castro, Yeda Pessoa, "Dimensão dos Aportes Africanos no Brasil", http://www.casadasafricas.org.br/site/img/upload/723906.pdf.

Fiabani, Adelmir(2007a), "O quilombo antigo e o quilombo contemporâneo: verdades e construções", *XXIV Simpósio Nacional de História*.

_____(2007b), "Quilombo: Africanos, Indios e seus descendentes lutaram pela liberdade".

Fonseca, Maria Nazareth Soares(2000), *Brasil Afro-Brasileiro*, Autêntica, Belo Horizonte, Revisra de Histórica Regional, Vol. 6, No. 1, pp.11~38.

Funari, Pedro Paulo(2001), "Heterogeneidade e Conflito na Interpretação do Quilombo dos Palmares".

Gomes, Flávio Dos Santos(2004), "Slavery, Black Peasants and Post-Emancipation Society in Brazil(Nineteenth Century Rio de Janeiro)", *Social Identities*, Vol. 10, No. 6, pp.735~756.

Kenyan, "On a Communitarian Ethos, Equality and Human Rights in Africa", http://www.iheu.org/node/2360(2009.10.31).

Leit, Ilka Boaventura(2000), "Os Quilombos no Brasil: Questões Conceituais e Normativas", *Etnográfica*, pp.333~354.

_____(2007), "The Transhistorical, Juridical formal and the Postutopian Quilombo", Rethinking Histories of Resistance in Brazil and Mexico Project, 2007.

Machado, Maria Helena Pereira Toledo(2006), "From Slave Rebels to Strikebreakers: the Quilombo of Jabaquara and the Problem of Citizenship in late0Nineteenth-Century Brazil", *Hispanic American Historical Review,* 86, pp.247~274.

Marin, Rosa Acevedo, Castro, Edna Ramos(Dezembro 1999), "Mobilização Política de Comunidades Negras Rurais: Dominios de Um Conhecimento Praxiologico", *Novos Cadernos NAEA,* Vol. 2, No. 2, pp.73~107.

Moura, Clóvis(1988), *Sociologia do negro Brasileiro*, Serie Fundamentos 34, São Paulo.

Munanga, Kabengele(1996), "Origen Histórico del Quilombo en Africa", *America Negra*, No. 11, pp.11~21.

Nascimento, Abdias do(1980), "Quilombismo: an Afro-brazilian Political Alternative", *Journal of Black Studies*, Vol. 11, No. 2, pp.141~178.

Peralta, Rosa(Novembro 2007), "Sacopãa: resistêencia de um quilombo urbano", *Observatorio Quilombola*.

Price, Richard(2000), "Reinventado a História Dos Quilombos: Rasuras e Confabulações",

Revista de Afro-Ásia, No. 23.

Santos, Gilberto Lima dos & Chaves, Antonio Marcos(2007), "Ser quilombola: representações sociais de habitantes de uma comunidade negra/Black community inhabitants' social representations", *Estudos de Psicologia,* Vol. 24, No. 3.

Schmitt, Alessandra, Manzolituratti, Maria Cecília Carvalho, & Maria Celina Pereira de(2002), "A atualização do conceito de quilombo: identidade e território nas definições Teóricas", *Ambiente & Sociedade*, Ano v, No. 10, pp.1~6.

Silva, Luiz Geraldo(2008), "Governos e reinados negros. Conflito, hierarquia e poder entre crioulos e africanos (Pernambuco, 1750~1814)", BRASA IX-Tulane University, New Orleans, Louisiana, pp.27~29.

Valente, Ana Lúcia, E. F.(1995), "Repensando a Questão da Territorialidade Negra", *Revista de Afro-Ásia*, No. 16, pp.133~146.

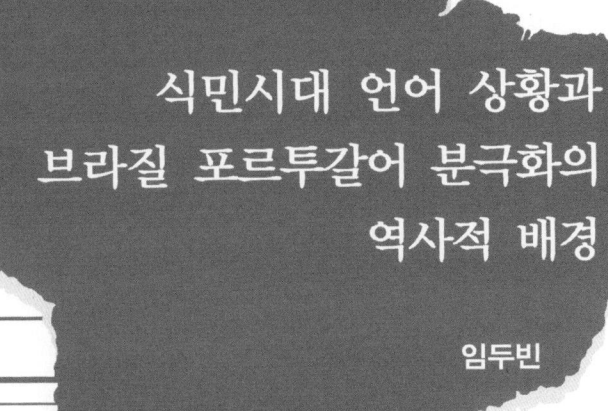

식민시대 언어 상황과
브라질 포르투갈어 분극화의
역사적 배경

임두빈

I. 서론

브라질을 포함하여 라틴아메리카는 외부로부터 침투된 특정 언어를 중심으로 매개된 역사·문화 공동체를 구심점으로 삼아 정체성을 도모하고 정치적 공동체를 이룬 역사적 과정을 거쳤다. 이처럼 한 지역의 '언어'는 그에 계승되어 온 '문화'와 더불어 어느 한 공동체의 정체성 형성과 유지를 논할 때 빼놓을 수 없는 중요한 역할을 수행한다. 그리고 인간은 태어나면서부터 타자와의 만남을 통해 자신의 정체성을 구성하고 그를 바탕으로 사회적인 삶을 영위하게 된다. 외부와의 접촉 이전에 각각의 집단에서 선택되고 사용해 온 언어는 세상 전체와의 관련에서 구성원 스스로를 결정하는 데 있어 핵심적인 요소라고 할 수 있다. 따라서 본 연구에서 언어를 보는 기본적인 시각은 단순한 의사소통의 수단이 아닌 상징적 자본의 권력 형태로서의 중요성을 우선적으로 주목하는 곳에서 출발한다.

우리의 현재적 연구대상인 브라질은 전술한 바와 같이 외부와의 접촉을 통해 자기 존재를 새롭게 다시 구성하게 되었다. 카브랄의 함대가 공식적으로 브라질을 발견하고 표현한 첫 번째 발화 "Terra à vista!(뭍이 눈에 보인다!)"는 바로 발화자의 시각에 들어온 대상(terra)이 소유화(ver)되는 '시작'을 의미하는 담론과정을 거친다. 이는 곧 "Terra descoberta(발견된 땅)"와 동의어로 작동하며 이후 소유의 '과정'으로 넘어가면서 '정복'을 의미하게 되었다(Orlandi: 2008, 17~18).

다른 세계와 접촉의 시작은 우선 상호 간 의사소통을 모색하는 것에서 시작된다. 일반적으로 상대방의 말을 이해하든지 아니면 상대에게 내 말을 가르치느냐의 선택을 하게 된다. 이런 관계 설정의 중심에는 '언어'가 지배수단으로서 중핵을 이루게 된다.[1] 현재 라틴아메리카를 구성하는 사람들은 유럽과 달리하는 기원과 다원성에도 불구하고 유럽으로부터 이식된 언어를 빌려 정의되며 또 스스로 정의하고 있다. 포르투갈어는 16세기에 브라질에 유입되어 4세기를 거쳐 토착민인 인디오어들과 흑인노예를 통해 유입된 아프리카어들과의 접촉을 통해 '초중심어'[2]로서 이식되었고, 19세기 중반부터 유럽과 아시아 이민자들의 언어들과의 접촉을 통해 유럽의 그것과 구별되는 정체성을 형성하게 되었다. 즉, 현지에 존재했던 다양한 원주민어, 그리고 1549년에서 1830년 사이에 공식적으로, 그 이후에는 비공식적으로 유입된 흑인노예들을 통해 들어온 아프리카어들과 19세기 중반부

---

1) 예외적으로 네덜란드와 같이 식민정책의 차이에 의해 자국의 식민지에 식민 지배국의 언어의 영향력을 남기지 않은 경우도 존재하기도 하지만, 현재 세계지도를 차지하고 있는 대부분의 지역이 서구인들의 지리상 발견과 그들의 목적을 통해 경계 지워져 버린 언어권의 구분을 바탕으로 하고 있음을 상기해야 한다(임두빈: 2007, 211).

2) 칼베(Calvet)의 언어생태학적 중력모델의 용어

터 유럽과 아시아에서 유입된 이민자들의 언어들뿐만 아니라 그 사용자들과의 접촉을 통해 그 자신의 정체성을 독특하게 형성하게 된 것이다.

이 글의 목적은 서론에서 약술한 내용을 바탕으로 "어떻게, 그리고 왜 일반어가 브라질에서 사라지게 되었는지", "유럽의 포르투갈어가 어떤 사회, 역사적 과정을 거쳐서 브라질로 침투되어 브라질식 포르투갈어를 형성하여 다시 초중심어로 자리 잡게 되었는지" 그리고 어떤 사회·역사적인 경로를 통해 브라질식 포르투갈어가 내부적으로 교양 포르투갈어와 대중 포르투갈로 분극화되었고 그 분극화를 통해 반영된 언어적 차별이 사회차별로까지 연결되게 된 역사적 배경을 분석하는 데 있다.

Ⅱ. 식민시대 브라질에 발생한 언어침투와 접촉

1. 식민시대 초기의 언어 상황: 인디오어와의 접촉

오늘날의 라틴아메리카에 정착된 언어의 분포는 근대 초의 해양팽창을 통해 이루어졌다. 대항해시대 이전에 육로를 통한 언어의 확산은 그 범위와 속도가 제한적이었지만 16세기 이후, 특히 유럽의 언어들이 바다를 건너 획득한 언어의 확산은 그 차원이 달랐다. 대항해시대의 언어 확산은 '침투(infiltração)'의 방식[3]으로 이루어졌다. 그 이후

---

3) 이는 소수의 사람들이 정복을 통해 지배적인 공동체를 형성한 후에 광범위한 피지배층으로 정복자의 언어를 확산시키는 방식을 말한다.

19세기 이후에는 대규모의 유럽인들이 아메리카 대륙으로 이주함으로써 침투되었던 유럽 언어들의 지배력이 확고해지는 과정을 겪었다 (주경철: 2008, 480).

브라질의 언어 상황은 발견 이후 4세기를 거치면서 인디오어, 유럽 포르투갈어, 아프리카어(1532년 이후), 유럽 이민자 언어, 아시아 이주자 언어의 유입을 통해 더욱 복잡해져 갔다. 근대 초에 해외로 진출한 이베리아인들이 가장 먼저 겪게 된 어려움은 바로 의사소통의 문제였다. 아메리카대륙에서 접촉하게 된 원주민들 중에서 정복자의 언어를 배워 통역 역할을 하는 경우가 있었으나 그 수도 적었고 통역의 수준도 미약했다.[4] 초기에 유럽인들은 원주민들이 모두 동일한 언어를 사용할 것이라고 믿는 자기중심적인 '일반화의 오류'에 빠져 있었으나 실제로 접촉의 범위가 넓어지면서 그들이 발견한 신대륙에도 다양한 언어가 존재한다는 사실을 깨닫게 되었다.[5]

브라질에는 발견 당시 약 6백만 명 정도의 원주민이 살고 있던 것으로 추정된다.[6] 이 원주민들이 사용하는 언어는 340개 정도로 파악되었다. 이처럼 브라질은 유럽인들이 도착하기 이전부터 이미 다언어주의적 언어 환경에 놓여 있었고 포르투갈인들은 새로운 개척지에서의 생존과 자신들의 목적을 전달하기 위해 원주민들과의 의사소통의 필요성을 느끼게 되었다.

사실 두 세계 간 접촉의 수준이 정복과 약탈 정도의 수준에 그친다

---

4) 예를 들어, 코르테스 일행을 맞은 목테수마가 '나와틀어'로 환영의 인사를 하면 통역을 맡았던 말린체가 마야어로 통역을 하고 헤로니모 데 아길라르 수사가 이를 스페인어로 재통역하는 과정이 유카탄 반도에서 이루어졌던 초기의 의사소통 경로였다.

5) Rodrigues(2002, 19)와 Antônio Houaiss(1992)에 따르면, 당시 브라질에 1,500개 정도의 언어가 존재했었다고 추정하지만 정확한 기록 자료의 부재로 말미암아 학자들 간에 이견이 많은 요소이다.

6) Rodrigues, A.(2002), *Línguas Brasileiras*, 2ed., São Paulo: Loyola.

면 몰라도 체계적인 식민지배, 신앙의 전파와 같은 고급 단계에 이르기 위해서는 훨씬 높은 수준의 의사소통 수준이 요구되었다(주경철: 2008, 483~485). 이와 같은 목적을 달성하기 위해 유럽인들은 아메리카 원주민을 유럽에 데려와 언어를 가르치는 등 의사소통의 경로를 확보하기 위해 여러 가지 수단을 강구했으나 두 세계의 만남에 있어 이러한 언어소통의 필요성에 가장 먼저 부응하고 그 해결책으로 원주민어 연구를 체계화한 세력은 선교를 목표로 했던 가톨릭 신부들, 특히 예수회 소속 신부들이었다.[7]

이들은 현지 언어에 능통하지 않고는 전도가 불가능하다고 판단하고 원주민 언어를 체계적으로 연구하여 그 언어의 문자화를 시도했다. 그러나 현실적으로 가톨릭 선교사들이 해당 지역의 언어를 배우는 방식은 무조건 원주민들 사이에 들어가서 생활하면서 배우는 방법 외엔 도리가 없었다(주경철: 2008, 485). 이러한 시도는 지금 기준으로 볼 때, 인류학자 내지 중남미 지역에 대한 최초의 해외지역학자로서의 역할로 이해할 수 있다. 멕시코의 경우 프란체스코파 신부인 알론소 지 몰리나(Alonso de Molina)가 1571년 카스티야어-나와틀어 어휘집을 펴냈는데 신대륙 최초로 출판된 사전으로서 선교사들뿐만 아니라 식민정책 입안자들에게도 큰 도움을 주었다(Gunn: 2003, 224). 브라질의 경우에도 1500년 공식적으로 발견되었을 당시 까브랄(Cabral)의 함선에 동승한 서기 '페로 바스 지 카미냐(Pero Vaz de Caminha)'가 작성하여 포르투갈 국왕에게 보고된 서한문(*Carta*)에서 "인디오들에게 우리 언어를 가르치는 것보다 우리(포르투갈인)가 그들의 언어를

---

7) 브라질에는 1549년 예수회, 1581년 프란시스코파 그리고 1665년 카르멜리타 수녀회원들이 식민당국의 허용으로 원주민의 개종과 왕실학교의 설립으로 교육사업에 전념함(민만식 외: 1993, 59).

배우는 게 오히려 더 수월합니다"라는 보고 내용이 포함되어 있었다.[8] 바로 이 표현이야말로 브라질이라는 식민지에 내려지게 된 최초의 언어정책의 방향을 대변해주고 있다.

단순한 의사소통 차원에서 상대방의 언어를 어느 정도 이해했다고 해도 다시 부딪히는 문제는 어느 한쪽의 언어를 사용한다고 해도 선교사가 전달하고자 하는 기독교적 개념과 유럽 문명의 내용에 해당하는 추상적인 개념들을 이해하기가 어렵다는 점이었다. 예를 들어, 'Deus(하느님)'이라는 말의 기표는 선교사도 원주민도 공유할 수 있으나 그 말이 담고 있는 기의는 라캉의 표현처럼 여러 갈래로 미끄러질 수밖에 없고 지시대상에 대한 개념적 이해는 각자에 있어 본질적으로 다를 수밖에 없었던 것이다. 이러한 어려움 때문에 선교사들은 그들의 언어를 배우려는 것보다 유럽의 언어를 원주민들에게 가르치는 방법이 낫다는 고민도 함께 할 수밖에 없었다.

브라질 해안가에 광범위하게 통용되던 토착민 언어에 대한 본격적인 연구는 초대총독 토메 지 소우자(Tomé de Sousa)와 함께 1549년에 브라질 땅을 밟은 예수회 선교사들에 의해 시작되었다. 1555년 피라치닝가(Piratininga)로부터 시작해서 1560년대에는 콜레지우 다 바이아(Colégio da Bahia)[9]에서 원주민어의 사용이 시작되었다(Mattos e Silva: 2004). 선교사들에 의해 정리된 원주민어는 1595년 포르투갈의 꼬임브라(Coimbra)에서 문법책으로 출판되었다(Rodrigues: 2002, 17).

사실, 본질적으로 유럽 국가들에 있어서 타 언어 연구는 학문적인 목적이라기보다는 식민주의 권력싸움을 위한 기반 조성에 불과했다.

---

8) http://www.cce.ufsc.br/~nupill/literatura/carta.html
9) 브라질 최초의 교육기관으로 식민지 상류계층 자녀들이 본국으로 진학할 수 있는 교육기반을 제공.

이런 맥락에서 볼 때 당시 아메리카 원주민어를 비롯한 유럽의 외국어 연구는 원초적으로 오리엔탈리즘의 강화로 식민지배에 결정적인 역할을 하는 권력화와 배제의 과정이었다(주경철: 2008, 487). 예수회 신부들의 원주민어 문법화 혹은 문자화 노력의 이면에도 역시 유럽 중심주의적 사고에 따라 '문명'을 '문자언어'와 동일시하는 경향이 그대로 투영된 것이었다(헌팅턴: 2000, 46).

　　1980년대 중반 츠베탕 토도로브는 그의『아메리카 정복: 타자의 문제(The Conquest of America: The Question of the Other)』에서 멕시코 인디언들은 시간에 대한 순환론적 이해에 의해 지배되고, 전조에 사로잡혀 있어서 유례없는 에스파냐인들의 도전에 직면하여 효과적으로 대응할 능력을 갖지 못하는 사람들로, 그에 비해 코르테스는 반대로 새로운 상황에 재빨리 적응하고 '기호의 지배'를 통해 멕시코 제국에 대한 자신의 지배를 확신하고 있는 사람으로 그리고 있다. 그리고 그 확신은 한 개인의 특별한 재주가 아니라 '문자사용'에 토대를 둔 유럽의 문화적 능력(거기에서는 글쓰기가 하나의 도구가 아니라 정신구조의 발전의 한 색인으로 간주된다)에서 유래된 것이라고 말하고 있다(에르난 코르테스: 2009, 13).

　　식민시대 당시 상황으로 볼 때, 백인과 원주민 양쪽 언어세계는 단순하면서 불완전한 형태로 조우했을 것이며, 상호 간에 교환된 불완전한 언어형태에 자기 모어의 일부 어휘와 약간의 문법적 요소를 추가함으로써 의사소통을 달성하려고 노력한 결과가 '일반어(línguas gerais)'[10]의 탄생을 가능하게 했던 것이다.
　　인디오어들은 가톨릭 교리문답을 위해 사용되었고 그 때문에 초기

---

10) 당시 시대상황 속에서 '일반어'들이란 식민자들이 식민지에서 접하게 되는 다양한 원주민 언어들과 접촉했을 때 채택하게 된 매개 언어로서, 토착민 집단들에게 사용하기를 강요하게 된 언어들이다. 실제로 사용되던 인디오어들 중 가장 공통적인 언어 한 가지를 선택하거나 여러 언어들이 섞어 만들어진 인공적인 언어가 바로 '일반어'에 해당된다.

부터 중요한 연구대상으로 여겨져서 1595년 안시에타(Anchieta) 신부를 필두로 해서 많은 문법서들이 탄생되었다. 다언어적인 상황에서 가톨릭 신부들은 교리문답을 위해 16세기부터 '일반어' 정책을 수용했다.

브라질에서 식민초기에 채택된 바로 이 '일반어' 정책은 자연스럽게 현장에 실재하는 언어적 다양성과 그에 수반된 문화적 다양성을 부정하는 결과를 낳았지만, 그럼으로써 유입자와 토착민 세계를 이어주고 지배력을 간직한 하나의 통일된 의사소통 형태의 수립을 가능케 해주었다.

당시 존재했던 인디오어들의 다양성에도 불구하고 '일반어'들의 생성은 그다지 어렵지 않았다. 해안지역에서 사용되던 대부분의 인디오어들이 투피(Tupi)어족에 속해 있었고 서로 간에 일정부분 동질성을 유지했기 때문이었다. 바로 이 투피어족을 기반으로 브라질의 '일반어'들이 탄생하게 된 것이다. 이들 중 대표적인 일반어 하나는 남동부 지역에 광범위하게 확산되어 상파울루 지역에서는 20세기 초반까지 사용되기도 했다. 또 다른 하나의 일반어는 '넹가투(Nheengatu)'라고 불렸는데 북부지역에서 광범위하게 통용되었고 오늘날까지 몇몇 아마존 지역에서 사용되고 있는 언어이다.

식민통치를 주관하던 포르투갈 행정부 역시 다른 대안이 없어 '일반어' 사용 정책을 2세기에 걸쳐 사실상 방치할 수밖에 없었지만, 1757년 폼발 후작의 칙령에 의해 브라질 전역에서 그 사용을 금지하고 학교 교육에서 포르투갈어를 공식적으로 교육하게끔 만들었다. 사실, 이 정책은 인디오들을 겨냥한 것이 아니라 예수회 신부들을 겨냥한 것으로 동 주제 1세의 재상이었던 폼발이 브라질에서 예수회의 영향력을 약화시키기 위해 펼친 정책 중의 하나였다. 결국 예수회는 브라질에서 1760년 추방당하게 된다. 일반어 사용 금지를 낳은 폼발 칙령에 대한 학자들의 의견은 분분했다. 어떤 학자들은 그 시기를 바로 '일반어'들의 쇠퇴기로 보았고, 다른 학자들은 오히려 '일반어'의 활용이 폼발의 친형제인 Francisco Xavier de Mendoça Frutado가 총독으로 부임해 있던 파라(Pará) 지방에서 더 효과적으로 이루어졌다고 밝히고 있다(Ilari e Basso: 2009, 64). 이처럼 '일반어'들은 행정언어나 기술용어가 아니라 가정에서, 지역 공동체에서 통용되던 '일상어'였기 때문에 실제적으로 금지령이 떨어진 1757년 이후에도 오랜 시간 동안 꾸준히 사용되는 모습을 보였다.

바이아(Bahia) 주에 보관 중인 사료에서 Tânia Lobo가 발견한 서한문 "A Carta do Ouvidor interino Antonio da Costa Camelo"는 18세기 말까지 인디오어가 어떻게 브라질 사회에서 살아남아 있었는지, 그리고 포르투갈로부터 독립을 한 1822년 당시에도 브라질의 상당 부분의 인구가 인디오어를 사용했다는 사실을 증명해 주고 있다(Lobo: 2001). 또한 무엇보다도 이 서한의 내용 중 "…… em maior razão de ser criado naquela vila e saber a língua geral dos índios para melhor saber ensinar, ……"라는 구절을 읽어 보면, 식민시대의 브라질은 포르투갈어가 인디오어들과 함께 공존했던 이중 언어 사용지역이었다는 가설에 힘을 실어준다. 그러나 여기서 제기되는 의문점은 "어떻게 그리고 왜 일반어가 브라질에서 사라지게 되었을까"라는 것이다. 북부지역의 넹가투 사용 지역 몇 군데를 제외하고서 오늘날 브라질에서 남아 있는 인디오어들은 예전 식민시대의 '일반어'들의 역사를 계승한 언어들은 아니다. 이런 의미에서 볼 때, 브라질의 언어 상황은 오늘날 스페인어와 과라니어(Guaraní)가 공존하고 있는 파라과이의 언어 상황과 무척 다르다고 볼 수 있다. 파라과이에서 과라니어는 파라과이에서 일상생활 중 말하는 상황에 따라 스페인어와 병행해서 사용하는 이중 언어의 한 부분이다. 그렇다면 "왜 파라과이에서는 브라질과는 달리 이런 이중 언어 상황이 오늘날까지 계속해서 지속될 수 있었던 것인가?" 이 질문들에 가능한 답변은 바로 도시화의 전개와 관련이 있다고 분석된다. 브라질에서는 포르투갈어가 도시화와 함께 대중어의 자리를 차지하게 되었다는 분석이 지배적이다. 그와 함께 한 가지 더 고려해야 할 사항은 20세기에 브라질이 농업기반 경제에서 산업기반 경제와 도시경제로 전환되는 급격한 변화를 겪었다는 점이다.

브라질에서 일반어들의 소멸에 관련된 가장 심각한 문제는 바로 화자들인 원주민 인구의 소멸이다. 20세기 동안 브라질 영토 내에서 아직 알려지지 않은 인디오어를 말하는 부족들이 발견되기는 했지만, 최초의 발견 당시 350개 이상의 언어를 보유했던 인디오어들이 오늘날 겨우 180개를 상회하는 수준으로 급격하게 줄어든 것이 현실이다. 언어수의 감소뿐만 아니라 각 개별 언어당 화자의 수도 급격하게 감소한 상태이다. 사실상 인디오어들의 소멸은 그 자체로 하나의 문화적 손실이다. 그러나 아직도 인디오의 존재를 발전이라는 과정에 대한 걸림돌로 생각하는 집단들도 존재한다.

1950년대에 인디오 보호에 대한 첫 번째 조치가 생겨났고, 최근에는 부족의 문화를 가르치고 보존하기 위해 인디오 출신 교사들이 인디오어로 학생들에게 교육을 시키는 학교들이 생기기 시작했다. 같은 맥락에서 인디오어를 문자체계화시키고 문법책과 사전을 만드는 노력들이 이루어지고 있다. 비록 일부로 한정되어 있지만 인디오어를 공식어로 수용하는 몇몇 행정구역도 존재한다. 하지만 무엇보다 분명한 것은 현재 인디오어 화자가 포르투갈어 화자에 비해 절대적인 수치로 감소하고 있다는 사실이다. 이러한 상황은 인디오 개체수를 보존하고 그들의 문화를 기술하고 문서화해서 기록으로 남길 수 있는 수단과 방법이 그 어느 때보다 시급함을 전하고 있다.

이제 우리가 제시할 수 있는 또 하나의 질문은 "거의 5세기 동안 인디오어들과 공존해 온 포르투갈어에 과연 어떤 영향이 발생했을까"에 대한 것이다. 이런 질문에 대해서는 다음 두 가지로 대답을 기대할 수 있을 것이다. 첫 번째는 '일반어'에 관한 것이다. 일단의 학자들에게는 교리문답에 사용된 일반어를 통해 세워진 언어단위는 새 땅에 이상적인 것으로 브라질 민족에 대한 개념을 세우는 데 공헌된 것으로 보고 있다. 두 번째는 인디오어들과의 접촉을 통해서야 비로소 브라질 포르투갈어가 풍성해졌다는 점이다. 이 풍성함은 특히 어휘 면에서 두드러졌다.[11] 호드리게스(Rodrigues)의 조사에 따르면, 브라질 포르투갈어에서 사용되는 물고기 이름의 41%가, 새 이름의 3분의 1 정도가 학명이 아닌 투피어에서 유래된 것이었다.[12] 이 외에도 주, 도시, 강과 산과 같은 지명에 있어서 인디오어 사용의 폭은 매우 큰 편이다.

그렇다면 현재 인디오어 교육에 대한 법적 기반은 어느 정도 되어 있을까? 1988년에 제정 공포된 브라질 헌법은 제231조항을 통해 인디오들이 자신의 고유한 언어와 문화를 소유할 권리를 법적으로 인정하고 있다. 인디오 권리에 대한 하부 법 조항들[13]을 살펴보면, 약간의 아주 일반적인 보장에 그치고 있다.[14]

---

11) Cunha(1978), *Dicionário histórico das palavras portuguesas de origem tup I*, São Paulo: Melhoramento.

12) Rodrigues, A.(2002), *Línguas Brasileiras*, 2 ed., São Paulo: Loyola.

13) Lei n.9.394/96, n.6.001/73, n.9.394/96, n.6.001/73, Art.48, n.6.001/73 Art.49.

오늘날 브라질에는 국토 전역에 걸쳐 448개의 인디오 보호구역이 설정되어 있다. 총 946,452km²의 면적으로 구성된 이 보호구역에 전체인구의 0.25%에 해당하는 46만 명의 인디오들이 거주하고 있다.[15] 2004년 브라질 국립교육연구원[16]의 자료에 의하면, 9만 3천 명의 인디오 학생(전체 인디오 인구의 26.5%에 해당)이 학교 등록을 한 것으로 집계하고 있으며, 그중에서 66%의 학생이 1,392개의 인디오학교에 소속되어 있다고 한다. 이 학교들에는 3,998명의 선생님들을 보유하고 있고 그중 76,5%가 인디오 출신이지만 그중의 절반 이상이 중등학교 과정을 채 마치지 못한 경우가 대다수이다(Ilari e Basso: 2009, 69).

언어 · 문화적 문제 관련해서, 오늘날 인디오 교육은 항상 결정하기 미묘한 문제점들과 부딪힌다: 그들의 문화를 보존하면서 동시에 어떻게 서구식 사회에 편입시킬 것인가? 그들에게 어떤 종류의 교재를 사용해야 하는가? 아직 충분할 만큼 기술이 가능하지 않은 인디오어들과 아예 문자 체계가 없는 언어들을 어떻게 다룰 것인가?

2. 식민시대 초기의 언어 상황: 아프리카어의 유입

브라질 포르투갈어 역사에서 있어 아프리카 언어의 영향은 근본적인 요소이다. 노예무역은 공교롭게도 브라질의 식민화와 시작된 시기에 같이 시작되었다. 비록 1850년에 노예무역을 불법화하고 금지시켰

---

14) http://portal.mj.gov.br/data/Pages/MJA178D39EITEMIDCB6E8A2D96BE42BF8769B31B8EADFA9BPTBRIE.htm
   (브라질법무부)

15) 도심지역에 거주하는 10~16만에 해당하는 인디오 수는 제외한 수치이며, 보호구역 면적은 브라질 전체 국토의 12.41%에 해당하며 프랑스와 영국을 합친 크기와 거의 비슷하다. 인디오보호청 자료: www.funa l .gov.br

16) Inep(Instituto Nacional de Estudos e Pesquisas Educacionais:
   http://www.inep.gov.br/basica/levantamentos/outroslevantamentos/indigena/

지만 15세기와 19세기 사이 유럽의 여러 국가들에 있어 수익이 높은 사업이었기에 음성적으로 계속되었다.[17]

수익성이 높은 사업답게 당시 아프리카 대륙의 서해안이 노예거래를 위한 장소들로 가득 찰 정도였다고 한다. 브라질을 향해 가는 노예들의 경로는 포르투갈인들에 의해 전면 통제되었다. 기니 만(Golfo de Guiné) 또는 앙골라 해안을 출발점으로 바이아(Bahia), 리우데자네이루(Rio de Janeiro), 그리고 북동부(Nordeste)의 여러 항구도시가 그 종착지였다. 아프리카인들이 브라질로 가져온 언어는 노예무역의 출발지와 그 인접지역에서 사용하던 언어들이 주를 이뤘다.[18]

포르투갈인들은 노예들을 데려올 때 일부러 같은 종족이거나 같은 언어를 사용하는 자들을 분산시켜 데려왔다. 이런 분산 정책을 통해 집단적으로 탈문화화를 시켜 혹시 발생할지 모르는 노예들의 단결을 도모하지 못하게 하고 미리 정신적, 문화적으로 무장해제를 시켰던 것이다. 이러한 이유로 브라질에서는 동일한 언어와 문화를 지닌 아프리카 공동체의 형성이 여의치 않았다. 1835년에 살바도르(Salvador)에서 일어난 Malês 폭동과 같이 언어와 종족이 같은 노예들을 한 장소에 모아 놓는 것이 주인들에게 얼마나 위협적인 일인지 역사적으로 증명해 주었다.

> 1835년, 살바도르는 인구의 절반가량이 아프리카에서 온 흑인들
> 로 구성되어 있었고 노예제도에 반대하는 반란사건들이 다수 일어

---

17) 당시 유입된 노예의 숫자에 대한 이견은 꽤 폭이 큰 편인데 Rocha Pombo(1919)는 1천3백만 명, Roberto Simonsen(1944)는 330만 명으로 추산했다. 1800년에는 브라질 인구의 반수 이상이 아프리카 노예거나 아프리카 핏줄을 이어받은 집단으로 구성되었다(Ilari e Basso: 2009, 70).

18) 기니 만(Cua어족): eve, jeje어(Togo, Benin, Gana), fon, maí(Benin, Nigéria) Angola(Banto어족): quicongo, quimbundo(콩고민주공화국, 콩고, 앙골라), iorubá(Togo, Benin, Nigéria)

났다. Malês 폭동도 그중의 하나인데 Malês란 무슬림 흑인 노예를 지칭하는 용어였으며 당시 살바도르에 1,500명가량의 무슬림 흑인 노예들이 있었다. 그 폭동의 대가는 혹독했다. 70명의 노예가 죽었고 200명은 법정으로 끌려가 몇몇은 사형을 선도받고, 다른 몇몇은 강제사역을 선도받았으나 대부분의 노예들은 극심한 고문을 당했고 그 후유증으로 죽는 경우가 많았다. 500명 이상이 넘는 흑인 노예들이 아프리카로 다시 추방되었다(Ilari e Basso: 2009, 72).

아프리카에서 유입된 언어와 사람들의 영향은 브라질 포르투갈어의 형성에 대한 중요한 가설에 필수적인 요소로 개입된다. 바로 브라질 포르투갈어가 일종의 '크레올어'라는 가설인데, 가장 급진적인 가설은 브라질 포르투갈어 서술부에서 나타나는 일치(concordância)의 부재 등의 특징을 근거로 Adolfo Coelho(1881)에 의해 제기되었으나 오늘날 더 이상 유효성 있는 가설로 인정받지는 못하고 있다.

원주민어를 기반으로 한 일반어(língua geral)가 16세기 초부터 식민지 브라질에서 광범위하게 의사소통 수단을 제공했지만 더 이후에 유입된 아프리카 언어들의 경우는 달랐다. 전술한 바와 같이 포르투갈 노예상인들이 노예들의 선발과 배급을 철저하게 분산정책을 통해 수행하면서 브라질에 도착하게 된 아프리카어 화자들은 서로 다른 집단사이에서 이뤄지는 공통적인 의사소통 수단으로서 큰 영향력을 발휘할 수 없었다. 하지만 서로 다른 언어를 사용하는 아프리카 대륙 출신 노예들 사이에도 역시 의사소통을 위한 '흑인 일반어(língua geral negra)'가 자연스럽게 발생하게 되었다. 인디오어를 기반으로 한 일반어(língua geral)가 예수회 선교사들의 필요성에 따른 '타자의 문명화'를 위해 만들어진 반면, '흑인 일반어'는 사회적 약자이자 구성원들이 스스로의 필요에 의해 자생적으로 탄생했다는 점에서 큰 차이가 있다(임두빈: 2007, 219). 인디오들이 백인들의 손길을 피해 내륙으로 끝없이 숨어들어가는 동안, 북동부에 대규모로 유입되었던 흑인노예들이 탈주하여 정착지로 삼았던 킬롬부(Quilombo)[19]가 나중에 도시와 농촌으로 흡수, 통합되면서 브라질의 다중사회의 형성에 큰 역할을 하게 된다. Reis와 Gomes(1996)의 연구에 따르면, 히오그란지두술에서 아마존 지역까지 수백 개에 달하는 킬롬부가 존재했다고 한다. 흑인노예인구가 집중된 지역임과 동시에 도주가 용이했던 지리적 환경이 필수적이었다. 그 한 예로서, 브라질의 첫 수도였던 바이아(Bahia) 주 살바도르(Salvador) 시의 흑인과 물라또 인구비율은 전체 인구의 90%를 차지했었다(Mattos e Silva: 2004, 20).

킬롬부의 인적 · 사회적 구성은 브라질의 언어 역사에 있어 중요한 의미를 지닌다. 그들은 집단을 이뤄 자치단체를 구성했고 소수임에도 불구하고 백인 중심의 식민지 사회와 격리된 채 아프리카인들과 그 후손들로 구성된 사회를 이뤄 오늘날 브라질에서 공용어로 사용되는 '브라질 대중 포르투갈어(português brasileiro vernáculo)'의 전신이라고 할 수 있는 '브라질 일반 포르투갈어(português geral brasileiro)'의 확산에 중요한 역할을 담당했다. 당시 킬롬부 내부에는 아프리카어, 인디오어, 아프리카화된 포르투갈어, 인디오어와 섞인 포르투갈어, 심지어는 유럽 포르투갈어까지 공존했었다. 서로 다른 언어와 문화가 만나는 경우에는 반드시 문화 충돌, 병존, 수용, 동화 현상이 일어나게 마련이고, 그 혼종적인 시공간은 어떻게 보면 독립 이후의 브라질을 미리 실험하고 하나의 '브라질 일반 포르투갈어'로 통합되는 가능성을 담고 있는 하나의 실험체적인 공간이자 현재 통용되는 브라질 대

---

19) 김용재 · 이광윤(2000), 『포르투갈 · 브라질 역사문화 탐방』, 부산: 부산외국어대학교 출판부, p.400.

중 포르투갈어의 인큐베이터 역할을 맡았다고 볼 수 있다. 반면에 또 다른 브라질 포르투갈어의 변이형인 '브라질 교양 포르투갈어'의 확산에는 식민시기 말기와 브라질 제국주의시기에 도입된 정규 학교과정이 가장 효과적이고 명확한 수단으로 이용되었다. 이렇듯 당시 공존했던 복수의 언어들은 그 언어의 수만큼, 그리고 한 언어가 지닌 복수성 역시 다른 역사적 환경을 담고 있다는 사실을 이해해야 한다.

3. 식민시대 브라질의 언어 상황: 포르투갈어의 침투

16세기 중반부터 캘커타로 향하는 중간 기착항에 불과했던 브라질이 국제적인 사탕수수 산업의 중심지로 변모하게 되면서 여러 가지 변화가 발생하게 되었다. 1570년에 설탕제당소의 숫자는 60개에 달했고 이후 매년 5%씩 증가해 가서 네덜란드 상인들이 북동부를 점령하기 직전인 1624년에는 모두 350개에 이르기까지 했다. 브라질에서 설탕제당소의 증가는 흑인노예와 같은 새로운 노동력의 유입뿐만 아니라 사탕수수 재배를 위한 농장의 설립과 경영에 관련된 업무를 담당할 백인 인력의 유입 역시 필요로 하게 되었다. Mussa(1991)가 1538년에서 1600년 사이에 수집한 자료에 살펴보면, 식민시기 최초 1세기 동안 유럽인의 비율이 전체 인구의 30%에 달했다고 한다. 식민지 경영을 위해 포르투갈의 다양한 지역으로부터 사람들이 브라질에 유입되기 시작하면서 포르투갈의 다양한 방언들이 브라질로 유입되는 결과를 낳았다.

<표 1> 브라질 인구증가 추이(1500년~1872년)

연도	인구
1550	15,000*
1600	100,000
1660	184,000
1750	1500,000
1808	4,000,000**
1850	7,100,000
1872	10,112,000

*1550년 통계는 원주민을 포함시키지 않은 포르투갈인 인구집계임.
**1808년 인구는 노예 2,000,000명, 메스티소 300,000명, 원주민 500,000명, 백인 1,200,000명으로 나눠진다.

출처: Hugon, Paul(1977), *Demografia brasileira*, 2ed., p.41

18세기 금광의 발견에 따른 포르투갈 이주자들의 유입증가와 1758년 군주 모반죄로 예수회가 연루되는 사건과 더불어 폼발 후작의 포르투갈의 식민지 언어정책(1772)이 공포되고, '일반어' 정책의 실제적인 입안자였던 예수회가 브라질에서 추방당하면서, 동시에 자연스럽게 '일반어'의 입지도 점차 좁아지게 되었다. 그 결과, 브라질에서 식민 초기 시절에 양쪽 세계의 귀와 입의 역할을 했던 토착어의 지위가 소수언어로 전락하고 소수의 언어지위를 가졌던 포르투갈어가 권력화되는 전기가 마련되었다.

유럽에서 언어를 중심으로 민족의식을 고취하면서 기립되는 민족공동체를 경험하면서 포르투갈 왕실은 식민지 브라질의 언어 상황에 적극적으로 관심을 보이기 시작했다. 이러한 관심은 동 주앙 6세가 1727년 9월 12일자로 브라질 북동부 마라냐웅(Maranhão) 주에 소재한 예수회로 보낸 왕실서한에 극명하게 드러났다(Buento: 2004). 그 서한의 내용은 포르투갈 왕실과 마라냐웅(Maranhão) 주 거주민들의 권익을 위해 인디오들에게 포르투갈어를 가르치라는 칙령이었다(Buento: 2004).

출처: Dantas José(1989), *História do Brasil*, p.31

〈그림 1〉 식민지 행정구역(1621년~1775년)[20]

　당시는 일반어(língua geral) 사용도 지속되었지만 금광의 발견으로
말미암아 브라질에 대한 유럽인들의 관심이 높아져 갔고 유럽과의
소통이 브라질 안의 소통보다 더 중요해진 시기였다. 변화된 시대배
경에 따라 이전까지 상대적으로 소수언어에 불과했던 포르투갈어의
사용이 새로운 인구의 유입과 함께 침투되기 시작했다. 특히, 포르투
갈 왕실의 브라질 천도는 엘리트 육성 등 브라질의 체계적인 교육발
전에 중요한 계기가 되었다. 왕립학교와 가톨릭계 학교에서 초등 및
중등교육이 이루어졌다. 독립 이후 2개의 법학 고등교육 기관이 설립

---

20) Salvador에 Estado do Brasil, São Luís에 Estado de Maranhão로 두 개의 행정 구역 새로이 설치됨.

되었으며 종합적인 교육체계의 정비가 이루어졌다.

Ⅲ. 브라질 국경의 팽창과 민족어 형성과 확산

1. 민족의 형성과 포르투갈어의 확산

Ⅱ장에서 살펴보았듯이 언어는 사회공동체적 삶에 있어 중요한 기능을 수행한다. 일반적으로 개인이 아닌 한 특정 언어의 사용 집단을 언급할 때 가장 손쉽게 떠올릴 수 있는 것은 바로 '민족'이라는 공동체 단위이다.

특히, 우리의 경우를 돌아볼 때 언어와 민족은 필연적인 관계에 있다는 믿음이 무의식 속에 존재하는 경우가 많다. 그만큼 민족문제에 접근할 때 발생하는 개념상의 혼란은 관찰자 스스로가 특정 민족에 소속되어 있는 주관성의 문제에 기인하는 경우가 많다.[21)]

어느 한 공동체에서든 공통으로 사용되는 언어는 그 국가의, 조국의, 민족의 정신과 연결되어 있다. 그래서 전통적으로 '언어'를 '민족적, 문화적 정체성'의 기준 혹은 잣대로 설정해 왔다.[22)] 그렇다면, "브라질 사람이 브라질에서 공용으로 사용하는 언어는 '브라질어'인가, 아니면 '포르투갈어'인가"라는 질문 앞에서는 첫 번째 정의와는 달리 답변하기가 모호한 문제에 직면하게 된다.

---

21) 민족의 발생은 창세기적 신비한 탄생으로 생성된 것이 아니라 민족형성 이전의 종족적 요소들을 지닌 소집단들의 융합, 대단위 집단의 분열, 정복활동 등의 사회사적 사건으로 빚어진 산물임을 뜻한다(김하수: 2008, 16).

22) 예를 들어, "한국어는 한국 사람이 한국에서 쓰는 언어이며 포르투갈어는 포르투갈 사람이 포르투갈에서 공용으로 사용하는 언어이다"라는 정의가 가능하다는 것이다.

<표 2> 인종별 브라질 인구 분포

	1538~1600	1601~1700	1701~1800	1801~1850	1851~1890
아프리카인	20%	30%	20%	12%	2%
브라질 흑인	-	20%	21%	19%	13%
물라토	-	10%	19%	34%	42%
브라질 백인	-	55%	10%	17%	24%
유럽인	30%	25%	22%	14%	17%
인디오	50%	10%	8%	4%	2%

출처: Mattos e Silva, R. V.(2004), *Para uma sócio-história do Português Brasileiro.*

첫 번째와 같은 정의 아래서 한 집단이 언어를 가졌다는 말은 곧 그 언어를 사용하는 고유의 영토를 가질 수 있다는 논리도 된다. 이렇듯 한 집단의 정체성과 영토 소유권에 대한 문제 앞에 '언어'를 하나의 기준이자 잣대로 내세우게 되면 당연시되었던 언어와 영유권 간의 관계가 불명확해지고 모호함에 빠지게 된다.

브라질은 역사적으로 보았을 때 영토 면적에 비해 인구 증가가 저조한 경우이다. 그뿐만 아니라 백인 인구는 항상 유색인종들보다 수적으로 열세였다. Mattos e Silva(2004)는 브라질 역사에서 다섯 시기로 나눈 브라질 인구 구성 분포를 조사한 결과, 1538년에서 1850년까지 백인 인구가 전체 인구의 30%를 넘지 못했다는 결론을 내렸다.

위 <표 2>에서 물라토의 숫자가 점진적으로 증가하는 반면에, 아프리카인들과 인디오들의 수는 감소세를 보여준다. 인구 구성으로 볼 때 브라질 영토의 구성은 포르투갈 왕실의 이름 아래 수행되었지만 나라를 구성하는 실제적인 주체는 비백인 계층이었다. 이처럼 사실상 브라질 영토 개척의 주체는 포르투갈인이 아닌 흑인과 인디오, 그리고 혼혈인들이라고 해도 과언이 아니다. 그리고 혼혈의 높은 비중으로 볼 때, 브라질에서 포르투갈어가 많은 세대를 거치는 동안 학교 교육을 통하지 않고 '비정식적인 전파'를 통해 확산이 이루어졌다는 결과를 쉽게 산출해 낼 수 있다. 더 자세히 설명하자면, 한 가정 내에서도 여러 가지 모어(língua materna)가 섞여 있는 상황에서 구성원 간에 구어를 근간으로 전승되어 온 포르투갈어가 또 하나의 '일반어' 역할을 했던 셈이다. 1950년대 언어학자들은 브라질에서 사용하는 포르투갈어를 하나의 방언으로, 혹은 덜 중요한 언어로 평가했던 이전의 연구들에 반박하면서 포르투갈어의 확산을 유럽의 경우처럼 인디오어와 아프리카어 사이에서의 경합을 통한 것으로 가정했었다. 그러나 앞 <표 2>의 인구 구성표를 보면 알 수 있듯이 그러한 주장은 설명력이 떨어진다. 설명을 보충하기 위해서는 남미에서 포르투갈어를 쓰는 나라의 형성에 있어 기존의 구성원인 유럽 포르투갈어 화자, 인디오어 화자, 아프리카어 화자 외에 제4의 화자를 상정할 필요가 있다. 즉, 브라질에서 인디오와 아프리카 흑인들의 공존을 배경으로 둔 채 포르투갈어를 배우는 화자를 가리킨다. 여러 가지 언어들이 동일한 한 장소를 차지하기 힘들다는 사실을 기억할 때 우리가 그릴 수 있는 그림은 더 정확해진다.

인디오어 기반으로 만들어진 '일반어'는 주로 가정과 예수회 교육에서 주로 사용되었고 그 일반어는 공공장소에서 '형성 중에 있던 브라질 포르투갈어'[23]와 경합을 벌였다. '형성 중인 브라질 포르투갈어'라고 부를 수 있는 언어는 심층적으로 인디오어들과 아프리카 언어들의 간섭이 강하게 유표된 것으로 상정할 수 있다. 그 외, 포르투갈

---

23) 우리말 어감으로 어색하지만 진행형의 의미를 강조하기 위해 '형성 중인'이라는 수식어를 붙임.

어의 다른 변이형은 좀 더 외부 간섭에 저항력이 있는 언어로서 주로 공식적인 용도로 사용되고 식민본국과의 소통에 사용함으로써 유럽 포르투갈어의 영향력을 고수해 나가는 모습을 보여주었다. 이 유럽의 전통을 고수하는 형태의 포르투갈어는 일부 소수가 유지하는 교양어로서 예수회 추방 이래 브라질의 정규학교 교육시스템에 도입된다. 식민지 브라질에는 소수의 학교와 책 그리고 글을 읽을 줄 아는 사람들이 있었다. 그렇기 때문에 18세기부터 비교적 유복한 집안의 포르투갈인들은 자신의 자식들이 올바른 교양을 쌓지 못하고 흑인, 인디오, 물라토 등 혼혈의 관습과 문화를 물려받을까봐 두려워하며 자식의 유럽 유학길을 준비했었다.

전술한 바와 같이 브라질에서 처음으로 이루어진 도시화는 18세기 금광 주기와 일치한다. 19세기 초반에 유럽규범은 포르투갈 왕실의 리오데자네이루로 천도에 힘을 입어 그 가치가 상승되었지만 20세기 들어서 브라질은 자체적으로 도시화된 국가를 형성하여 유럽에 의존적이지 않은 자체적인 가치를 계속적으로 보유하게끔 되었다. 이상에서 살펴보았을 때, 브라질에서는 식민시대 이래 유럽에서 침투해 온 포르투갈어와 원주민어, 그리고 아프리카 언어들과의 접촉뿐만 아니라 경합을 발견할 수 있었고, 유럽에서 침투되어 비록 그 숫자가 작다고 해도 그 규범을 지켜나가려는 문어 기반의 '규범 포르투갈어'와 식민시대 다언어적인 구어환경 가운데에서 다른 언어들의 간섭이 사회현실과 접목이 되고 자연스럽게 수용되어 '형성된 브라질 포르투갈어' 사이에 발생한 분극화는 사회적 차별, 빈부격차의 심화, 교육의 세습, 브라질 사회에 또 다른 사회문제를 시사하고 있음을 알 수 있다.

2. 국경의 형성과 포르투갈어의 확산

4세기 이상에 걸쳐 브라질 영토는 엔트라다(entrada), 반데이란치(bandeirante)의 탐험활동과 각 시기별 붐 경제를 기반으로 확장되고 결정되었다. 최종적으로 확정된 영토는 1494년 스페인과 세상을 양분했던 토르데시야스 조약 때보다 세 배 이상 넓은 영토를 보유하게 되었다.

대서양 해안지역에서 서쪽(내륙)으로 진행된 영토 확장은 원주민어들과 약간의 스페인어의 희생의 대가로 진행되었다. 그 결과 남미에서 가장 많은 포르투갈어 화자를 지닌 거대 국가를 형성하게 되었다. 식민지 시대 탐험과 식민화를 통해 다수의 촌락들과 마을을 형성하게 되었고 그 지명들은 Vila Real do Senhor Bom Jesus de Cuiabá(지금의 Cuiabá), Forte do Príncipio da Beira처럼 포르투갈 왕실에 관련된 명칭, 교회 관련된 명칭과 인디오어로 된 지명을 빌려 명명되었다.

브라질의 영토 확장은 포르투갈 왕실 이름 아래 진행이 되었지만 실제적인 주체는 포르투갈인들이 아니었다. 영토 확장과정과 그 견인책이었던 붐 경제 안에는 항상 인디오, 흑인, 메스티소의 비중이 가장 컸고 그들이 사용하는 언어는 유럽 포르투갈어가 아니라 인디오어와 아프리카어의 간섭이 강하게 유표된 포르투갈어였다. 오늘날 이러한 가설을 받쳐줄 수 있는 결정적인 증거로 넹가투(Nheengatu)의 확산을 들 수 있다.

넹가투는 브라질 북부와 북동부 지역에서 교리문답에 사용된 일반어로서 17세기 마라냐웅(Maranhão)에서 발전하여 포르투갈의 아마존 정복시기 동안 전파됐으며 오늘날까지 네그루(Negro) 강의 중류지역에서 사용되고 있다. 마라냐웅을 기점으로 확산된 넹가투는 이 일반어가 17세기와 18세기에 마라냐웅에서 가장 많이 쓰였던 언어였을 뿐만 아니라 당시 포르투갈의 영토 확장이 유럽 포르투갈어 사용 화자들에 의해 이루어지지 않았다는 사실을 보여준다.

19세기 초반까지 브라질 영토의 대부분 지역이 인디오어를 사용했던 것으로 추정되며 인디오어와 아프리카어의 영향을 강력하게 받은 포르투갈어가 병행해서 사용되고 있었다. 19세기에 포르투갈 절대왕정의 강력한 정책으로 인해 인디오어에 기반을 둔 일반어와 '형성 중인 브라질 포르투갈어'는 유럽모델에 충실히 따르는 규범화된 포르투갈어에 자리를 내주게 되었다.

그러나 넹가투가 소멸된 것은 아니며 투카누(Tucano), 마쿠(Macu), 아루악(Aruac) 친족어들이 아직 사용되고 있는 아마존의 네그루 강 유역에서 여전히 사용되고 있다. 2002년 11월 22일 상 가브리엘 다 카쇼에이라(São Gabriel da Cachoeira)[24] 시의회에서 FOIRN(네그루 강 인디오 협약체)의 출범을 기념하면서 법령 제145호/2002를 통해 뚜까누(Tucano)와 바니우아(Baniua)어들과 마찬가지로 넹가투에게 공용어의 지위를 허용했다.

브라질은 탐험활동과 식민 활동을 통해 18세기 초에 지금과 거의 같은 면적의 국토를 형성하게 되었다. 그러나 1700년대 지도와 지금의 지도를 비교해 보면 남부 프라타 지역과 아마존 지역 두 군데 장소에서 중요한 차이점을 찾아볼 수 있다.

우선 남부지역을 보면, 포르투갈인들은 남부 프라타(Prata) 강까지

---

24) 상가브리엘까쇼에이라 시는 10만 9천km²의 면적을 소유하고 있으며(헝가리, 불가리보다 큼) 전체 인구 4만 5천 명 중 95%가 인디오 혈통을 보유하고 있다.

진출하여 새크라멘토 식민지(Colonial do Sacramento)를 조성하였다. 16세기 중반 이래 포르투갈과 스페인은 프라타 강을 차지하기 위해 파라나(Paraná) 강과 우루과이(Uruguay) 강 유역에서 오랜 기간 동안 분쟁을 벌여왔다. 이 지역에는 일찍이 스페인뿐만 아니라 포르투갈에서 세운 예수회 미션들이 들어서 있었다.

1680년 포르투갈은 스페인을 견제하기 위해 부에노스아이레스(Buenos Aires) 바로 앞, 프라타 강의 왼쪽 기슭에 새크라멘토 식민지를 세웠다. 몇 년 뒤, 스페인은 새크라멘토가 세워진 곳과 같은 지역의 대서양과 근접한 곳에 몬테비데오(Montevideo)를 세웠다. 결국 우루과이 강 유역과 프라타 강에 대한 스페인과 포르투갈의 분쟁은 1750년 마드리드 조약을 체결하면서 해소되었다.

이처럼 브라질 남부 지역은 한 세기 이상 동안 스페인과 포르투갈의 분쟁 핵심지역이었다. 18세기 동안에는 양국이 분쟁지역의 국경경계를 분명히 하기 위한 여러 조약들25)을 체결하게 된다. 이 중 가장 중요한 의미를 가진 조약은 알렉산드리 드 구스마웅(Alexandre de Gusmão)이 협상을 맡았던 마드리드 조약이었고, 이 조약에 사용한 개념26)을 통해 프라타 강과 우루과이 강 왼쪽 지역의 스페인 점유지역이 재정의되었고, 보상 차원으로 포르투갈에는 미션지역과 대서양 연안지역들에 대한 영유권을 보장받게 되었다.

그러나 실제로 마드리드 조약에는 문제가 많았고 그 조약이 낳게 된 최악의 결과가 바로 과다니치카스(Guaraníticas) 전쟁이었다. 마드리

---

25) 1715년 위트레흐트(Utrecht) 조약, 1750년 마드리드(Madrid) 조약, 1777년 산일데폰소(San Ildefonso) 조약.

26) 우티 포시데티스(*uti possidetis*)는 '소유에 대한 현상유지'라는 의미를 중심으로 실제적인 점유를 근거로 한 영유권 인정에 대한 해결을 제시한 조약으로 향후 국제적인 영토분쟁에 대한 판단 근거로 사용되기도 하였다.

드 조약 체결과 함께 포르투갈 소속 예수회 미션은 스페인 소유 영토에, 스페인 예수회 미션은 포르투갈 소유 영토에 속하게 되어 버린 것이었다. 그리고 각 미션에 속한 인디오들은 자기 고향을 떠나려 하지 않았다. 예수회들에게 선택권은 인디오들의 영유권을 존중하고 스페인, 포르투갈 양국의 결정사항에 반대를 하는 것과 인디오들을 배신하고 스페인, 포르투갈의 정책에 따르는 것 두 가지였다. 결국 예수회는 무기를 들고 인디오들 편에 서서 1753년에서 1756년 이후까지 투쟁을 벌여야 했다. 이 사건을 통해 미션에 있던 대부분의 인디오들이 학살되었고 이로 인해 식민역사상 브라질 남부지역의 과라니 인디오 수가 극감되는 역사가 기록되었다(이광윤: 2009, 162~163).

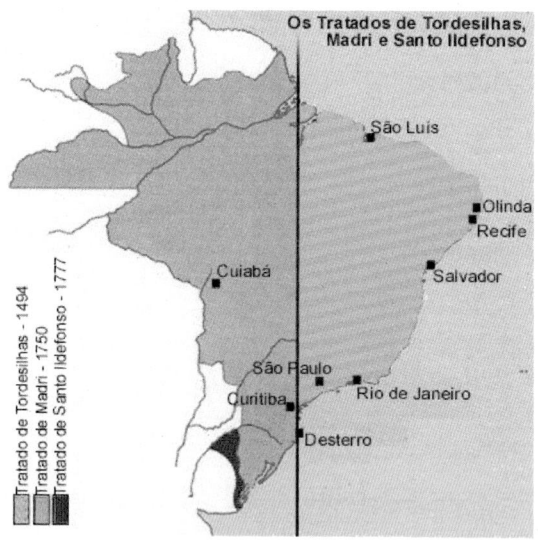

출처: www.arara.fr/Tratados.jpg

〈그림 2〉 토르데시야스 조약, 마드리드 조약(1750),
산일데폰소 조약(1777)[1]

이런 과정을 바탕으로 돈 주앙 6세 집권기와 브라질제국 초기에 우루과이는 브라질에 속해 있었지만 1825년 Republica Oriental del Uruguai라는 국명으로 독립하게 되었다. 이런 분쟁사를 거쳐 아직도 남부지역 국경인접 지역에는 복잡한 언어 상황을 관찰할 수 있다. 우루과이 언어학자 Adolfo Elizancín(1980)에 따르면, 우루과이 북동부 지역의 다양한 지역에서 포르투갈어를 기반으로 한 방언들이 발견되었다고 한다(Ilari e Basso: 2009, 53).

아마존 지역에서 오늘날과 17세기의 지도를 비교해보면 북부의 아크리(Acre) 지역이 차이가 난다. 아크리는 20세기 브라질이 볼리비아로부터 사들인 영토이다. 1903년 페트로폴리스(Petrópolis) 조약을 통해 포르토벨류(Porto Velho)에서 볼리비아 국경까지 볼리비아에 철도건설을 약속하고 차지하게 된 지역이다. 양국 간의 조약을 통해 건설된 Madeira-Mamore(336km) 구간 철도는 공사기간만 3년(1909~1912)이 걸렸지만 볼리비아에게 마데이라(Madeira) 강과 아마존(Amazônica) 강으로 물고를 터주는 기회를 안겨줬다. 이 철도 공사는 공사의 난도로 인해 수많은 인명의 상실을 초래하였다. 철도 침목 수보다 희생된 인부의 수가 많았다고 한다. 이러한 희생은 언어적인 측면에서도 중요한데 이 공사에 투입된 인부들의 밀림 적응에 대한 어려움들을 해소하기 위해 스페인, 그리스, 중국, 카보베르드 등 다양한 지역으로부터 인력을 차출해 왔고 이 인부들은 포르투갈어에 기반을 둔 크레올어를 사용하는 화자들이었다.

국경의 형성과정에 더불어 브라질 땅에서 이뤄진 포르투갈어의 확산을 이해하려면 앞에서 살펴본 조약, 정복과 개척, 국경선 등만으로는 불충분하다. 어떻게 영토의 실효적인 점유가 이루어졌는지에 대하여 알아야 한다. 이를 위해서는 브라질이 발견 후 3세기 동안 거쳐 왔고 지금 역시도 진행 중에 놓인 다양한 역사적 과정들을 고려해야 할 필요가 있다. 그중에서 본 글에서 다룰 요소들은 지리적 확장과 도시화, 그리고 내륙개척의 세 가지이다.

1) 지리적 확장

브라질에서 최초로 이루어진 인구조사는 1872년이며 총 90만 명의 인구가 집계되었다. 1872년 이전의 인구수는 단지 근거가 확실하지 않은 추정치에 불과하다고 볼 수 있다. 당시 영토에 비해 인구수는 상대적으로 적었고 인구밀집 역시 해안가로 한정이 되어 있었다.

19세기 말, 대규모로 이민을 받아들이던 시기에 전체 인구수는 상당한 증가세를 보였다. 이러한 증가세는 최근 몇 년 동안 감소세를 보였지만 여전히 인구증가세를 보여준다. 2004년에는 1억 8천만을 기록하고 있으며 IBGE의 예상에 따르면 2020년에는 2억 2천만 명에 달할 것으로 예상된다.

2) 도시화

인구 증가는 도시화와 밀접한 관계를 띠고 있다. 2000년도 인구조사에 따르면 도시인구가 전체인구의 81%에 달한다고 한다. 이 수치는 거의 19세기 말 상황과 대조된다. 오늘날 천만이 넘는 거대 도시 상파울루의 경우, 1872년 인구수는 3만 3천 명에 불과했다.

19세기 이전에 브라질은 급격한 도시화 과정을 이끈 두 가지 중요한 사건을 만나게 되었다. 그중 한 가지는 금광의 발견인데 사실 금광 발견만으로 인해 외부에서 미나스제라이스(Minas Gerais)로 수많은 탐험가와 노예들이 유입된 것은 아니다. 실제로는 포르투갈 왕실 자체가 금광을 기반으로 대규모의 포르투갈인들을 이동시켜 하나의 강력한 행정과 재정력을 지닌 인프라를 보유한 지역으로 만들려고 계획했기 때문이었다. 실제로 금광시기를 통해 고전시와 함께 브라질 문학이 태동되기도 하였고 금광을 바탕으로 한 경제는 금광지역과 멀리 떨어진 지역에도 반사이익을 발생시키는 효과를 낳았다. 지금의 상파울루 주안에 위치한 소로카바(Sorocaba)는 광물업자들이 필요로 하는 물자의 공급선(Viamão-Sorocaba)을 통해 비약적인 성장을 이루게 되었다.

급속한 도시화를 일으키게 된 또 다른 하나의 사건은 포르투갈 왕실이 1808년 나폴레옹의 대륙봉쇄령을 피해 리오데자네이로로 천도하게 된 사건이다. 당시 5만의 인구와 도시기반이 전무했던 리오데자네이로는 갑작스럽게 1만 5천 명에 달하는 새 인구를 맞이하게 된 것이다. 더군다나 이 새로운 유입자들의 신분이 귀족, 공무원, 군인, 성직자들과 궁정하녀들로서 전형적인 유럽문화권에 속했던 사람들이었다. 브라질 도착 이후 돈 주앙 6세는 문화적, 물질적으로 낙후된 새로운 왕국을 발전시키기 위해 민간과 군인 영역 모두에서 엘리트를 양성하는 데 전력을 다했다. 이런 과정 속에서 규범 포르투갈어가 브라질에서 형성 중인 구어 기반의 포르투갈어보다 우위를 점하게 된다. 미나스제라이스와 리오데자네이로, 몇 개의 다른 해안 도시들을 제외하고 나머지 영토들은 19세기 말까지 전형적인 도시형태가 들어오기를 기다려야만 했다. 보상이라도 받는 듯, 나머지 지역들은 20세기 중반부터 엄청난 속도로 도시화를 이뤘다. 이런 도시화는 내부적으로 이루어진 대규모의 이주에 기인한 것이다. 이러한 노력을 바탕으로 리우데자네이루는 브라질 다른 지역에 롤 모델이 되는 '수도'로서 자리매김하게 되었고 제국시대와 공화국시대의 일부 시기까지 번영을 누리게 되었다.

이러한 도시화 과정 중에서 언어학적 관점으로 볼 때 흥미로운 유산이 남겨졌다. 돈 주앙 6세의 도시화 작업과 더불어 18세기 동안 유럽포르투갈어에서 음성학적으로 유행했던 'chiante 발음'[27])이 리오데자네이루 지역에 전이되어 고유방언의 유표로서 정착하게 되었다.

3) 내륙개발

아주 최근까지도 브라질의 내륙은 미개척지였다. 20세기 초반까지 브라질 내륙은 별세계에 속했다. 문학 작품 속에 등장하는 배경(Os sertoes, Grande sertao, Vereadas, Quarup)으로 그랬고 신문기사에서도 마찬가지로 내륙지역은 외국처럼 다뤄졌다.

해안과 동떨어진 내륙지역의 실제적인 지배에 대한 자료로 1948년 상파울루 주 주정부 산하 농업국의 지도들에 주의 30%에 달하는 지역들이 '최근 개척 지역' 내지 '미개척 지역'으로 설정이 되어 있었다. 1953년 언어학자 Antenor Nascentes는 브라질 포르투갈어의 지역적 변이형을 그린 지도에서 프랑스의 영토보다 더 넓은 면적(Goias, Mato Grosso do Sul, Mato Grosso와 Rondonia)을 '미특정지역'으로 설정했다. 그 이유로는 해당 지역의 인구수가 의미 있는 언어변이 화자를 대표할 만큼 유효하지 않았기 때문이었다. 이 지역의 인구밀도는 1960년 브라질리아 연방수도 이전을 통해 증가되었다. Masto Grosso do Sul(마투그로수두술)과 Tocantins(토칸칭스)가 새로운 주로 생성되었고 몇 십

---

27) 음성학, 음운론적 현상으로 "chá" 혹은 "já"에서 나타나는 것처럼 전 구개를 거치면서 나는 소리를 뜻한다. 리오데자네이루 사람(까리오까)의 "s" 음 발음을 연상하면 된다.

년 뒤에 Roraima(호라이마), Amapa(아마파)와 Rondonia(혼도니아)가 새로운 주로 편성이 되었다.

아마존 지역의 경우는 매우 복잡하다. 1877년 북동부에 들이닥친 대가뭄과 동일한 시기에 브라질은 고무 수출지역으로 호황기를 이루었고 30만 명에 달하는 북동부인구가 아마존으로 몰려들었다. 그러나 고무 호황기가 경제력을 상실하게 되자 이주의 방향은 역전되었고 군부시대에 아마존지역에 대한 실효적인 영토지배를 위해 아마존 횡단도로인 트란스아마조니카(Transamazonica)[28] 도로건설과 칼랴노르치(Calha Norte)[29] 프로그램이 시행되었다. 최근 이 지역은 다국적기업과 은행들의 투자를 통한 대두 산업과 목축업 등으로 활용도가 높아졌다. 국토 점유율과 활용도가 높아진 반면에 산림파괴가 상대적으로 심각하게 일어나 오히려 토착민들이 쫓겨나가는 일들이 벌어졌다. 1988년 암살당한 시코 멘지스의 경우가 그 대표적인 부정적인 사례이다.

그 외에 농업과 목축업이 파과과이에서 브라질 사람들을 통해 이루어졌다. '브라지과이우스(brasiguaios)'로 불리는 집단이 형성되었는데 이름에서 알 수 있다시피 파라과이 땅에 정착한 브라질 이주민들을 일컫는 말로서 2004년 집계로 20만 명에 달했다. 이 집단의 존재로 인해 야기되는 여러 가지 문제점들 중 우리가 쉽게 예상할 수 있는 문제는 역시나 이 집단이 보유한 이중 언어 문제이다.

그러나 브라질 포르투갈어의 역사에서 새로운 영토의 점유만이 새로운 뉴스가 아니다. 19세기에서 20세기를 지나오면서 브라질 사회 내부에서 발생한 심연적인 변화들을 반영하는 많은 에피소드들이 존

---

28) http://pt.wikipedia.org/wiki/Rodovia_Transamaz%C3%B4nica
29) http://pt.wikipedia.org/wiki/Projeto_Calha_Norte

재한다. 19세기와 20세기에는 브라질이 독립을 하고 군주제와 공화제를 겪고 1937년에서 1944년까지 '신국가'체제를, 1964년 군부쿠데타를 시작으로 1984년까지 군부독재시대를 겪었다. 고무와 커피 붐 경제를 통해 내적, 외적인 노동인구의 이동이 발생했던 시기이기도 하다. 수입대체화산업의 실패를 거쳐 해외자본의 유입을 자유화하는 신자유주의 도입으로 세계화에 들어서게 됐고 세계경제 규모 8위의 위상을 다졌지만 내부적으로 거대한 사회불평등과 빈곤과 질병의 문제를 안고 있다. 문맹률은 15세 이상의 인구가 2000년 통계로 볼 때 1,620만 명이 완전 문맹으로, 3,300명이 기능적 문맹으로 집계되었다.

최근의 도시화와 산업화에 따른 이주 양상을 볼 때 남동부 지역이 내부적인 이주의 중심지가 되고 있다. 1952년에서 1961년 사이 상파울루 시는 북동부로부터 110만 명에 달하는 대규모의 이주자가 유입되었다. 경제와 교육 여건이 낙후된 북동부로부터 유입된 이주민이 사용하는 20세기, 21세기형 '일반어'는 바로 다언어적 언어 상황이었던 식민시대 동안 구어를 중심으로 '형성 중이었던 브라질 포르투갈어'이다. 그리고 현재 상파울루에서 북동부 이주자들이 사용하는 언어(linguagem)는 현직 대통령의 사례[30]를 포함하여 사회적으로 강하게 차별되고 있다.

IV. 결론

서구세력의 식민 지배를 겪은 대부분의 국가들과 마찬가지로 브라

---

30) 이 부분에 대한 자세한 논의는 임두빈(2008, 261~294)을 참조.

질의 국어수립의 역사 역시 다양한 방언들이 경합을 벌이면서 사회, 정치, 문화적으로 최종 수용된 방언이 '민족어'로 수립된 유럽과 근원적으로 상황이 달랐다(임두빈: 2006, 59). 유럽세력의 식민 지배를 겪은 브라질에서는 기존에 사용되던 여러 가지 토착방언들의 경합을 통해서가 아니라 외부에서 들어온 지배세력의 언어인 포르투갈어가 침투되어 언어체계 구조의 큰 상실 없이 이식되었다. 이러한 차원에서 유럽의 포르투갈어와 브라질 포르투갈어는 사실상 언어학적으로 서로 구분되는 언어는 아니지만 브라질 포르투갈어는 유럽에서 건너온 포르투갈어가 유럽과는 상이한 역사적, 사회적 환경아래서 발전단계를 겪었던 것은 분명하다.

따라서 '유럽 포르투갈어'와 '브라질 포르투갈어'의 차이를 단순한 언어체계상의 차이 분석에 그치거나 모든 언어는 자의적인 것으로 결백하다는 이상주의적 발언에 그치지 말고 사회 · 역사 · 정치적 담론의 장에서 이해해 볼 필요가 있다.[31] 이러한 전략은 단순히 복수언어의 병존으로 파악하는 다언어주의가 아닌, 들뢰즈가 말하는 '스스로의 모어 안에서조차 자신을 이방인으로 느끼는 이방인 감각'을 요구하는 다언어주의적 관점으로의 접근, 그리고 언어 간의 복수성에서 언어 내부의 복수성에까지 귀를 기울이는 전략인 셈이다(미우라 노부타가 외: 2005, 13). 이 브라질 사회 내부적으로 분극화된 복수성, 즉 '교양 포르투갈어'와 '대중 포르투갈어'가 직 · 간접적으로 연결되어 있는 사회적 문제는 여전히 고민하고 풀어나가야 할 실천적인 과제로 보인다.

---

31) 언어란 무릇 그 자신의 사회적, 문화적 토대를 도구로 하여 정신적 발전 과정과 가치 판관의 과정이 형성된다(응구기 와 씨옹오: 2005, 220).

참고문헌

김용재 · 이광윤(2000), 『포르투갈 · 브라질 역사문화 탐방』, 부산: 부산외국어
　　대학교 출판부.
김하수(2008), 『문제로서의 언어 2: 민족과 언어』, 서울: 커뮤니케이션북스.
미우라 노부타가 외(2005), 『언어제국주의란 무엇인가』, 돌베개.
민만식 · 강석영 · 최영수(1993), 『중남미사』, 서울: 민음사.
이광윤(2009), 『브라질 역사』, 부산: 부산외대 출판부.
임두빈(2006), "브라질의 언어정체성", 『이베로아메리카』, 제8권 1호, pp.247～
　　272.
_____(2007), "브라질 포르투갈어의 이종성과 브라질 사회 · 역사성과의 관
　　계", 『중남미연구』, 제26권 1호, pp.209～236.
_____(2008), "브라질의 언어현실과 언어 · 사회적 편견에 관한 연구", 『이베
　　로아메리카』, 제10권 1호, pp.261～294.
에르난 코르테스(2009), 『코르테스의 멕시코 정복기 I』(앙헬 고메스 엮음, 김원
　　중 역), 서울: 나남.
응구기 와 씨옹오(1995), 『마음의 탈식민지화』(박혜경 역), 서울: 수밀원.
주경철(2008), 『대항해시대』, 서울: 서울대학교출판부.
루이－장 칼베(2001), 『언어전쟁』(김윤경 · 김영서 역), 서울: 한국문화사.
최영수 외(1995), 『라틴아메리카 식민사』, 서울: 대한교과서주식회사.
새뮤얼 헌팅턴(2000), 『문명의 충돌』(1판 19쇄)(이희재 역), 서울: 김영사.

Buento, E.(2004), *Brasil: uma História,* São Paulo: Ática.
Cunha(1978), *Dicionário histórico das palavras portuguesas de origem tup I.* São Paulo:
　　Melhoramento.
Dantas José(1989), *História do Brasil,* São Paulo: Editora Moderna.
Gunn, Geoffrey(2003), *First Globalization*, The Eurasian Exchange, 1500～1800, Lanham:
　　Rowman & Littlefield Publishers.
Houaiss, Antônio(1992), *O Português no Brasil,* Rio de Janeiro: Revan.
Hue, S. M.(2006), *Primeiras Cartas do Brasil(1551～1555),* Rio de Janeiro: Jorge Zahar
　　Editor.

Ilari, R. e Basso, R.(2009), *O Português da Gente,* São Paulo: Editora Contexto.

Lobo, T.(2001), *Cartas baianas setecentistas,* São Paulo: Humanitas.

Lucchesi, D.(1994), "Variação e norma: elementos para uma caracterização sociolingüística do Português do Brasil", *Revista Internacional de Língua Portuguesa,* 12, pp.9~16.

Mattos e Silva, R. V.(2004), *Para uma sócio-história do Português Brasileiro,* São Paulo: Parábola.

Mussa, A.(1991), "O Papel das Línguas Africanas na História do Português do Brasil", *Dissertação de mestraodo,* Rio de Janeiro: UFRJ.

Orlandi, E.(2008), *Terra à Vista,* Campinas: Unicamp.

Paul Hugon(1977), *Demografia brasileira,* 2(ed.), São Paulo: Atlas.

Reis, J. J. e Gomes, F.(org.)(1996), *Liberdade por um fio: história dos quilombo no Brasil.*

Rodrigues, A. D.(2002), *Línguas Brasileiras,* São Paulo: Loyola.

Rodrigues, J. H.(1983), "A Vitória da Língua Portuguesa no Brasil Coloial", *Humanidades,* 14, Brasília: UnB.

http://portal.mj.gov.br/data/Pages/MJA178D39EITEMIDCB6E8A2D96BE42BF8769B31B8EADFA9BPTBRIE.htm
(브라질 법무부: 인디오법 관련) 검색일자: 2010년 7월 4일.

Inep(Instituto Nacional de Estudos e Pesquisas Educacionais)http://www.inep.gov.br/basica/levantamentos/outroslevantamentos/indigena/(브라질 국립교육연구원) 검색일자: 2010년 6월 10일.

브라질 인디오보호청 www.funaⅠ.gov.br 검색일자: 2010년 7월 18일.

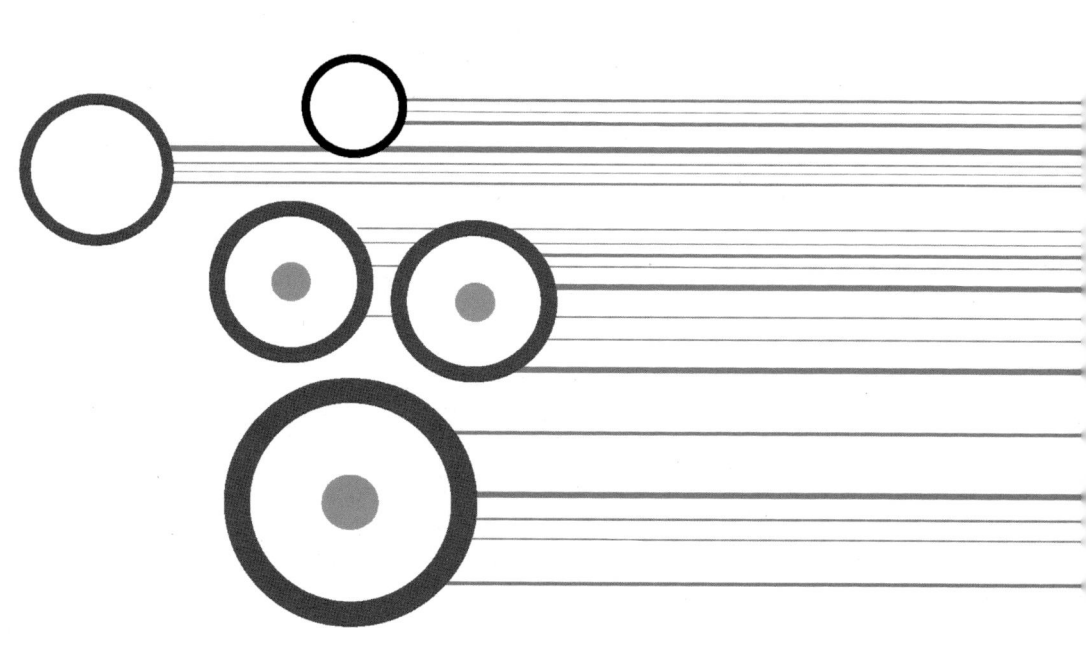

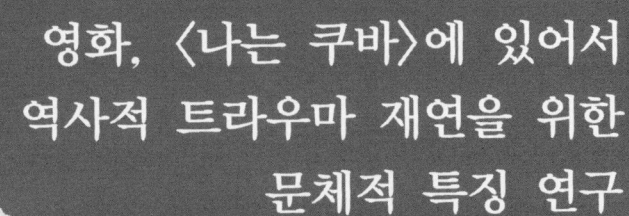

영화, 〈나는 쿠바〉에 있어서
역사적 트라우마 재연을 위한
문체적 특징 연구

박종욱

I. 서론

쿠바 영화는 할리우드 제작 및 유통 시스템에 의해 영화가 세계적인 '표준화'와 '균질화' 과정에 들어서는 길목에서 할리우드 상업주의 영화가 대세를 이루는 가운데 대안적 모델을 제시했다는 중요한 가치를 인정받는다.[1] 특히 1960년대 제작된 영화들은 역사적 의미에서 고전의 위치를 차지하고 있지만, 개별 영화들이 지닌 매력으로 오늘날까지도 많은 영화인들과 마니아층의 깊은 관심의 대상이 되고 있으며, 그 대상 가운데 <나는 쿠바>는 소련과의 합작 영화임에도 불구하고, 쿠바의 현실에 대한 서구적 시각을 제한하고, 대안적 시각을 의도했다는 의미에서 주목할 만한 고전 작품으로 평가된다.

---

[1] 홀로코스트 영화들이 역사적 트라우마를 재조명함으로써, 미래지향적 방향성을 제시한다는 측면에서 칼라토조프 감독의 영화는 대부분의 홀로코스트 영화들이 상업적 문화권력에 종속됨으로써, 역사의 본질에 대한 명료한 성찰을 도외시하고 있는 것과 대조적으로 과거에 대한 기억을 위한 대안적 시각을 제시한다. 참조: 조원옥(2007), "영화로 불러낸 기억의 변화, 홀로코스트 영화", 『대구사학』, 90, p.348.

<나는 쿠바>는 1964년 미국과 소련의 쿠바 미사일 위기라는 냉전 시대의 초강경 대치 정국이 끝난 뒤 차갑게 식어버린 미국-쿠바의 관계를 대체하는 쿠바-소련의 새로운 연대의 분위기를 배경으로 소련과 쿠바 합작으로 제작된 영화로서, 미하일 칼라토조프(Mikhail Kalatov[2])가 감독한 역작(力作)이다. 그러나 국가적 기획이 아닌 개별 영화인들의 협력에 의한 작품이며, 오히려 칼라토조프의 작가주의적 성향이 크게 드러나는 영화이다. 칼라토조프의 영화에 대한 국내 선행 연구는 칸 영화제 '황금종려상' 수상 작품인 <학이 난다>에 제한 되어 있으며(홍상우: 2003), 카메라 앵글의 상승과 하강을 통한 표현 방식과 인물들의 대조적인 상황에 대한 묘사의 효율성의 관계를 조망하는 성과를 내놓았다.[3]

칼라토조프는 식민지로서 쿠바가 지닌 역사적 트라우마의 문제를 쿠바의 혁명과 연결지음으로써 과거에 대한 기억의 미래지향적인 방향성에 대한 고찰을 시도한다. 감독은 오랫동안 잃어버렸던 쿠바 자신의 목소리를 되찾기 위한 정신적 운동의 의미를 관객에게 제시한 것이다. 타자로서의 삶의 시간과 트라우마의 상처를 스스로의 시각으로 바라봄으로써, 역사는 과거에 머무는 것이 아니라, 현재와 미래에 영향을 끼칠 수밖에 없음을 이야기하려는 것이다.[4] 자기성찰적 인식

---

2) 칼라토조프 감독은 1957년 제작한 <학이 난다(Letjat Zhuravli)>로 이듬해 제11회 칸영화제에서 '황금종려상'을 수항하며, 국제적인 조명을 받는다. 주로, 역사를 배경으로 야기된 죽음과 이별 등의 트라우마를 직면하는 주제를 리얼리즘적 시각에서 해석하며, 문제적인 탁월함을 인정받았다.

3) 연구는 상승과 하강에 나타난 상징성에 주목하며, 죽음과 부활 혹은 재생의 이미지와 연결시키고 있다. 하지만, 본 연구와 관련하여 감독의 작가주의적 경향이나 묘사에 있어서의 문제적 특징에 대한 연구에 집중하지 않는다.

4) 트라우마의 흔적은 망각으로 해결되는 것이 아니라, 철저한 기억을 통해 다시는 역사적 사건이 반복되지 않도록 하는, '기억의 해법'을 통해 치유될 수 있다. 따라서, 기억의 제거나 최면에 의한 인식의 전환 등의 접근은 치료적 효율성을 담보할 수 없다. 결국, 명료한 의식화의 과정을 통해 트라우마와 직면하여 문제를 해결할 수밖에 없는 것이다. 참조: Herman, Judith(2007), *Trauma and Recovery: The Aftermath of*

으로서 '타자성'의 관점에 대한 환기이다.

과거의 역사를 기억한다는 것은 그 과거에 생명력을 불어넣어 현재적 의미로 재구성하려는 시도이다. 따라서 영화는 역사적 트라우마를 재현하는 의미에 주목하며, 트라우마의 역사적 배경을 재연하는 서사에서 그 특징적 속성을 드러낸다. 감독은 역사적 트라우마를 잊지 않도록 독려하고, 기억의 재현을 위한 사건과 배경의 재연을 통해 관객의 공감을 유도한다. 이는 쿠바의 역사성에 대한 성찰을 통해 쿠바가 지향해야 하는 정체성에 대한 보다 큰 틀에서의 성찰로 이어지기 위함이다. 과거에 대한 시선은 잊혀져 가는 과거를 향해 머무는 것이 아니라, 현재와 미래를 행해 있을 때 긍정적 의미를 지니기 때문이다.

기억은 이처럼 과거를 현재형과 미래형으로 만드는 기능을 한다. 하지만, 이 과정에서 기억은 역사적 실체에 대한 해석의 의미를 고착된 대상으로 반복하거나 새롭게 해설하는 선택의 가능성과 마주한다. <나는 쿠바>는 도발적인 제목이 의미하듯, 쿠바의 역사를 되짚으며 과거의 상처가 현재에 어떠한 의미로 해석되어야 하는지를 성찰하려는 영화이다. 역사적 트라우마의 기억을 재현하여, 쿠바인 스스로가 주체가 되어 역사를 성찰하고, 그 의미를 해석할 수 있도록 기획되었다는 의미이다.

역사적 트라우마의 재현을 위해 영화는 역사를 실체적 사실로서 상기할 수 있도록 이미지화하는 구성작업에서 재연의 문제와 만난다. 역사적 과거의 사건과 동일한 환경적 조건을 재현하는 것은 불가능

Violence, 『트라우마: 가정폭력에서 정치적 테러까지』(최현정 옮김), 서울: 플래닛, p.9, pp.26~27, 54~58.

하기 때문에 영화는 대부분 다큐적 요소를 활용한 리얼리즘적 조건들을 선택한다. 그러나 이러한 '선택'의 주제는 감독의 주관성에 의존할 수밖에 없는 아이러니를 겪는다. 전투 장면의 묘사는 정황적 이미지로 대체되며, 전문 군인이 아닌 배우가 '역할'을 대신하는 것이다. 1930년대 다큐 영화 제작의 개념과 환경은 주로 동일한 자연환경에서 최소한의 세트 장치를 활용한 작업을 통해 재연 작업을 실시했으나, 60년대 영화 산업은 이미 광범위한 의미에서 다큐 영화를 형성하였고, 극영화와 다큐 영화의 명확한 구분이 모호하게 되었다. 두 장르 사이에 '상호 간섭'과 '협력'에 의한 접변이 자연스러운 하위 장르적 역할을 맡게 되었기 때문이다. 칼라토조프의 <나는 쿠바>는 분명 극영화이며, 장르적으로 다큐 영화는 아니다. 그럼에도 불구하고, 영화가 증언적 다큐 형식을 차용하고 있음은 특징적 요소이다.

쿠바의 혁명에 대한 당위성을 선동적으로 주저 없이 그려가는 칼라토조프 감독이지만, 관객의 공감과 동일시를 이끌어 내기 위해 의도적으로 사용한 몇 개의 영화적 장치들은 연구자가 특별히 주목하는 대상이다. 이항대립적 구도를 기본 틀로 대조적 요소의 병치와 여성 발화자를 통한 메시지 전달의 반복, 주제로 접근하기 위한 점층법 등은 영화의 증언적 다큐멘터리 형식 영화가 지닌 속성과 함께 영화 전체의 특징을 구성한다.

네 편의 에피소드를 통해 증언적 다큐멘터리 형식으로 제작된 <나는 쿠바>는 선과 악의 극명한 대립을 묘사하듯, 서구의 수탈적 시각과 쿠바의 피식민의 상처를 이항대립적 구도로 강조하고 있다. 과연 세상의 실존적 이치를 선과 악으로 나눈다는 것이 가능한 것인지에 대한 성찰이 아니라, 세상이란 마치 둘로 나누어 살펴보아야 진실을 알 수 있는 것처럼 상황을 최대한 '단순화'하고 몇 개의 근거에 의한 판단을 '일반화'함으로써, 서구는 정복하고 수탈하는 주체이고, 쿠바는 정복되고, 수탈당하는 대상으로 묘사되는 것이다.

그러므로, 본 연구는 역사적 트라우마의 재현에 있어서 재연의 효율성을 위한 감독의 문체적 문제에 주목한다. 증언적 다큐 형식을 통한 트라우마 서사 기법이 영화의 가장 큰 특징이기 때문이다. 트라우마 재현을 통해 쿠바의 역사성에 대한 인식의 환기라는 영화의 주제는 관객이 영화에 몰입하여, 트라우마를 체험하는 재현의 과정을 효율적으로 가능할 수 있도록 세밀한 장치를 요구한다. 이러한 장치적 요소들이 역사적 실체와 배경에 대한 재연의 문제로 구체화한다. 따라서, 본론 첫 장에서는 쿠바의 역사와 역사적 트라우마의 재현에 대해 분석하기 위해, 쿠바의 역사적 정체성과 '나=쿠바'의 환유적 관계에 대해 조망하고, 쿠바 사회에 있어서 트라우마의 역사성에 주목한다. 본론 다음 장에서는 역사적 트라우마의 재연과 내러티브의 성격을 규명하기 위해, 증언적 다큐 형식에 대해 논의하고, 내러티브의 문체적 특징을 분석한다. 특히, 재연의 효율성을 위한 단순화, 일반화, 세부의 생략, 이항대립적 요소의 대조, 반복과 점층 등은 칼라토조프의 문체적 특징으로서 매우 중요하기 때문이다.

II. 쿠바의 역사성과 역사적 트라우마의 재현

1. '나'와 쿠바의 환유적 관계

1) 쿠바의 역사성

쿠바는 '역사 없는 나라'인가. 이는 제3세계 국가들을 타자로서 명명하는 제국주의적 시선에서 오는 의문제기이며(Kerwin Lee Klein: 1995, 275~298) 편견이다. 이러한 시각은 오리엔탈리즘에 다름이 아니다. 쿠바를 비롯한 많은 제3세계 국가들이 근대 역사에서 주체적 역할을 수행하지 못했다는 인식은 역사에서 그 근거를 두고 있지만, 권력의 주체가 곧 역사의 주체라는 제한적이고 왜곡된 사고(思考)에서 오는 발상(發想)이다. 역사가 없다는 표현은 역사를 기록하고 해석할 주체가 없다는 의미가 되기도 하지만, 역사적으로 국가로서 존립할 만한 정체성이 결여되어 있다는 의미이다. 그렇다면, 일제강점기를 겪었다고 해서, 대한민국이 역사 없는 나라가 되는 것인가. 주권을 상실했다는 사실과 역사가 없다는 사실은 전혀 다른 해석이다. 탈근대성을 경험하는 오늘날 역사라는 용어는 국민의 다양한 삶과 문화적 요인들이 한데 모여 만들어 내는 요소들의 총체라는 사실을 간과해서는 결코 이해할 수 없다. 수많은 구성원들 삶의 세밀한 이야기들의 총합이 역사를 이루기 때문이다. 결국, 국가 권력을 이루는 주체의 정체성이 곧 역사의 주체라는 사고는 탈근대 이전의 유물이며, 근대성을 부르짖던 제국주의의 산물이다. 그럼에도 '역사 없는 나라'에 대한 논의는 서구와 서구의 영향을 받은 근대화의 주체들에 의해 그 대상을 소수민족이나 약소국에 적용시키며 지속되고 있음은 현실이다.

근대성을 역사 인식의 틀로 삼는 이들에게 쿠바의 역사는 콜럼버스의 신항로 개척 과정에서 시작된다. 평온한 삶의 리듬이 깨진 것은 역시 '신대륙의 발견'이라는 이름으로 회자되는 역사적 사건이다. 우리 교과서에서도 사용되는 이 용어는 분명 서구의 시선에 의한 어휘이다. 신대륙이 될 수 없는 것이다. 아메리카는 크리스토퍼 콜럼버스 이전에도 고도의 문명을 이루고 살았던 자신들의 역사를 갖고 있는 주체적 존재이기 때문이다. 쿠바의 존재를 알아차린 최초의 서구인이 콜럼버스인 것은 사실이지만, 본격적인 정복과 식민의 시작은 디에고 벨라스케스 데 쿠에야르(Diego Velázquez de Cuéllar)가 1511년 300명의 병사를 이끌고 원정에 나선 이후이다. 하지만, 쿠바 수탈의 역사는 상징적으로 콜럼버스로 얘기된다. 칼라토조프에게도 관객에게도 벨라스케스의 긴 이름보다는 콜럼버스가 원망의 대상이 된다. '신대륙의 발견'이라는 서구 편향적 어휘가 쿠바의 역사를 규정하는 근거가 되는 것이다. 오류와 편견이 역사적 실체를 규정하는 셈이다. 스페인과 미국에 의해 오랫동안 피식민을 경험한 쿠바가 자국(自國)에 대한 역사 인식을 되짚어야 하는 것은 너무도 당연하다. 또한 그러한 시각은 쿠바 내적 구성원이건 외적 구성원이건 자유롭게 논의를 전개할 수 있는 문제이다. 물론, '역사 없는 국가'란 지적은 오롯이 제국주의적 시각을 지닌 주체들이 열등하다고 여겨지는 대상을 타자로 규정하는 차별의 근거 찾기에서 만들어진 것이기 때문에 객관적 타당성을 결여한다. 문제는 단순한 기록으로서의 역사에 대한 관심이 아니라, 역사의 기록이 지닌 행간의 의미를 해석하는 주체적 인식의 유무(有無)와 그 정도에 있다. 자신들의 역사를 기억하는 과정에서 주체성은 매우 중요한 의미를 지니기 때문이다. 자기 정체성에 대한 문제의식인 것이다. 그렇다면, 서술된 역사란 과연 무엇인가. 역사는 두 가지의 측면에서 의미가 파악되어야 한다. 하나는 역사적 사실(hecho histórico)이고, 다른 하나는 역사적 서술(narración histórica)이다. 역사적 사실은 절대적이고 객관적인 사실이지만, 그 실체에 대한 서술은 이미 객관성에 주관적 해석이 수용되어 있다고 보아야 한다. 이는 결국 역사의 객관성과 주관성의 문제로 귀결된다. 즉, 역사의 객관성이란 과거에 일어난 사실이 하나의 실체로서 절대성을 가지며 또한 그것이 우리의 인식 외부에 존재함을 의미한다. 결국, 역사 서술은 서술주체의 관점에 따른 주관적 요소를 수용할 수밖에 없는 속성을 지닌다는 말이다. 역사서술은 비유의 수사학, 구성적 상상력, 플롯을 동원한 이야기로서, '순수역사(history [in] proper [sense])'가 아니라 '메타역사(Metahistory)'를 기술하는 것으로서(정찬영: 1999, 344), 역사의 실체에 대한 서술이 지녀왔던 의미가 현대에 이르러 새로운 국면에 접어들었으며, 전범으로서의 역사에 대한 다양한 해석적 접근이 가능할 수 있다는 담론으로 연결된다. 이러한 의미에서 <나는 쿠바>는 서구에 의해 폄하되거나 훼손되었던 쿠바 역사를 새로운 시각에서 수집한 요소들을 재구성(Re-construction)하는 현대적 해석의 한 시도라 볼 수 있다. 객관적 진실을 찾아내기 위한 서술이건, 탈서구적 사고를 위한 서술이건, 중요한 것은 쿠바의 역사를 재구성하고, 해석할 수 있는 다양한 가능성에 대한 탐색에 있기 때문이다. 결국, 쿠바의 역사에 대한 논의는 '역사 없는 나라'라고 쿠바를 명시하는 시각의 존재 여부에 관계없이 다양한 역사 해석의 열린 가능성으로 연결된다.

2) '나=쿠바'의 환유와 여성으로 체화된 쿠바의 의미

영화 <나는 쿠바>는 증언적 주체로서 '나'를 내세운다. 다큐적 형식을 차용함으로써, 다큐의 기록이 제공하는 증언적 실체의 느낌을 살리기 위한 것이다. 네 개의 개별적인 주제로 구성된 에피소드를 하나로 묶는 것이 바로 '나'인 여성 발화자이다. <나는 쿠바>에 역사적 사건을 직접 경험한 인물들이 등장하는 것은 분명 아니다. 과거의 사건을 다루기 때문이다. 극영화로서 역사적 사건과 배경을 재연하는 과정에서 현실감을 살리기 위해 다큐적 형식을 차용한다. 1인칭으로서 '나'는 발화의 주체로서 영화의 메시지가 지닌 다큐적 성격을 살리기 위한 것이다. '나'는 영화의 종합적 메시지를 생성하고, 관객에게 전달하는 주체적 존재이다. '나'는 수탈된 자이며, 지배계급인 '그' 혹은 '그들'의 행위를 '너'에게 전달하여, '너'와 '나'가 '우리'가 될 수 있는 인식의 전환을 유도하는 역할을 적극적으로 수행하는 발화주체이다. '나'는 증언적 주체로서 메시지를 발화하며, 동시에 '나-우리'의 공감을 이끌어 내는 적극적 '매개'의 역할을 수행한다. 이른바 수탈에 의한 사회적 고통의 역사적 트라우마를 고발하고, 인식의 전환을 기획하는 것이다.[5] 이른바 증언적 성격을 부여하여, 각각의 에피소드에 등장하는 이야기들이 실제 경험을 바탕으로 극화되었음을 효과적으로 강조한다. '나'는 공동적 타자로서 쿠바국민을 대표한다. 역사적 행위의 주체가 되지 못했던 타자인 하위주체를 포함하고 있지만, 하위주체를 결코 강조하지는 않는다.[6]

---

5) 발화주체를 '나'로 표현하여 증언적 성격을 강조하는 주제는 영화와 문학에서 보편적으로 다뤄지는 문제이다. 다만, 증언적 성격이 개인의 경험으로써 강조되는 경우와 관련된 스페인어 문화권 연구에 대해서는 송병선의 증언문학 관련 논문에서 다뤄지고 있다. 참조: 송병선(2004), "라틴아메리카 증언문학의 시학과 하위 주체의 문제", 『서어서문연구』, 17(3), pp.385~394.

'나'의 의미는 여기에 머물지 않는다. '나'는 곧 '쿠바'로 표현되기 때문이다. 영화의 제목이 강조하듯, 발화자인 여성은 곧 쿠바를 의미한다. 국가가 여성으로 체화되는 것이다. 지역이나 장소를 여성으로 표현하는 것은 드문 일은 아니다. '처녀림'이나 '처녀지'의 표현 등은 미국 동부의 버지니아 주가 개척되지 않은 여성의 처녀성을 상징하는 의미에서 명명된 사실에서 확인된다. 오스트레일리아의 경우 또한 여성형으로 명명된다. 물론, 아메리카와 쿠바를 비롯하여 중남미의 많은 나라들이 여성형으로 표현된 것 또한 이러한 경향과 무관하지 않다. 왜, 여성형인가. 이는 남성이 탐사와 개발의 주체가 될 수 있다고 생각해 왔기 때문이다. 발굴하고, 탐험하며, 지배하는 주체가 남성으로 상징되는 것은 바로 피동적으로 발굴되고, 탐험되며, 지배되는 주체가 여성적 이미지일 수밖에 없는 자연스러운 결과를 이끌어 낸다. 문제는 새로운 식민 대상을 묘사할 때는 여성형으로 표현되는 경우가 빈번했다는 사실에 있다.[7] 아메리카를 '수탈의 대상으로서 여성'으로 바라보는 등식이 서구에 의해 의식적으로 기획되었건, 정복-피정복의 구도에 대한 무의식적 전통에 따른 표현이었건, 아메리카를 여성으로 표현하여, 수탈의 이미지를 드러내는 것은 효과적이다. 식

---

6) 〈나는 쿠바〉에서 스피박이 지적하는 하위주체와 관련된 개념을 찾는 것은 적절하지 않다. 칼라토조프는 소외집단 혹은 하위주체로서 개별집단에 관심을 주목하는 것이 아니라, 쿠바 사회를 구성하는 모든 집단을 대상으로 하기 때문이다.

7) 임호준은 많은 비평가들이 아메리고 베스푸치가 자신의 이름을 따 '아메리카'라는 여성형의 이름을 신대륙에 붙임으로써 남성 유럽에 종속되는 여성 아메리카의 이미지를 명시했음을 1575년 네덜란드 화가 얀 반데르 스트라에트(Jan Van der Straet)가 그린 '음란한 열대'에서 남성-유럽과 여성-(옷을 벗은 미개한)원주민의 구도를 통해 지적한다. 임호준(2006), 『시네마, 슬픈 대륙을 품다』, 서울: 현실문화연구, pp.35~36; 이성형은 얀 반 데르 스트라에트의 그림을 판화로 만든 테오도르 갈레가 판화에 적어 놓은 "아메리쿠스가 아메리카를 재발견하다. 그가 그녀를 불렀더니, 그 후 항상 깨어 있더라."는 문장을 인용하며, 이름을 불러주는 유럽은 정복자 남성이고, 그늘에서 잠자고 있던 아메리카는 정복당하는 나체의 여성임을 지적한다. 이성형(2003), 『콜럼버스가 서쪽으로 간 까닭은』, 서울: 까치, p.77.

민주체가 대상을 침탈하는 행위를 '발견'했다는 용어와 의미로 사용하여, 기존 토착민과 그들의 문화를 무시한다는 시각에서는 수탈의 주체－대상의 관계를 남성－여성의 관계로 표현하는 것이 그 결과적 이미지의 효과가 큰 것은 분명하기 때문이다. 이러한 이미지는 말린체의 경우에도 활용된다.

'나=쿠바'의 등식은 수탈의 이미지로서 '여성=쿠바'의 구도와 긴밀한 관계에서 파악될 수 있다. 하지만, '나'는 쿠바를 여성으로 체화하는 상징적 기능 이외에 다른 장치로서 해석될 수 있다. 여성의 시각으로 역사를 바라봄으로써, 현실적 차원에서의 일반인으로서 여성의 시선을 살필 수 있다는 긍정적 효과가 그것이다. 동시대의 쿠바 영화인 <루시아>에 등장하는 여성인물들이 역사적 사건을 응시하는 시선을 드러내는 인물의 특징을 드러낸다는 사실은 여성으로서 역사를 응시한다는 의미와 긴밀한 관계에서 파악된다.

2. 쿠바 사회와 트라우마의 역사성

쿠바 사회에 있어서 트라우마는 피식민의 트라우마에서 시작된 것으로서 오랜 역사 속의 식민과 종속을 통해 지속되고 고착된 사회문화적 피해의식에 다름이 아니다. 식민지로서 쿠바가 경험한 역사적 상흔은 트라우마의 상처를 직접 체험한 주체들에 의한 단순한 집단 기억이 아니라, 사회와 문화에 잠재적으로 누적되어 일상적으로 경험된다. 따라서 트라우마는 단순한 개별 경험 주체의 시각이 아니라, 역사를 배경으로 읽힐 수밖에 없다. 집단기억은 동일 사건에 대한 공통적인 경험에 의한 기억이지만, 트라우마의 역사성에서 지적하는 역사적 사건에 대한 기억은 실제로 사건을 체험하지 않았다 하더라도 간접 경험이 트라우마로써 경험되어 있는 상황에서의 기억인 것이다. 실례로써, 노예제도에 의한 흑인들의 트라우마는 개별 개인이 경험하지 않았다 하더라도 일상적 삶에서 트라우마로서 기억되어 재현됨으로써 상처가 된다. 이는 직접 노예생활을 한 집단의 기억과 구분되는 것이며, 트라우마의 역사성에서의 기억을 의미한다. 콜럼버스로 상징되는 서구의 침략과 그에 뒤이은 대농장의 노예화 과정에서의 경험을 비롯하여, 수탈의 고착된 구조에 의해 지속적으로 폐해를 통해 경험, 강대국의 이익을 대변하며 쿠바인들을 이중적 타자로 만드는 독재정권에 의한 희생 등은 개별 집단의 기억을 넘어, 쿠바 사회에 만연한 구조적 문제점과 관련된 트라우마를 형성해 온 것으로 이해하는 것이다.

콜럼버스로 대표되는 서구의 도착과 연이은 식민 과정에서의 노예화에 따른 경험(Axtell: 1993, 1~13)과 경제적 수탈(권미란: 2009, 271~276), 그리고 뒤늦게 맞이한 독립(정재호: 2004, 78~83)과 미국에 의한 경제 종속과 사회 구조의 양극화를 도외시한 바티스타 독재권력(염홍철: 1987, 76) 등에 의한 폭력과 억압 등은 쿠바 사회의 트라우마가 복합체로서 세대를 넘어 형성되도록 만든 다양한 요소들이다. 이들은 정신대 문제 등과 같이 트라우마가 특정 시대의 개별적 사안과 맞물려 해결될 수 없는 복합적 구조를 형성하도록 만든 요인들이다. 세대와 시간을 넘나들며 고착된 피해의식 속에 일상적 삶을 살아가는 쿠바인들에게 트라우마는 결코 개별 사안에 의한 집단 기억으로 수렴될 수 없는 것이다. 트라우마의 역사성은 바로 여기에서 기인된다.

쿠바 사회가 안고 있는 트라우마에 주목하는 영화들로서 1960년대의 대표작들로 <루시아>와 <저개발의 기억>, <나는 쿠바> 등을 꼽을 수 있다. 알레아 감독의 <저개발의 기억>은 트라우마에 대한 역사적 인식이라는 성찰적 주제에 집중하고 있으며, <나는 쿠바>와 <루시아> 정도가 증언적 다큐 형식을 통해 트라우마의 역사성과 일상을 비교하여 주제를 전개하고 있다. <루시아>의 솔라스 감독이 트라우마의 상흔에 대한 기억을 극도의 아픔과 광기로 비교하고 있다면, 칼라토조프 감독은 이러한 트라우마의 역사성을 일상에서 망각하지 않도록, 인식 전환의 계기를 제공하고, 혁명의 당위성으로 유도한다. 이른바 실천적 선동주의를 주장하고 있는 것이다. 넓은 의미에서 쿠바 사회의 트라우마에 대한 성찰적 태도를 영화에서 드러내는 세 명의 감독들 가운데에서, 알레아 감독이 상대적으로 사색적이라면 솔라스 감독은 고발적이고, 칼라토조프 감독은 선동적인 특징으로 구별될 수 있다. 칼라토조프 감독의 작업은 역사적 기억의 망각, 곧 쿠바 사회가 경험하는 수많은 문제와 아픔들이 역사를 관통하며 축적된 트라우마로부터 비롯된다는 인식을 영화를 감상하는 개별 개인이 수용하는 것은 물론이고, 혁명의 당위성에 대한 합리화를 도모하고 있다.

쿠바 사회가 안고 있는 트라우마의 역사성은 트라우마의 직면을 통해 극복의 개연적 가능성과 마주할 수 있는데, 그러한 직면은 위의 세 감독들의 태도에서 보여진다. 즉, 트라우마의 역사성을 사색하고(알레아), 증언하며(솔라스, 칼라토조프), 실천적으로 모색(칼라토조프)하는 다양성은 1960년대 쿠바 사회가 지향할 수 있었던 트라우마 직면과 극복의 가능성으로 연결되는 것이다.

Ⅲ. 역사적 트라우마의 재연과 내러티브의 특징

1. 증언적 다큐 형식

'증언적'이라 함은 어떠한 역사적 실체가 있는 사건을 공개적으로 드러내어 결국, 역사적 사실이냐 역사적 서술이냐의 의미이며, 이는 역사의 객관성과 주관성의 문제로 귀결된다. 역사의 주제는 객관적 사실과 그에 대한 해석이 조합되어 구성된다.

정의적 관점에서 다큐 영화는 영어의 'documentary film'의 우리말 번역어로써, 1926년 처음으로 존 그리어슨 John Grierson이 로버트 플레허티(Robert Flaherty)의 영화 <모아나(Moana)>(1926)와 관련하여 언급한 좁은 의미의 기록영화뿐 아니라, 영화의 탄생 이래로 실제 상황과 사건 속에 있는 실제 인물들을 있는 그대로 그려내는 모든 영화를 포괄하는 넓은 의미의 기록영화 또는 논픽션 영화를 비롯하여, 텔레비전의 등장과 함께 본격적으로 제작되기 시작한 형태(포맷)의 텔레비전 다큐멘터리 영상물들을 모두 포괄한다(강태호: 2008, 179~180). 다큐 영화의 개념은 사실을 대상으로 한 기록 영화를 지칭하는 용어였으나, 현대에 이르면서 사실을 재연하는 과정에서 만들어지는 포괄적 개념의 기록 영화를 모두 어우르는 개념으로 확장된 것이다.

에이젠슈타인 이래 다큐 영화적 요소의 차용은 과거로서의 역사에 대한 조망에 있어서 강한 경향을 드러내게 되었으며, 쿠바에서 증언적 기법이 중요한 장르적 요소가 된 것은 1959년 쿠바 혁명과 무관하지 않다. 역사의 격변과 사회적 변동이 쿠바의 사회문화적 흐름을 바꾸었으며, 역사적 실체(Hecho histórico)를 픽션과 논픽션 사이의 유기적 관계에 의한 관점에서 살펴보는 경향을 지니게 되었다. 칼라토조프의 <나는 쿠바>가 쿠바 혁명과 관련된 영향을 받은 것은 자연스럽다. 영화가 제작된 1960년대는 사회에 대한 전통적인 인식과 묘사의 방식이 실천적이고 조작적인 방식으로 변화되기 시작했던 시기였음은 결코 우연이 아니다(강태호: 2008, 182). 이러한 다큐 영화적 요소는 60년대 쿠바 신영화의 형식의 주된 특징이기도 하다(Michael Chanan: 1997, 202).

<나는 쿠바>는 분명 다큐 형식을 차용한 극영화이다. 영화에 등장하는 인물이 모두 배우일 뿐 아니라, 역사적 사건을 재연하는 목적이 사건을 재현하는 데에 있는 것이 아니라 사건을 재구성하고, 재해석하기 위한 것이기 때문이다. 오늘날, 이러한 장르의 영화를 증언적 다큐 형식의 영화라 칭한다. 칼라토조프는 왜 이러한 장르를 선택하게 되었을까. 문제는 다큐 형식의 영화가 지닌 리얼리즘에 대한 효과적 묘사와 이미지의 전달력에 있다. 사실에 대한 현장감과 묘사의 사실감이 주된 이유이다. 다큐 영화들이 현장감과 사실감의 효과를 극대화하기 위해 사용하는 기법은 대체적으로 몽타주 기법에서 찾을수 있다. 몽타주 기법을 사용하여 사실감을 효과적으로 사용한 대표적인 사례로 손꼽히는 에이젠슈타인의 영화들 또한 좁은 의미에서는 다큐 영화라 할 수는 없지만(피종호: 2007, 101), 다큐 영화의 대표격으로 인용되곤 하는 것도 <전함 포템킨>, <파업>, <10월> 등에 등장하는 몽타주 기법 때문이다. 결국, 극적 효과를 통해 역사적 실체를 재연한다는 측면에서는 다큐 영화와 다큐 형식 영화의 본질적인 차이가 유의미한 것은 아니라 할 수 있다.

<나는 쿠바>의 특징으로서 '증언적'인 요소는 사실관계의 확언이

나 판단기준이 검증되거나 증명된 사실이나 그 행위를 말하며, 증언적이라 함은 증거에 대한 신뢰성을 부여하는 기능으로 쓰인다. 또한 역사적 과거를 대상으로 할 때 증언적의 의미는 역사적 실체를 체험한 당사자가 과거 역사의 진실을 밝혀내고, 기록함으로써 역사의 왜곡을 바로잡고, 인식의 전환을 도모하여, 현재에 이르는 왜곡된 역사의 잔재와 그에 따른 폐해를 수정하기 위한 가능성을 모색하기 위한 장치를 뜻한다. 앞장에서 '나'의 발화주체가 지닌 의미 분석에서 다루었던 것처럼, 여성 발화자의 서술과 메시지는 역사의 그늘에 숨어 있는 요소들을 도출하려는 목적에서 '증언적' 장치를 통해 묘사되었다. 따라서 네 개의 개별 에피소드들은 개별 주인공들을 에워싼 이야기가 아니라 역사적 사건 자체로 확장되며, 그에 대한 의미 재해석을 위해 유기적으로 연결된다. 개별적 증언 형식이 아니라, 전체적 틀에서 보았을 때, 몽타주 기법의 병렬적 묶음의 효과를 위한 것이다. <나는 쿠바>가 역사적 실체에 대한 재구성이라는 측면에서 벗어나지 않은 채, 증언적 다큐 형식을 '사실감(reality)'의 인상을 재현하기 위한 것에 집중하고 있다면, 문학 장르의 경우 증언소설이 픽션과 논픽션의 본질적 간극을 '사실인 듯한(lo verósimil)'의 효과를 유발하기 위한 미학적 표현에 집중하는 경향을 보인다.[8] 칼라토조프의 증언적 다큐 형식의 차용은 그의 문체적 특징에 있어서, '표현의 미학'보다는

---

8) 증언 예술은 영화, 미술, 문학 등 장르적 차별성에도 불구하고, 사실적 효과에 가장 큰 의미를 부여한다는 것은 일반적인 지적이다. 문학의 경우 증언소설에 있어서 '사실 효과'에 대한 논의가 활발하며, 대부분 넓은 공감대를 형성하는 실정이다. 중남미의 경우 증언소설은 역사적 트라우마에 대한 역사적 요소의 재구성이라는 측면에서 픽션의 장르를 통한 논픽션의 실체를 조망하는 통합적 과정에서 미학적 특징을 드러내기도 한다. 참조: 송병선(2002), "포스트콜로니얼리즘과 증언소설의 시학", 『스페인어문연구』, 23, p.345; 정경원(2003), "중미의 증언문학", 『서어서문연구』, 29, p.552; 이상엽(2002), "중남미 현대 증언소설의 문학적 담론에 대한 고찰", 『스페인어문학』, 23, p.362; 홍혜란(1997), "칠레의 군부 쿠테타와 증언 문학: 페르난도 알레그리아의 『거위들의 행진』을 중심으로", 『라틴아메리카연구』, 10(1), p.182.

'계몽적 의도'가 강조되는 효과로 해석될 수 있을 것이다.

장르적 구분 기준에 의하면, <나는 쿠바>는 다큐 영화도 증언 영화도 아니다. 증언적 다큐 형식을 차용할 뿐이며, 오히려 영화는 전반적으로 극적 구성과 행위(fiction based plot and action)에 기초하기 때문이다. 역사적 실체와 트라우마, 그리고 역사적 사건 사이의 필연적 관계를 트라우마와 혁명으로 연결하려는 시도에 있어서 '재연'의 중요성 때문에 증언적 요소를 지향하게 된 것이다. 역사적 사건을 다룬다고 해서, '기록영화'의 범주를 지향하는 것이 아니며, 픽션과 사실과의 관계를 명료하게 재구성하기 위한 것 또한 영화의 목적이 아니다. 사실, 증언 영화는 상상과 허구에 기반을 둔 극적 구성이라는 극영화의 특성과 대조된다. 하지만, 증언 영화 또한 감독의 주관적 시선과 앵글에 의한 목적성을 반영한다는 의미에서는 최소한의 극적 구성을 차용하기도 한다. 감독의 주요 관심사나 모티브, 창작 동기가 증언을 통해 진실을 발견하고, 재구성하기 위한 것이라는 점에서는 일반 극영화가 추구하는 역사적 진실에 대한 규명과 증언 영화의 목적이 본질적으로 다른 것은 아니다. 칼라토조프의 창조적 개성과 주관적 해석의 시각에 의하면 <나는 쿠바>는 증언 영화는 아니지만, 영화의 지향점이 객관적 역사의 실체에 있어서 진실성을 재구성하려는 것이라면, 영화는 증언적 영화이다.

에피소드의 축을 구성하는 부분들은 증언적 다큐 형식의 화면들로 형성된다. 감독이 주제를 이끌어가는 과정이 인상주의적 비평에 가깝다면, 화면의 구성과 연출은 역사적 실체와 트라우마를 통한 아픔의 기억이라는 재현을 가능할 수 있도록 리얼리티가 강조되어 있다. 얼핏 모순적인 두 요소는 상충되기보다는 보완되는 기능을 수행한다.

바띠스따 관련 화면은 다큐적 형식이며, 인물들을 조망하는 카메라의 사용이나, 거리에서의 시위와 소동의 묘사 등은 에이젠슈타인이 몽타주 기법을 통해 실현하려 했던, 전범적 의미에서의, 다큐의 사실성이 담겨 있다. 예를 들어, 혁명 투사들의 침투 장면에서 어지럽게 뒤섞이는 불빛과 사람들의 아우성 소리는 독립된 화면을 구성하기에는 구도적으로 부족하다. 오히려 다큐의 증언적 서술을 시각화하는 훌륭한 화면 구성으로서 긍정적 대표성을 지닌다.

2. 내러티브에 있어서 문체적 특징

역사적 트라우마 재현의 문제는 역사적 사실을 재연함으로써, 과거에 입었던 쿠바의 상처에 대한 공감을 유발하고, 그에 따른 인식과 행위의 방향성을 유도하기 위한 것으로서, 과거의 역사적 사건을 충실하게 재현하려는 데에 그 목적이 있는 것이 아니라, 과거의 트라우마에 대한 현재적 공감을 통해 현재의 삶을 비추어보려는 의도에 의한 것이다. 따라서 효율적인 재연이 중요하다.[9) 재연의 효율성을 위한 감독의 선택은 대조, 단순화 구성, 세부의 생략, 반복, 점층 등의 문체적 특징으로 나타난다.

1) 디테일의 결여와 단순화 및 일반화

칼라토조프는 역사를 재연하는 과정에서 다양하고 복합적인 요소들을 단순화하고 일반화한다. 이는 감독의 주관성이 역사의 객관적

---

9) 재연의 중요성은 다큐 형식 영화의 가장 큰 장점으로 부각되었으며, 감독의 연출과 함께 영화 매체가 지닌 '기록'으로서의 기능을 위한 필수 요소이다.

실체를 대상으로 작동된다는 점에서 상호 모순적이다. 영화를 구성하는 네 개의 에피소드는 역사적 의미의 복합체로써, 각각 콜럼버스 이후 식민수탈의 형성 단계와 수탈적 구조의 고착 단계, 정치화된 수탈 고리의 자각 단계, 전환된 인식의 실천 단계를 상징한다. 하지만, 역사를 구성하는 요소들은 상충되고 모순되는 복합적 요인들에 의해 구성될 뿐 아니라, 역사적 실체를 명확하게 드러내기 어려울 수밖에 없다. 감독은 역사의 구성 요소들을 단순하게 정의하고, 사건과 실체에 대해서도 일정한 시각으로 제한하여 관찰하는 일반화된 응시의 시선을 선택한다.

증언적 다큐 형식의 영화라는 수식이 역사적 실체에 대한 리얼리즘적 시각을 강조하기 위한 것이라면 감독의 이러한 주관적 선택은 객관성을 담보하지 못함으로써, 리얼리티의 효과를 반감시킬 수도 있는 시선이다. 물론, 제한적인 시간의 흐름 안에서 역사를 재구성하기 위한 장르적 선택의 이유도 무시할 수는 없지만, 칼라토조프는 등장인물의 구성에 있어서도 최대한 대립적인 성격을 반영하는 인물들만을 등장시키고 있다. 풍성한 묘사에 목적이 있는 것이 아니라, 단순하고 명확한 묘사에 주된 목적이 있기 때문이다. 이러한 단순성은 주제를 더욱 명료하게 만드는 긍정적 의미로 작용한다. 감독의 영화가 선동성을 지니고 있는 것 또한 이러한 요소 때문이다.

에피소드의 행위를 이끌어가는 인물들은 상징성을 지닌다. 이들은 구체적인 역사성을 드러내기보다는 보편적이며 상징적인 성격을 대변하는 것이다. 물신적 욕구로 아바나를 찾은 외국인이나 그에게 몸을 파는 마리아, 사탕수수 농장주인 아코스타와 소작농 파블로 또한 이름을 지니고 있을 뿐 개별적 존재로서의 구체적 의미가 중요하지 않다. 글로리아와 엔리케 역시 이름의 상징성이나 행위의 역할에 중요성이 부여될 뿐, 개별 인물로서의 구체성은 결여하고 있다. 피델의 외형을 닮은 게릴라 대장이나 농민 마리아노 또한 수많은 쿠바인들을 대표하는 상징으로 해석될 뿐이다. 감독은 인물의 구성과 사건의 개요 및 역사 전반에 대한 서사 모두를 단순한 구도로 구성하며, 복합적이고 상호 모순적인 요소들조차 일반화한다. 이 과정에서 리얼리티를 살린 세부 묘사는 제한적이다. 오히려 과감한 생략과 강조는 역사적 사건과 그 배경에 대한 묘사를 대립적 구도에 의해 단순화시키는 효과를 위해 이용된다.

대상을 단순화하고 일반화한다는 의미는 감독의 묘사가 대상으로써 역사적 실체에 대한 디테일에 주목하지 않음을 의미한다. 콜럼버스가 쿠바를 정복한 것이 아니라, 벨라스케스라는 사실은 분명한 역사적 실체이지만, 감독에게 있어서 콜럼버스가 부여하는 상징성이 훨씬 중요하기 때문이다. 이는 관객의 입장에서도 동일하게 작동된다. 역사의 층위를 세밀하게 묘사한다는 것은 관객에게 객관적 시선으로 대상을 응시하도록 유도하는 장점을 지닐 수 있지만, 또한 동시에 주제에 접근하기 어렵도록 산만한 요소들을 제공할 수 있기 때문이다.

단순화와 일반화는 인물의 행위에서 있어서도 반복된다. 등장인물들에 대한 묘사는 최대한 절제되어 있다. 그에게 세부적인 정황의 묘사와 역사적 배경에 대한 서술은 제한적이거나 불필요한 요소들이다. 인물들이 누구이고, 무엇을 했는지에 대한 세부 묘사는 과감하게 생략되어 있다. 감독은 의도적으로 디테일을 생략한다. 감독의 문체는 사실주의보다는 인상주의에 가깝다. 목적하는 이미지의 형성과 그에 따른 인상을 강조하기 때문이다. 두 번째 에피소드의 농부 가족에 대한 묘사가 좋은 사례이다. 여인, 그들의 곁에 있는 네 아이들 그리고 당나귀에 나무를 해오는 농부의 평화로운 모습이 보인다. 전형적인 농민 가정의 서정적이고 낭만적인 모습이다. 감독은 우리에게 묻는다. 과연 그러한가라고. 칼라토조프는 그들의 모습에서 단란한 가정의 전형을 찾지 않는다. 역사성에 대한 냉철한 의식이 결여되어 있는 삶은 의미가 없기 때문이다. 이들의 단란한 모습은 이후 벌어지게 될 야만적인 폭력의 비극을 대조적으로 강조하기 위한 장치로써 기능할 뿐이다. 따라서 가정의 모습에 대한 묘사가 디테일이 부족한 채 단순하게 그려질 수 있었던 것이다. 바로 단순화와 일반화의 목적인 셈이다. 단순화와 일반화는 이항대립적 요소의 대조를 통해 강조된다.

2) 이항대립적 요소의 대조

'서구는 수탈의 주체이며, 쿠바는 수탈의 대상이다'라는 시각은 분명 역사적 정황에 대한 디테일을 결여한 단순화와 일반화의 결과이다. '흑과 백', '빛과 어두움', '선과 악' 등과 같은 이항대립적 요소의 대조로써 쿠바 근현대사에 대한 해석을 기획하려는 것이다. 감독은 서구와 쿠바를 대립적 요소로 위치시킴으로써, 쿠바와 서구를 수탈의 대상과 주체로서 구성함으로써, 쿠바와 서구를 '선 ⟷ 악'의 대립적 구도로 대조시킨다. 이는 쿠바의 역사적 트라우마에 대한 강조를 위해 매우 효율적이고 긍정적인 장치인 것은 분명하다. 쿠바는 서구의 물신적 욕망의 희생양이기 때문이다. 쿠바 스스로의 문제는 이미 중요한 것이 아니라, 외부적 요인에 의한 부정적 요소들이 오늘날 쿠바의 문제의 핵심을 구성하기 때문인 것이다. 칼라토조프의 이항대립적 요소의 대조는 영화의 전면에서 가장 핵심적인 문체를 이룬다.

'콜럼버스=서구 ⟺ 설탕=쿠바'의 등식은 첫 번째 에피소드가 얘기하는 수탈의 역사적 기원에 대한 해설이다. 콜럼버스에 의한 정복이 쿠바를 물신적 욕망의 대상으로 만들었고, 설탕이 쿠바의 피눈물이라는 설정이다.

마리아는 파트너 남자를 데리고 자신의 집으로 향한다. 칼라토조프의 대조는 여기에서 강조된다. 화려한 네온사인과 광란의 춤사위가 잊히기도 전에 등장하는 아바나 뒷골목의 모습은 처참하기 이를 데 없다. 흙탕물을 피하며 비루한 난민촌의 구석구석을 돌고 돌아 도착한 마리아의 집은 불 켜진 알전구 아래 옹색한 살림을 드러낸다. 화려한 쿠바의 밤거리와 도시 외곽의 빈민가는 이러한 대립적 구도를 위한 보완적 장치이다.

백인 남성으로 대변되는 서구 수탈의 주체는 매혹적인 여인인 마리아를 욕망하고, 마리아는 남성의 욕망을 자신의 욕망 교환적 가치로 치환하여 수용함으로써, 자신의 욕망을 남성의 욕망으로 대체하고 스스로 물신화되어간다. 물신적 욕망의 가치는 여성을 육체적으로 소유하는 관계를 통해 표상된다. 화류계에서의 마리아는 베티로 불린다. '마리아 ⟺ 베티'의 구도는 서구 자본 권력에 휩쓸리는 쿠바 서민의 의식에 나타난 대립적 요소를 통한 대조이다.

'서구=식민의 주체 ⟺ 쿠바=피식민의 주체'의 등식 또한 일반화와 단순화를 매개로 대립적 구도이며, 이는 '아꼬스따=수탈의 주체=유나이티드 프루트 ⟺ 페드로=수탈의 대상=땅을 잃은 농민'의 등식으로 강조되면서 두 번째 에피소드의 축을 구성한다. 아꼬스따의 모습은 흡사 군림하는 군주의 모습이다. 소작농과 대지주의 관계는 화면에서 극명하게 대조되어 표현된다. 아꼬스따는 대지주이며, 동시에

서구적 수탈 주체의 하수인이다. 미국의 자본으로 중남미 전역에서 과일 농장을 꾸려나가던 유나이티드 후르트 회사는 막대한 자본을 바탕으로 기하급수적으로 자신의 영역을 넓혀간다. 그 과정에서 헤아릴 수 없이 많은 소작인들이 노동의 터전과 삶의 터전을 잃게 된 것이다. 노인도 그 가운데 하나일 뿐이다. 현실에서 도망칠 수 없는 노인 뻬드로는 죽음을 선택한다. 그의 죽음은 천진하게 콜라를 마시는 아이들의 해맑은 미소와 대조를 이룬다. 이때, '사탕수수=수탈의 대상 ⇔ 콜라=서구적 욕망의 상징'의 대립적 대조가 나타난다.

세 번째 에피소드는 대통령의 취임식 장면과 미국과의 협력 관계가 영화 상영 전에 공공뉴스로 화면으로 시작된다. 미국 정부의 절대적인 지지를 받으며 집권에 성공한 쿠바 대통령 바티스타(Batista)의 화려한 근황이 영사막에 투영되면서 쿠바 서민의 피폐한 일상이 대조적으로 교차된다. 쿠바의 빈민은 이중적 타자로 읽힌다. 쿠바 주둔 미군들이 노래를 하며 시내를 활보하다, 마주친 쿠바 여인을 농락한다. 쫓기는 여인과 뒤를 쫓는 희롱의 웃음소리. 청년 엔리께가 나선다. 주정을 부리며 서구에 의해 수탈되는 대지는 유린되고 강탈당하는 이미지로서의 인상으로 재현되는 것이다. 역사적 트라우마의 재현 그것은 피식민의 아픔에 대한 기억이며, 일상에서 완전한 망각으로 빠져들 수 없는 망각과 기억의 미로를 가득 메우고 있다. 이러한 '수탈 ⇔ 피식민'의 대립적 구도는 '엔리께=비둘기=쿠바 민족주의 ⇔ 바띠스따=쇼윈도=친서방 독재정권'의 틀을 형성하며 전개된다.

마지막 에피소드는 산 속 농부 가족의 단란한 삶의 모습과 무자비한 토벌대의 공습이 대조를 이룬다. 이유나 설명은 생략되어 있다. 오직 '가해자 ⇔ 피해자'의 대립적 구도만 존재할 뿐이다. 그렇다면 관객의 선택은 당연하다. 피해자에 대한 동정심이 유발되기 때문이다. 더욱 그 피해자의 아픔이 관객이 지닌 트라우마를 자극하는 경우에는 이러한 대립적 구도는 더욱 커다란 영향력을 행사한다. 관객은 주인공과 동일시를 경험하며, 주인공의 선택에 공감한다. 이제 관객은 실천적 태도를 선택적으로 맞이하게 될 것이다. 칼라토조프는 대조를 통해 선동하고 설득하는 선동적 접근에 집중한다.

대립적 요소의 대립이라는 극적 전개를 통해 칼라토조프는 탈종속의 당위성을 선정적으로 강조한다. 마리아의 매춘과 노인의 죽음, 엔리께의 죽음은 억울한 희생양에 대한 관객의 감정에 분노의 동일시를 유발시킴으로써, 마리아노가 총을 잡는 과정에 공감을 하기 위한 장치이다. 피식민의 한이 서려 있는 응고된 트라우마의 출구 없는 폭발을 강조하려는 강한 의도이다.

3) 역사적 트라우마의 반복과 점층적 효과

역사적 트라우마에 대한 집중은 영화 전반을 가로지른다. 칼라토조프는 인물들의 역할과 성격을 트라우마의 생성과 관계된 구도에서 파악하여 묘사한다. 이 과정에서 트라우마적 요소는 빈번하게 반복되며, 반복적 요소들은 영화가 전개되는 동안 눈덩이처럼 그 의미가 확장된다. 이른바 유사 요소의 반복과 그에 따른 점층의 효과이다.

수탈의 주체와 대상은 대표적 인물에 의해 일회적으로 묘사되는 것이 아니다. 각각의 에피소드에서 인물들의 역할은 매번 반복되고 있다. 콜럼버스와 익명의 관광객, 아꼬스따, 바띠스따와 미군으로 묘사된다. 수탈의 이미지를 대변하는 이들 인물들은 쿠바 수탈의 주체로서 반복적으로 등장한다. 마리아와 빠블로, 엔리께와 마리아노 또한 동일한 역할을 수행하는 인물들로서 수탈의 대상이며 희생자로서 반복적으로 등장한다. 나아가, 이들 인물들이 긴장의 관계에서 형성하는 '수탈의 주체 ⇔ 수탈의 대상'의 구도는 지속적으로 반복되며, 점층적으로 주제를 효율적으로 묘사한다.

영화를 구성하는 네 개의 에피소드는 각각 역사적 트라우마를 재현하기 위한 주제이다. 각각의 에피소드를 하나로 연결하는 것은 여성 발화자의 몫이고 역할이다. 여성 발화자의 내레이션은 역사적으로 쿠바가 겪어 온 트라우마의 아픔을 노래한다. 여성의 목소리를 통해 서구의 침탈을 고발하는 미하일 칼라토조프의 도발적인 언술은 네 편의 에피소드 사이사이에 추임새처럼 변형되며, 반복되어 개별적인 네 개의 이야기를 하나의 주제로 묶어주는 강력한 마력을 발휘한다. 반복적 추임새는 되풀이되는 표현에 의해 분산된 요소들에 통일성을 부여하는 장치로서의 역할을 수행한다.

플롯의 구성에 있어서, 네 개의 에피소드들은 순차적으로 각각 '발단'과 '전개', '위기'와 '결말'을 얘기한다. '발단-전개-위기-결말'의 플롯은 에피소드의 세부 행위(action)를 담당하는 인물들이 상징적 의미와 역할 또한 반복적이되, 점층적으로 구성되는 효과를 생산할 수 있도록 한다. 처음 두 에피소드가 역사적으로 피식민에 의한 수탈의 고착화를 지속적으로 경험하는 피해자로서 쿠바의 트라우마에 대한 회상과 그에 따른 관객의 몰입과 공감에 집중되어 있었다면, 세 번째 에피소드는 인식 전환의 장으로서 수탈과 고착화된 폭력의 피해자가 각인을 하며 삶의 방향성을 깨닫는 주제를 다루고, 네 번째 에피소드는 농기구 대신 총을 들어야 했던 마리아노를 통해 혁명의 당위성이라는 논리를 공식화하여 묘사하고 있는 것이다. 이러한 반복적인 요소들은 전체의 구조에서 점층적 효과를 위한 효율적인 장치가 된다.

IV. 결론

<나는 쿠바>는 1960년대 리얼리즘 시각으로 역사를 조망하려는 국제 사회적 분위기에서 극영화의 구성을 증언적 다큐 영화 형식에서 차용하여 제작한 영화이다. 영화에서 '역사적 사건'은 단순하고 기계적으로 기억되는 것이 아니라 일상의 문화와 인식으로 연결되어야 하며, 나아가 행동의 방향성과 밀접한 의미를 지녀야 한다는 것이 칼라토조프 감독의 의도이다.

본 연구가 주목했던 역사적 트라우마의 재연 과정에서 감독의 문체는 이러한 주제를 효율적으로 관객에게 전달하기 위해 가장 중요한 장치적 도구이다.

역사적 실체에 대한 주관적 시각의 접근은 대상적 실체에 대한 증언적 시선으로 읽히게 되며, 여성 발화자인 '나=쿠바'에 의해 형식적 틀에서의 객관성을 부여받게 된다. 칼라토조프는 꾸준히 '수탈의 주체 ⇔ 수탈의 대상'으로 대표되는 이항대립적 요소들의 대조를 통해 사회 역사적 상황을 단순화하고 일반화하며, 구조적으로 역사적 사건을 재해석한다. 사건의 배경은 이미 그 의미를 상실한 채 결과적 모순과 극단적 대립에 대한 강조가 사실주의적 표현을 통해 현실에 대한 인식의 객관적 틀인 듯 강요된다. 네 편의 에피소드는 '기-승-전-결'의 극적 구성을 이루고 있으며, 순차적 흐름에 따른 점층기법으로 연결된다. 이렇듯 묘사의 스타일은 증언적 다큐 영화 형식의 시선, 즉 객관적 실체에 대한 관객의 공감에 집중되어 있고, 논픽션 요소의 결여된 부분을 문체적 특수성으로 극복하고 보완하려는 감독의 서사적 특징이 문체로서 두드러진다. 영화는 역사적 실체에 대한 재현을 통해 관객이 트라우마의 역사성을 체험하고, 인식의 전환을 경험할 수 있도록 하는 과정에서 역사적 과거의 재연을 어떻게 구성하는지 문체적 요소를 통해 특징되는 것이다. 그러한 특징은 대체적으로 '복합적 요소들의 단순화 및 일반화', '이항대립적 요소의 대조', '역사적 트라우마의 반복적 재현', '병렬과 점층' 등으로 구체화된다. 이러한 칼라토조프의 문체는 역사를 고착된 과거로 보는 것이 아니라, 시대정신과 저항의식으로 재생하여, 역사적 의미를 재구성하기 위한 효율적 장치로 기능한다는 점에서 유의미하다.

<나는 쿠바>의 성과는 실로 긍정적이며, 라틴아메리카 신영화의 대표작으로 세계 영화산업의 성과물 가운데 손꼽을 수 있는 고전 작품이다. 그러나 여전히 영화에 대한 아쉬움이 남는 것은 쿠바인들이 겪었던 피식민의 트라우마에 대한 내재적 인식의 부족과 치유적 접근을 위한 고뇌가 도식적이고 사념적인 접근으로 대체되고 있다는 점이다. 서구의 역사 해석의 시각을 비판하며 각을 세웠지만, 구도적 측면에서 쿠바의 목소리를 이끌어 내고, 담아내려는 의도가 탈종속과 혁명의 선동적 의도에 묻혀 쿠바를 그리고 있되, 진정한 쿠바의 목소리가 제대로 들리지 않는 한계를 지니고 있는 것이다. 트라우마에 대한 접근은 상처의 기억을 자극하고, 강조하는 데에서 벗어나서 역사적 트라우마가 역사성의 무게를 줄일 수 있도록 유도하는 데에서 찾아야 하기 때문이다.

참고문헌

강태호(2008), "기록문학과 기록영화의 장르 특성 비교연구 ―독일의 르포 문학과 르포 다큐멘터리를 중심으로", 『독어교육』, 제43집, pp.177~204.

권미란(2009), "스페인과 식민지 쿠바의 경제적―정치적 관계: 쿠바 사태를 중심으로", 『스페인어문학』, 제50권, pp.267~284.

송병선(2002), "포스트콜로니얼리즘과 증언소설의 시학", 『서어서문연구』, 제23권, pp.341~354.

_____(2004), "라틴아메리카 증언문학의 시학과 하위 주체의 문제", 『라틴아메리카 연구』, 제17권 3호, pp.379~400.

염홍철(1987), "쿠바: 혁명과 발전전략 재평가", 『제3세계의 혁명과 발전』, pp.73~101.

이성형(2003), 『콜럼버스가 서쪽으로 간 까닭은』, 서울: 까치.

이상원(2002), "중남미 현대 증언소설의 문학적 담론에 대한 고찰", 『스페인어문학』, 제23권, pp.355~367.

임호준(2006), 『시네마 슬픈 대륙을 품다』, 서울: 현실문화연구.

정경원(2003), "중미의 증언문학", 『서어서문연구』, 제29권, pp.527~554.

정재호(2004), "쿠바와 푸에르토리코의 식민지 경험과 탈식민지 독립운동에 대한 비교", 『라틴아메리카연구』, 제17권 3호, pp.69~99.

정찬영(1999), "증언소설의 개념과 특성", 『현대문학이론연구』, 제11호, pp.343~373.

조원옥(2007), "영화로 불러낸 기억의 변화, 홀로코스트 영화", 『대구사학』, 제90호, pp.325~349.

피종호(2007), "다큐멘터리영화의 리얼리즘과 허구성", 『카프카연구』, 제18집, pp.99~117.

홍상우(2003), "상승과 하강의 미학, 미하일 칼라토조프의 영화 <학이 난다> 연구", 『노어노문학』, 제15권 2호, pp.675~694.

홍혜란(1997), "칠레의 군부 쿠데타와 증언 문학: 페르난도 알레그리아의 『거위들의 행진』을 중심으로", 『라틴아메리카연구』, 제10권 1호, pp.179~208.

Axtell, James(1993), "The moral dimensions of 1492", *Historian,* Vol. 56, Issue 1, pp.1~13.

Chanan, Michael(1997), "Rediscovering Documentary: Cultural Context and Intentionality", (ed.) Martin, Michael T., *New Latin American Cinema*, Detroit: Wayne State University Press.

Herman, Judith(2007), *Trauma and Recovery: The Aftermath of Violence,* 『트라우마: 가정 폭력에서 정치적 테러까지』(최현정 옮김), 서울: 플래닛.

Kerwin Lee Klein(1995), "In Search of Narrative Mastery: Postmodernism and the People without History", *History and Theory,* Vol. 34, Issue 4, pp.275~298.

영상물

<나는 쿠바>, 1964, 미하일 칼라토조프 감독, 소련/쿠바.

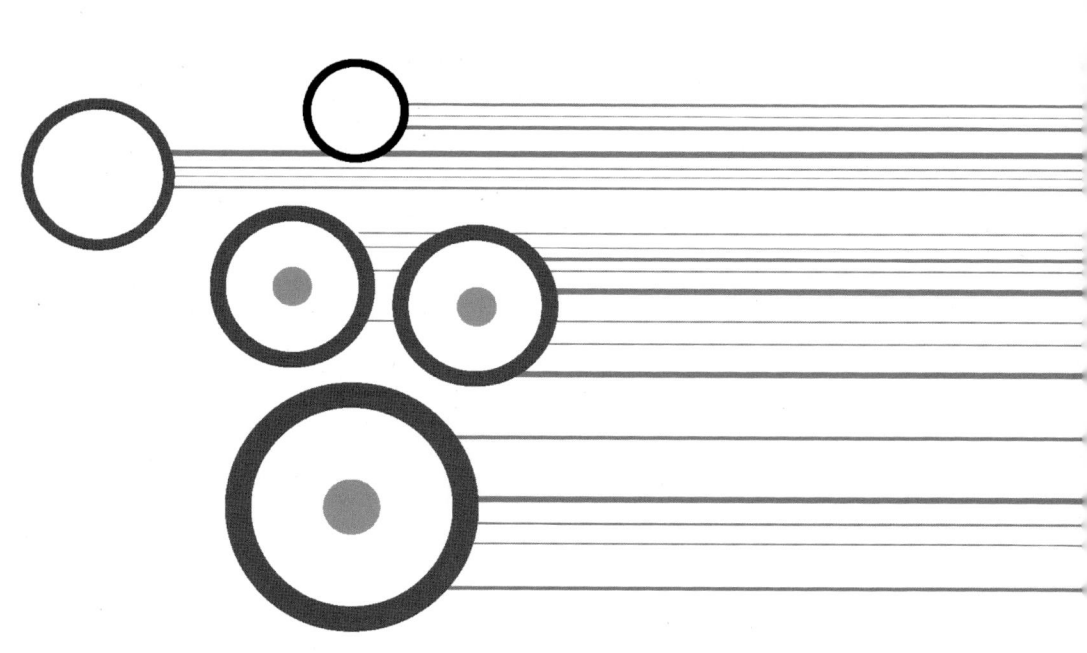

라틴아메리카의 식민경험과
경제성장의 상관관계

이상현

I. 서론

라틴아메리카는 여러 측면에서 축복받은 대륙으로 평화롭고 안정적이며 풍요로운 삶을 이룰 잠재력을 지니고 있다. 라틴아메리카는 거의 모든 종류의 천연자원을 풍부하게 보유하고 있으며, 심각한 폭력을 유발할 수 있는 인종적, 종교적 그리고 언어적 차이도 크지 않다. 또한 라틴아메리카 국가들은 다양성과 지속성의 측면에서 볼 때 특출한 문화를 가지고 있다. 그러나 현실의 라틴아메리카는 저발전과 정치적 불안정으로 얼룩져 있다(Piñera: 2003, 409). 특히 경제적 측면에서 볼 때, 라틴아메리카 지역의 국가들은 선진국과 비교하여 낙후되어 있다.[1] 국가별 차이에도 불구하고 라틴아메리카 국가들의 평균

---

1) 전 세계를 놓고 볼 때 라틴아메리카는 그다지 저발전 지역이 아니다. 즉 대부분의 라틴아메리카 국가들은 유럽과 미국을 중심으로 한 선진국들보다는 가난하지만 아프리카와 아시아 일부의 극빈국가들보다는 경제적 성취가 높은 지역이다. 결국 라틴아메리카의 저발전은 선진국과 비교하여 저발전 상태를 의미한다.

일인당 국내총생산은 선진국들이 중심인 경제협력개발기구(OECD: Organization for Economic Co-operation and Development) 국가들에 비하여 현저히 떨어진다. 일례로 2005년 세계은행이 제시한 통계에 따르면, OECD 국가들의 일인당 평균 국내총생산은 36,500달러이고 카리브 지역을 포함한 라틴아메리카 국가들은 4,157달러를 기록하였다.

'라틴아메리카의 역설'로 일컬어지는 라틴아메리카 국가들의 이러한 경제적 저발전[2]은 많은 연구자들의 지속적인 관심을 끌어왔다.[3] 특히 라틴아메리카 국가들처럼 식민 경험을 지니고 있고 비슷한 시기에 독립을 이룬 소위 신대륙의 이웃 국가들인 미국과 캐나다와 비교할 때 도드라져 보이는 라틴아메리카 국가들의 경제적 저발전은 경제학, 역사학, 정치학 그리고 사회학 등의 학문 영역에서 다양한 연구 성과들을 보여주었다. 우선 주목할 만한 연구는 1960~1970년대를 풍미하며 저발전의 원인을 외부와의 구조적 관계 속에서 찾으려고 시도한 구조주의와 종속 이론가들에 의하여 생산되었다. 라틴아메리카 경제사 연구로 촉발된 이들의 주장은 학계뿐 아니라 이념적 성격이 가미되어 현실 정치와 사회운동에도 많은 영향을 끼쳤다. 이렇게 촉발된 라틴아메리카 저발전의 원인에 관한 연구는 경제발전의 결정요인이라는 범학제적 의문과 어울리며 다양한 학문분야에서 연구 성

---

2) 일반적으로 경제발전은 질적인 발전을 의미하는 개념으로 경제적인 측면뿐만 아니라 산업구조, 의료, 교육 등의 다양한 경제, 사회, 정치적 발전을 내포한다. 이에 비해 경제성장은 주로 양적인 측면에서 경제의 규모가 커지는 것을 의미한다. 경제발전과 경제성장의 개념을 구분하는 것이 본 연구의 관심은 아니지만, 본 연구에서는 내용에 따라 구분되어 사용되고 있으며, 특히 국내총생산 등의 양적 기준을 중심으로 살펴보는 부분에서는 경제성장을 사용하였다. 한편 본 연구에서 경제성장의 지표로 사용하고 있는 국내총생산은 경제현황을 분석하고 비교하는 데 있어서 가장 현실적이고 유용한 지표임에도 불구하고 몇 가지 한계를 지니고 있으며 이를 보완하고 대체하는 논의 또한 활발하다는 점을 밝혀둔다.

3) 라틴아메리카의 저발전과 식민 유산 간의 상관관계를 다룬 고전적인 연구로는 Stein과 Stein(1970)의 연구를 들 수 있다.

과를 산출하였다. 대표적 연구 성과들은 기후, 자원, 인구 등의 부존요소(factor endowments)의 차이가 각기 다른 경제발전을 가져온다고 주장하는 기존의 경제사 연구자 그룹, 컴퓨터의 대중화와 더불어 급속히 발전한 다양한 경제 수학적 방법론을 이용하여 경제사 연구에 '과학적 엄밀성'을 주장하며 구조주의 및 종속 이론가들의 주요 주장들을 반박하는 '신경제사(New Economic History)' 그룹, 그리고 1993년 노벨경제학상을 수상한 Douglas North를 따라 시장구조, 재산권 구조 등의 제도를 경제발전의 주요 독립변수로 보는 '신제도주의 경제사학(New Institutional Economic History)' 그룹 등으로 구분된다.

본 연구는 라틴아메리카 저발전의 역사적 기원에 대한 의문으로 촉발되었다. 즉, 본 연구는 '라틴아메리카 저발전의 원인은 무엇인가?'라는 범학제적 의문과 '라틴아메리카의 식민경험은 식민시대 이후 라틴아메리카 경제발전에 어떤 영향을 끼쳤는가?'라는 경제사적 의문에 대한 답을 찾는 것을 기본목적으로 한다.

한편 식민경험과 경제성장의 상관관계라는 본 연구의 주제는 식민경험을 지니고 있는 한국의 연구자에게 낯설지 않은 주제이다. 즉, 수탈 또는 개발이라는 양극단의 시각으로 정립되기 쉬운 식민경험과 경제성장의 상관관계에 관한 연구는 '식민지수탈론'과 '식민지 근대화론'으로 갈려 한국학계에서도 언제나 뜨거운 논란을 불러오는 주제이다. 따라서 라틴아메리카의 식민경험과 경제성장의 관계와 관련된 다양한 연구 성과를 소개하고 분석할 본 연구는 한국사 연구자들에게도 시사점을 제공할 것이다.

라틴아메리카 저발전의 역사적 기원을 찾으려는 본 연구는 다음의 내용과 순서로 전개된다. 다음 장에서는 라틴아메리카 경제성장의 장기적 경향에 관한 지표들을 통하여 저성장의 역사적 배경을 살펴볼 것이다. 라틴아메리카 경제사학자들이 계산한 국내총생산 추정치들을 바탕으로 라틴아메리카 경제성장 과정을 시기적으로 구분할 것이다. 제3장에서는 라틴아메리카 저성장의 원인을 규명한 기존연구들을 독립변수의 성격에 따라 내부요인과 외부요인으로 구분하여 살펴볼 것이다. 즉 라틴아메리카 저성장이 라틴아메리카의 내생적 조건에 의한 것인지 아니면 외부적 요인에 의하여 결정된 것인지를 논의할 것이다. 제4장에서는 최근 라틴아메리카 경제사 연구에서 활발한 성과를 보이고 있는 '제도'에 대한 논의를 중심으로 식민경험과 경제성장의 상관관계를 살펴볼 것이다. 이 장에서는 기존의 '신제도주의 경제사학' 그룹은 물론 이념적으로 그리고 방법론적으로 다양한 그룹에서 논의되는 '제도'와 경제성장 간의 상관관계를 논의할 것이다. 마지막으로 결론에서는 서론에서 제시된 본 연구의 질문, 즉 '라틴아메리카 저성장의 역사적 기원'과 '라틴아메리카 식민경험과 경제성장의 상관관계'에 대한 잠정적 결론과 더불어 후속 연구를 위한 과제들을 제시할 것이다.

Ⅱ. 라틴아메리카 경제의 장기적 경향

라틴아메리카의 식민경험과 경제발전에 대한 본격적인 연구 분석에 앞서 본 장에서는 우선 "라틴아메리카 경제는 언제부터 성장하지 못했는가?"라는 의문에 답해 보고자 한다. 라틴아메리카 경제가 침체와 부진을 겪은 시기에 대한 이 의문은 무엇보다도 라틴아메리카 경제의 장기적 성장추세를 반영하는 정확한 데이터를 필요로 한다. 라틴아메리카 경제사 연구자들은 오랜 기간 동안 라틴아메리카 경제상황의 장기적 경향을 정확하게 반영하는 지표를 구축하고자 노력하였다. 특히 대표적으로 경제성장을 측정하는 지표인 국내총생산(GDP)의 장기적 경향을 계산하려는 시도는 꾸준히 진행되었다. 최근 이러한 노력들 중 대표적인 것은 전 세계 국가들의 국내총생산 추정치를 제시한 Madison(2003)의 연구이다. 이에 대표적인 라틴아메리카 경제사학자의 한 명인 Coatsworth(2005)는 본인의 추정치와 Madison의 추정치를 종합하여 라틴아메리카의 경제상황의 장기적 경향을 <표 1>에 제시하고 있다. 한편 Engerman과 Sokoloff(1997)도 약간의 차이는 있지만 비슷한 국내총생산 추정치와 성장률을 제시하고 있는데 이는 <표 2>와 <표 3>에 제시되어 있다.

〈표 1〉 1인당 국내총생산(GDP) (1990년 국제달러)

경제권	1500	1600	1700	1820	1870	1900	2000
멕시코 (Madison)	$425	$454	$568	$759	$674	$1,366	$7,218
멕시코 (Coatsworth)	550	755	755	566	642	1,435	
다른 라틴아메리카 (카리브 제외)	410	431	502	663	683		5,508
브라질	400	428	459	646	713	678	5,556
카리브 지역 국가들	400	430	650	636	549	880	5,634
라틴아메리카	416	438	527	692	681	1,110	5,838
미국	400	400	527	1,231	2,445	4,091	28,129

출처: Coatsworth(2005), p.129.

<표 2> 아메리카 대륙 경제권의 1인당 국내총생산(GDP) 변화(1700~1989)

1인당 GDP(1985 U.S. 달러)				
경제권	1700	1800	1850	1913	1989
아르헨티나	-	-	$874	$2,377	$3,880
바베이도스	$738	-	-	-	5,353
브라질	-	$738	901	700	4,241
칠레	-	-	484	1,685	5,355
멕시코	450	450	317	1,104	3,521
페루	-	-	526	985	3,142
캐나다	-	-	850	3,560	17,576
미국	490	807	1,394	4,854	18,317

출처: Engerman and Sokoloff(1997), p.270.

<표 3> 아메리카 대륙 경제권의 1인당 국내총생산(GDP) 성장률(%)

경제권	1700~1800	1800~1850	1850~1913	1913~1989
아르헨티나	0.0	-	1.6	0.6
바베이도스	-	-	-	-
브라질	-	0.4	-0.4	2.4
칠레	0.4	-	2.0	1.5
멕시코	0.0	-0.7	2.0	1.5
페루	0.1	-	1.0	1.5
캐나다	-	-	2.3	2.1
미국	0.5	1.1	2.0	1.8

출처: Engerman and Sokoloff(1997), p.270.

　　라틴아메리카 국가가 보여준 국내총생산의 장기적인 경향을 추정
한 이러한 노력들은 라틴아메리카 경제성장과 관련하여 우리에게 몇
가지 중요한 단서들을 알려주고 있다. 첫 번째 단서는, 스페인과 포르
투갈의 식민지배가 시작되는 시점부터 식민지배의 전반부에 해당되
는 기간 동안 라틴아메리카의 일인당 국내총생산은 당시의 서구유럽

과 대등한 수준이었으며 이후 미국이 되는 아메리카 대륙의 영국 식민지가 18세기가 되어서야 이룬 것과 비슷했다는 것이다(Coatsworth: 2005, 129). 위의 표들에 제시된 국내총생산 추정치에 따르면, 1500~1700년 기간 동안 멕시코의 일인당 국내총생산은 미국의 일인당 국내총생산을 능가하였다. <표 1>의 Madison 추정치에 따르면, 멕시코의 일인당 국내총생산은 1500년에 425달러, 1600년에 454달러, 그리고 1700년에 568달러를 기록하며 1500년에 400달러, 1600년에 400달러, 그리고 1700년에 527달러를 기록하는 데 그친 미국의 일인당 국내총생산을 앞서고 있다. 이는 같은 표의 Coatsworth의 추정치에서도 확인되는데, 이에 따르면 멕시코의 일인당 국내총생산은 1500년에 550달러, 1600년과 1700년에 755달러를 기록하며 1500년과 1600년에 400달러 그리고 1700년에 527달러를 기록한 미국의 일인당 국내총생산을 웃돌고 있다. 한편 카리브 지역을 포함한 라틴아메리카 전체의 일인당 국내총생산 추정치도 비슷한 추세를 보이고 있다. <표 1>의 Coatsworth의 추정치에 따르면, 미국의 일인당 국내총생산은 1700년에 이르러서야 카리브를 포함한 라틴아메리카 지역과 대등해진다. 결국 스페인과 포르투갈의 식민지배가 시작되던 시기 라틴아메리카 지역은 아메리카 대륙의 북반구 지역보다 앞선 경제발전의 정도를 보여주었으며 라틴아메리카 저성장은 이후 전개된 스페인과 포르투갈의 식민지배와 밀접한 관계가 있다고 추측해 볼 수 있다.

국내총생산의 장기적 추세를 살펴본 연구들을 통하여 알 수 있는 두 번째 단서는, 라틴아메리카 경제가 1700~1870년 기간 동안 상대적으로 침체되어 있었으며 이 시기의 부진한 성장이 라틴아메리카 경제의 장기적 성장 추세에 치명적 결과를 가져왔다는 것이다. <표

1>의 Coatsworth 추정치에 따르면, 카리브를 포함한 라틴아메리카 지역의 일인당 국내총생산은 1700년에 527달러를 기록하고 1820년에 692달러, 그리고 1870년에 681달러를 기록하는 데 그친 것에 비하여, 비교대상인 미국의 일인당 국내총생산은 1700년에 527달러를 기록한 후 1820년에 1,231달러, 그리고 1870년에 2,445달러로 급격한 성장세를 보인다. 결국 1700년에 차이가 없던 라틴아메리카와 미국의 일인당 국내총생산은 1870년에 이르러 거의 4배의 차이가 나게 되었다. 이러한 추세는 Engerman과 Sokoloff의 추정치가 제시된 <표 2>에서도 확인된다. <표 2>에 따르면 1700년에 각각 450달러와 490달러를 기록한 멕시코와 미국의 일인당 국내총생산은 1850년에 이르러 멕시코가 317달러, 그리고 미국이 1,394달러를 기록하며 현격한 격차를 보이게 된다. 이러한 변화는 국내총생산의 성장률을 제시한 <표 3>에 의하여 증명되는데, 1700~1850년 사이 미국의 일인당 국내총생산 증가율은 1700~1800년 사이의 0.5%, 그리고 1800~1850년 사이에 1.1%를 기록한 것으로 추정되어 낮은 성장 또는 침체를 보인 것으로 추정되는 라틴아메리카 국가들에 비하여 뚜렷한 우위를 보이고 있다.

국내총생산의 장기적 추세를 통하여 알 수 있는 세 번째 단서는, 많은 라틴아메리카 국가들의 일인당 국내총생산은 19세기 말부터 20세기 초 사이의 어느 시점부터 꾸준히 성장하기 시작했으며 이러한 추세는 20세기 동안 유지되었다는 것이다. 특히 주목할 점은 19세기 말부터 20세기 기간 동안 라틴아메리카 국가들의 일인당 국내총생산 증가율이 미국과 대등한 수준이었다는 점이다. <표 1>의 Coatsworth 추정치에 따르면, 1870년 681달러를 기록한 라틴아메리카 전체의 일인당 국내총생산은 1900년에 1,100달러, 그리고 2000년에 5,838달러를 기록하며 1870~2000년 기간 동안 약 8.6배 증가한 데 비하여 미국의 일인당 국내총생산은 1870년에 2,445달러, 1900년에 4,091달러, 그리고 2000년에 28,129달러를 기록하며 약 11.5배 증가하였다. 또한 <표 3>에 따르면, 멕시코, 칠레, 브라질 등 라틴아메리카 주요 국가들의 일인당 국내총생산은 1913~1989년 기간 동안 평균 1.5~2.4% 성장하며 같은 기간 동안 1.8~2.1%의 성장률을 기록한 미국 및 캐나다와 대등한 수치를 기록하였다. 따라서 20세기 동안 라틴아메리카와 선진국 간의 격차의 비율은 비슷하게 유지되었다.

결국 이러한 사실들로 볼 때, 현재의 라틴아메리카와 선진국과의 격차의 대부분은 국가별로 차이는 있지만 20세기의 산물이 아닌 18세기와 19세기 기간 동안 보여준 라틴아메리카의 저성장과 밀접한 연관이 있다고 볼 수 있다. 즉 라틴아메리카 국가들은 식민시대 후반기부터 독립 직후 시기의 부진한 경제성장 때문에 미국 및 캐나다와 같은 신세계의 비교대상 국가들과 다른 발전경로를 걷기 시작하였다. 다음 장에서는 이러한 다른 발전경로의 설명을 시도한 독립변수들을 살펴보고자 한다.

Ⅲ. 내적 요인 또는 외적 요인

서론에서도 언급되었듯이, 라틴아메리카의 식민경험과 경제성장 간의 상관관계를 규명하려는 연구자들의 노력은 여러 연구그룹에서 시도되었으며 이는 필연적으로 각기 다른 접근법, 다양한 독립변수, 그리고 차별적 방법론으로 귀결되었다. 또한 다양한 연구 성과들은 성공적 연구를 위하여 필수적인 기존 연구들에 대한 이론적 분류를 어렵게 하는 요인이 되고 있다. 본 연구는 기존 연구를 비판적으로 비교분석하여 라틴아메리카 경제사 연구의 이론적 쟁점을 파악하고 새로운 연구과제의 창출을 위한 기초연구의 성격을 지니고 있다. 따라서 본 장에서는 기존의 이념별, 학문분야별 또는 연구그룹 중심의 분류를 지양하고 라틴아메리카의 식민경험과 경제성장의 상관관계라는 본 연구의 주제를 중심으로 한 실증적 접근에 기반을 둔 분류를 시도하고자 한다. 이를 위하여 본 장에서는 라틴아메리카의 저성장의 원인을 라틴아메리카 내부와 외부적 조건 중 어디에 두고 있는지에 따라 나누어 살펴보고자 한다.[4] 라틴아메리카 저성장의 원인을 라틴아메리카 내적 요인과 외적 요인으로 구분하여 비교하는 것은 본 연구가 제시한 연구목적과 관련하여 중대한 함의를 내포하고 있다. 내적 요인과 외적 요인의 비교는 라틴아메리카 저성장과 식민시대 간의 상관관계를 설명하는 다양한 변수들의 장단점을 살펴보는 기회를 제공하는 것은 물론 라틴아메리카 저성장의 원인과 식민시대의 역할과 관련된 정치적 논쟁, 즉 '식민지 책임론'에 대한 명확한 이해를 도울 것이다.

먼저 라틴아메리카 식민지 내부의 조건이 식민시대 이후 라틴아메리카의 성장을 저해하는 원인이 되었다고 보는 연구들을 살펴보겠다. 식민지 내부의 조건이 경제성장을 결정짓는 설명변수라고 주장하는 대표적인 연구로는 '부존요소(factor endowment)'론을 들 수 있다. 어느 국가

---

4) 본 연구에서 라틴아메리카 저성장의 원인을 살펴보기 위하여 제시된 내적 요인과 외적 요인으로의 구분은 본 연구와 관련되어 대표적인 고전적 연구의 하나인 Stein and Stein(1970)의 연구에서 아이디어를 얻었다. 한편 Stein and Stein(1970)은 식민지의 부존요소의 차이, 식민모국의 제도적 특징 등 식민지 내·외부 변수 모두를 제시하여 독립 이후에도 지속되는 라틴아메리카 경제의 종속과 저발전을 설명하고 있다.

또는 지역의 기후, 지리, 인구, 자원 등의 '부존요소(factor endowments)'의 차이가 경제성장을 결정짓는다고 주장하는 '부존요소'론은 사실 경제사 연구자들에게 강력한 설명력을 지니고 일반적으로 인정되는 주장으로 최근까지 활발한 연구결과를 내고 있다(Engerman and Sokoloff: 1997, 260; 유항근·홍일곤: 2002).

'부존요소'론에 입각하여 라틴아메리카의 저성장을 설명하는 최근의 대표적인 연구들로는 Engerman and Sokoloff(1997, 2000)과 Acemoglu, Johnson, and Robinson(2001)의 연구를 들 수 있다. Engerman and Sokoloff (1997, 2000)는 식민지 토양의 성격, 기후 그리고 인적 구성의 차이와 같은 식민지 내부 부존요소의 차이가 각기 다른 분배구조와 식민착취제도로 귀결되었으며, 이렇게 발전한 식민제도는 다시 라틴아메리카와 카리브 지역에서 극심한 불평등한 분배구조를 심화시켜 향후 경제성장을 저해하였다고 주장하고 있다. Engerman과 Sokoloff는 식민시대의 아메리카 대륙을 1) 대규모 노예노동에 기반한 대형 플랜테이션을 중심으로 설탕, 커피, 쌀, 담배, 면화 등을 생산하던 카리브, 브라질, 그리고 미국남부형, 2) 광범위하게 존재하던 원주민의 강제노동과 스페인 정복자들에 의한 토지독점, 그리고 풍부한 광물자원에 기반한 멕시코, 페루형, 3) 유럽에서 이주한 소규모 가족농이 대부분으로 곡물농업과 축산업이 혼합된 미국북부형의 세 가지 유형으로 구분하였다. Engerman and Sokoloff에 따르면, 결국 현재의 카리브와 라틴아메리카 지역을 대표하는 1)형과 2)형은 극도로 불평등한 경제 및 정치 분배구조를 창출하였고 이는 다시 경제와 정치권력을 독점한 소수 엘리트의 권력을 유지하려는 제도들로 발전되어 이후 경제성장을 저해하는 원인이 되었다. 한편 이와 반대로, 현재의 미국과 캐나다 지역을 대표하는 3)형은 상대적으로 평등한 분배구조와 상대적으로 민주적인 정치체제의 구축으로 이어졌고 이는 다시 광범위한 국내시장의 창출과 성장지향적 정책들의 추진을 통한 경제성장으로 귀결되었다고 주장하고 있다. 결국 Engerman과 Sokoloff는 아메리카 대륙의 각국이 식민시대를 거치며 각기 다른 경제성장의 경로를 거친 가장 큰 원인은 각 지역 내부의 부존요소, 즉 각기 다른 작물에 적합한 토양의 성격과 기후, 그리고 원주민 인구의 규모에 있다고 주장하였다.

한편 Acemoglu, Johnson, and Robinson(2001)은 식민지 내부의 인구밀도와 질병상황이라는 부존요소들이 식민지의 향후 발전경로에 영향을 끼쳤다고 주장하고 있다. 즉 Acemoglu et al.의 주장에 따르면, 유럽의 이주민들은 상대적으로 부유할지라도 기존 인구가 많고 질병에 걸리기 쉬운 지역보다는 상대적으로 가난할지라도 인구가 적고 질병에 덜 걸리는 지역에 정착하는 것을 선호했다. 결국 유럽의 이주민들이 선호하여 많이 정착한 지역에서 향후 경제성장을 용이하게 하는 생산적인 제도가 성립되었다고 주장하고 있다. 초기 식민지를 접촉한 군인, 신부 그리고 선원 등의 사망률이 유럽 이주민들의 규모를 결정하였다는 Acemoglu et al.의 연구는 왜 유럽인들이 아프리카보다 미국, 호주, 뉴질랜드에 많이 정착하였으며 이 지역이 경제성장에 두각을 나타내었는지를 설명하는 독창적인 연구이다.

다음은 라틴아메리카 식민지 외부의 조건이 식민시대 이후 라틴아메리카의 성장을 저해하는 원인이 되었다고 보는 연구들을 살펴보겠다. 우선 식민지 외부의 조건을 라틴아메리카 저발전의 원인으로 보는 대표적인 연구자들로는 구조주의와 종속 이론가들을 들 수 있다. 비록 각각의 연구자별로 분석의 수위와 범주에는 차이가 존재하고 많은 경우 식민시대가 직접적인 분석대상이 아니지만 이들은 공통적으로 라틴아메리카 지역이 겪는 저발전의 원인이 선진국으로 대표되는 외부와의 불평등한 경제적 관계에서 기인한다고 주장한다.

한편 종속 이론가들과는 별도로 식민지 외부의 조건이 식민시대 이후 라틴아메리카 경제성장에 영향을 끼쳤다고 보는 가장 고전적인 주장으로는 스페인, 포르투갈 그리고 영국이 각기 분할한 아메리카 식민지의 제도는 식민모국의 제도가 복제된 것으로 향후 각 식민지의 운명은 결국 식민모국의 제도의 성격에 좌우된다고 주장한 Wiarda and Kline(2000, 20~21)가 대표적이다. Wiarda and Kline에 따르면, 연방제에 입각한 영국의 식민지 경영과 대비되어 본국의 국왕을 정점으로 한 스페인의 코포라티즘적 식민주의는 식민지의 교회, 군대, 그리고 소수의 토지소유자의 특권을 보존하는 제도를 발전시켰는데, 이러한 국왕 중심의 스페인 식민지배체제는 독립 이후 정치적 공백과 혼란을 초래하여 19세기 내내 라틴아메리카 경제발전에 큰 부담이 되었다고 주장하였다. 그러나 식민지배자의 차이가 이후 피식민지의 경제성장에 영향을 끼쳤다는 Wiarda와 Kline의 연구는 높은 설득력에도 불구하고 앵글로 중심주의(anglo-centrism)라는 비판을 받기도 하였다.

그럼에도 불구하고 식민주의의 차이와 경제성장의 상관관계를 찾으려는 노력은 다양하게 시도되었다. 식민시대로부터 시작된 토지소유의 불평등이 라틴아메리카의 장기적 경제성장을 저해하는 결정요인이며 이러한 토지소유의 불평등을 야기한 동인을 식민지 정치경제를 통하여 설명하려고 시도한 Frankema(2006)의 연구는 이러한 노력의 대표적 사례이다. 특히 1930년대 이후부터의 자료로 산출한 Frankema의 세계 각국과 지역의 토지소유 분배지수(land gini)는 본 연구와 관련하여 흥미로운 결과를 제시하고 있다. Frankema의 계산에 따르면, 세계 토지소유 불평등 상위 20개국 중 16개국 이상을 차지하는 라틴 아메리카의 토지소유 불평등은 세계 최고 수준이다. 더불어 Frankema 는 라틴아메리카의 식민모국인 스페인과 포르투갈의 토지불평등 수 준은 유럽 최고 수준으로 라틴아메리카 국가들의 전체 평균과 비슷 하다는 점을 밝히고 있다(Frankema: 2006, 3～4). 물론 스페인, 포르투 갈 그리고 라틴아메리카가 모두 높은 토지소유 불평등이라는 공통점 을 지니고 있다는 점이 식민지배 국가가 피식민지에 식민모국의 제 도를 복제하였으며 이러한 복제가 이후 경제성장과 관련이 있다는 것을 자동적으로 입증하지는 않지만 매우 흥미로운 발견으로 향후 연구를 위한 과제를 제시하고 있다.

한편 Lange, Mahoney and Hau(2006)의 최근 연구 또한 식민경험과 경제성장의 상관관계 연구에 다양성을 더해 주고 있다. 이들은 대표 적인 유럽의 식민경영자인 스페인과 영국의 식민주의의 성격과 정도 의 차이가 이후 식민지의 서로 다른 경제성장의 경로를 가져왔다고 주장하고 있다. 이들은 스페인과 영국의 식민주의의 차이에 주목하였 다. 즉 중상주의를 추구하는 스페인 식민주의는 상대적으로 인구가 많고 경제적으로 융성하여 경제적 축적이 용이한 지역을 식민지로 선호하였으며 이러한 선호는 강제노동과 직접적 식민지배로 특징지 어지는 중상주의적 제도의 도입으로 이어졌으며 결국 스페인의 중상 주의적 식민제도는 이후 자본주의적 경제성장을 저해하는 요인이 되 었다고 주장한다. 이에 비하여 자유주의를 추구하는 영국은 자본주의 적 축적을 용이하게 하는 상대적으로 덜 복잡한 지역을 식민지로 선 호하였다. 결국 스페인에 비하여 간접적인 지배로 특징지어지는 영국의 식민지는 이후의 경제성장과 긍정적으로 상관관계를 가지고 있는 자유주의적 제도의 도입으로 귀결되었다고 주장하고 있다.

살펴본 바와 같이, 라틴아메리카의 식민경험과 경제성장의 상관관계를 분석한 기존의 연구들은 라틴아메리카의 상대적 저성장을 결정 짓는 요인의 성격에 따라 내적 요인을 중시하는 연구들과 외적 요인을 강조하는 연구들로 구분할 수 있다. 라틴아메리카 저성장의 결정 요인으로 내적 요인을 강조하는 연구는 라틴아메리카의 기후, 토양, 인구, 자원과 같은 지리적 요인을 중시하는 '부존요소'론으로 대표된다. 이에 비하여 라틴아메리카 저성장의 결정요인으로 외적 요인을 강조하는 연구는 아메리카 대륙의 식민지배자인 영국과 스페인 및 포르투갈 사이의 식민지배의 성격 차이를 강조하고 있다.

Ⅳ. 제도의 역할과 성격

최근의 경제사 분야에서 제도의 역할에 관한 연구는 가장 활발한 성과를 보이고 있다. 1993년 Douglass North의 노벨경제학상 수상으로 주류경제학에서 확고한 위치를 구축한 제도와 경제발전의 상관관계에 대한 연구는 라틴아메리카 경제사 분야에서도 영향력을 확대해 나가며 영역을 확장하고 있다. 본 장에서는 제도의 역할과 성격에 관한 논의를 중심으로 라틴아메리카 식민경험과 경제성장의 관계를 분석하도록 하겠다.

우선 논의되어야 할 것은 제도의 개념에 관한 것이다. 일반적으로 제도는 공식적인 정치 및 법적 구조 등을 규정하는 개념이다. 최근 경제사 연구에 깊은 영향을 끼친 North(1973, 1981, 1990)로 대표되는 '신제도주의 경제사학' 그룹은 제도를 공식적인 정치 및 법적 구조와 더불어 문화까지도 포괄하는 개념으로 정의하고 있다. North에 따르면, "제도는 어느 사회에서의 게임의 법칙 또는, 좀 더 정식으로 표현하면, 인간의 상호작용을 규정하기 위하여 인간에 의하여 고안된 제약이라고 정의하고 있다(North: 1990, 3)." 나아가 North는 '효율적인 제도'가 경제발전의 핵심적 원천이며 '효율적인 제도'는 민주주의 정도, 지대추구의 범위, 재산권의 보호, 근면성, 기업가 정신, 문화 그리고 종교 등에 달려 있다고 주장한다(김승욱: 2006). 본 연구에서 제도는 일반적 의미의 공식적인 정치 및 법적 구조는 물론 '신제도주의 경제사학' 그룹의 주장을 받아들여 문화까지도 포함하는 포괄적 의미로 사용되고 있다.[5]

라틴아메리카 지역은 정치 및 법적 제도와 재산권이 효율적이고 신속한 현대적 경제성장을 위한 확실한 동기를 부여한다는 North의 주장을 검증할 수 있는 최적의 "실험실"이다. Bortz와 Harber도 언급하였듯이, 라틴아메리카가 역사적으로 보여준 급격한 재산권 체제의 변동과 다양한 경제성장의 결과들은 제도의 역할을 이론화하기 위한 최적의 사례를 제공하고 있다(Bortz and Haber: 2002).

경제사 연구에서 제도의 부각은 계량적 방법론으로 무장되어 이론 구축에 몰두하던 연구자들이 그동안 낮은 것으로 치부하던 질적 방법론은 물론 사회부조리 또는 불평등한 정치체제와 같은 배경지식에도 관심을 기울이는 계기가 되었다(Gootenberg: 2004, 251). Gootenberg

---

5) 그러나 본 연구에서 사용되는 제도의 개념은 어느 특정 학파나 연구 그룹의 주장을 내포하는 용어로는 사용되지 않고 있다.

는 더 나아가, 제도의 역할에 대한 관심이 라틴아메리카 경제사 연구에서 새로운 것이 아닐뿐더러 제도주의는 잠재적으로 발전주의자, 폴라니류의 인류학적 관점, 그리고 심지어는 맑스주의적 정치경제와도 많은 부분을 공유할 수 있다고 보았다(Gootenberg: 2004, 251). 결국 North에 의하여 주류경제학에서 시민권을 획득한 제도에 관한 연구는 학문영역의 폐쇄성과 연구자의 이념적 성향을 뛰어넘어서 라틴아메리카 경제사 연구의 질적 도약을 가능케 할 잠재력을 지닌 무기이다. 최근 라틴아메리카 경제사 연구물들은 제도 연구가 지닌 이러한 잠재력을 확인하여 주고 있다.

경제사 연구에서 중요성을 더해 가고 있는 제도에 관한 연구는 라틴아메리카의 경제성장과 식민시대의 상관관계를 규명하기 위한 본 연구에도 의미 있는 단서를 제공하고 있다. 앞서도 살펴보았던 Engerman and Sokoloff(1997, 2000)와 Acemoglu et al.(2001), 그리고 Lange et al.(2006)의 연구는 각기 다른 독립변수에서 출발하였음에도 불구하고 모두 "나쁜" 제도가 라틴아메리카 경제성장을 저해하였다고 주장한다.[6] 우선 Engerman and Sokoloff(1997, 2000)는 아메리카 대륙의 각 식민지는 각기 다른 부존요소로 인하여 각기 다른 분배구조와 식민착취제도를 탄생시켰으며, 이는 결국 현재의 라틴아메리카 국가들과 미국 및 캐나다로 대표되는 지역이 서로 다른 발전경로를 걷게 되는 원인이 되었다고 주장하고 있다. Engerman and Sokoloff(1997)에 따르면, 미국과 캐나다 지역은 광범위한 인구가 상업 활동에 참여하는 것을 통하여 상대적으로 공평한 부의 분배를 가능케 하는 '제도'를 창출한 데 비

---

6) 이 연구들에서 제도는 일종의 매개변수의 역할을 하고 있다.

하여 극도로 불평등한 분배구조로 인하여 소수의 엘리트에 의하여 정치권력이 독점된 라틴아메리카 지역은 이러한 엘리트의 정치와 경제영역에서의 독점을 유지시키는 '제도'를 구축하였다(Engerman and Sokoloff: 1997, 271～272). 한편 Engerman and Sokoloff(2000)는 별도의 연구를 통하여, 라틴아메리카와 미국 및 캐나다가 독립 이후 발전시킨 토지제도, 선거권, 그리고 공공교육 등의 구체적인 제도들을 비교 분석하여 제도와 경제성장의 상관관계에 대한 그들의 기존주장을 재확인하고 있다.

식민지의 인구밀도와 질병상황이라는 부존자원에서 출발한 Acemoglu et al.(2001)의 주장은 North가 경제성장 결정요인으로 특히 강조한 '재산권 보호'의 문제에 주목하였다. 즉 이들의 연구에 따르면, 유럽이주민들은 원주민이 희박하고 질병에 안전한 식민지를 정착지로 선호하였다. 결국 다수의 유럽인이 이주한 지역은 일반인의 재산권을 보호하는 제도를 발전시켰으며 반대로 소수의 유럽인이 이주한 지역은 일반인의 재산권을 보호하지 않는 제도를 발전시켰다.

Lange et al.(2006)의 연구는, 앞서 제시한 연구들보다 좀 더 직접적으로 제도의 중요성을 강조하고 있다. 즉 Lange et al.은 스페인과 영국이 각자가 지향한 식민주의에 입각하여 중상주의적 제도와 자유주의적 제도라는 서로 다른 식민체제를 도입하였으며 이러한 제도의 차이는 스페인과 영국의 식민지가 이후 다른 발전경로를 보이는 원인이 되었다고 주장하고 있다.

한편 앞서도 언급되었듯이, 구조주의자와 종속 이론가들에게도 제도는 경제적 성공과 실패를 결정짓는 주요 요인으로 간주되었다. 예를 들어, Raúl Prebisch는 그의 핵심주장인 '교역조건의 악화'는 시장이 아닌 제도 영역을 통하여 이해할 수 있다고 주장한다. Prebisch는, 선진국의 공산품 생산자는 불황에도 불구하고 노조와의 계약 때문에 쉽게 임금삭감을 하지 못하며 또한 과점적인 산업들은 수요가 축소될 때 가격을 낮추기보다는 생산의 축소를 담합하기 때문에 일차 산품 생산자의 교역조건은 악화된다고 보았다. 한편 여러 라틴아메리카 구조주의자들 또한 토지소유권의 집중과 같은 제도적 구조에 관심을 기울였다(Coatsworth: 2005, 133).

살펴본 바와 같이, Douglass C. North로 대표되는 '신제도주의 경제사학' 그룹에 의하여 학문적 시민권을 획득한 제도에 관한 연구는 '라틴아메리카 저발전의 원인', 그리고 나아가 '라틴아메리카 경제성장과 식민시대의 상관관계'의 규명을 목적으로 하는 본 연구에 의미 있는 연구 성과들을 제시하고 있다. 이들의 주장은 라틴아메리카의 식민지배로 인하여 발전한 '나쁜' 제도들이 라틴아메리카의 장기적 경제성장을 저해하는 요인이 되었다고 요약된다. 한편 라틴아메리카의 경제성장과 관련하여 제도에 관한 연구는 명암을 동시에 보여주고 있다. 우선 제도연구의 가장 큰 장점으로는 제도라는 변수가 지니는 포괄성과 이로 인한 강력한 이론적 설명력이다. 즉 정치 및 법적 구조는 물론 문화까지도 포괄하는 제도의 개념은 앞서 살펴본 연구에서도 알 수 있듯이 다양한 특정변수의 종착점의 역할을 하며 이론적 타당성을 높이는 장점을 지니고 있다. 그러나 제도라는 개념이 지니는 이러한 포괄성과 설명력은 '식민경험이 라틴아메리카의 경제성장에 끼친 영향'과 같이 실체적 규명을 요구하는 연구를 지나치게 추상화시키는 단점을 지니고 있다. 결국 제도 연구가 지니는 이러한 단점은 실증연구에서 제도의 역할과 성격에 대한 구체화 노력을 통하여 극복될 수 있을 것이다.

V. 결론

　라틴아메리카 저발전의 역사적 기원의 문제, 특히 식민경험이 경제성장에 끼친 영향을 규명하기 위하여 기존 연구들을 살펴본 본 연구는 두 가지 잠정적 결론을 도출하였다. 첫째, 경제사학자들의 장기적 국내총생산(GDP) 추정치를 분석한 것에 따르면, 현재 라틴아메리카의 경제적 저발전은 20세기의 산물이 아니라 18세기와 19세기 기간 동안 겪은 경제적 침체의 산물이다. 즉, 라틴아메리카 대부분의 국가들은 20세기 기간 동안 선진국들과 대등한 경제성장을 기록했음에도 불구하고 식민시대 후반기부터 독립 직후에 겪은 성장부진 때문에 현재 선진국에 비하여 상대적으로 저발전 상태이다. 라틴아메리카 경제적 저발전의 원인을 제공한 시기가 식민시대 후반기부터 독립 직후라는 점은 라틴아메리카의 식민경험이 라틴아메리카의 장기적 경제성장에 부정적 영향을 끼쳤을 것이라는 추측을 가능케 한다. 특히 아메리카 대륙에서 비슷한 시기에 식민경험을 하고 독립을 한 미국 및 캐나다와 비교해 볼 때 식민경험의 차이가 라틴아메리카의 저발전을 초래하였다는 단서를 제공하고 있다.

　둘째, 라틴아메리카의 식민경험과 경제성장의 상관관계를 설명하려고 시도한 기존 연구들은 각기 다른 종류와 성격의 독립변수를 제시하고 있음에도 불구하고, 공통적으로 식민경험은 라틴아메리카의 장기적 경제성장에 부정적 영향을 끼쳤다고 보고 있다. 즉 코포라티즘적 식민체제 또는 중상주의적 식민주의와 같은 스페인과 포르투갈의 고유한 식민지 지배형태가 라틴아메리카에 상대적으로 경제성장을 저해하는 제도를 발전시켰다고 주장하는 연구들은 물론 라틴아메리카의 기후, 토양, 인구, 자원과 같은 내부 '부존요소'의 차이가 장기적 경제성장을 저해하는 원인이 되었다고 주장하는 연구들도 결국 식민 지배를 통하여 불평등한 분배구조와 같이 경제성장을 저해하는 '나쁜' 제도들이 발전하였다는 점에 동의하고 있다.

한편 본 연구는 제도연구의 중요성을 확인하고 있다. 기존의 연구들은 1993년 Douglass North의 노벨경제학상 수상으로 주류경제학에서 확고한 영역을 구축한 제도에 관한 연구가 라틴아메리카 경제사 연구에서도 흥미로운 연구 성과들을 제시하였다는 것을 확인하여 주고 있다. 또한 살펴본 바와 같이 라틴아메리카 경제사 연구에 있어서 제도에 관한 연구는 여전히 많은 과제들을 제시하고 있다. 우선 라틴아메리카 경제사 연구를 위한 다양한 기초 데이터의 구축이 필요하다. 과학적 연구를 위한 필수적 기본요소인 기초 데이터의 구축은 아무리 강조해도 부족함이 없는 과제이다. Coastworth와 Madison의 국내 총생산의 장기적 추정치 연구, Frankema의 토지소유 분배지수 구축, 그리고 Acemoglu et al.의 식민지 인구밀도와 질병상황 연구는 이와 관련하여 좋은 연구 사례를 제시하고 있다. 두 번째 과제는 실증연구를 통한 제도의 역할과 성격에 대한 구체화 노력이다. 앞서도 언급했듯이, 이러한 작업은 지나친 추상화로 귀결될 수 있는 제도연구의 단점을 극복하는 수단이 될 것이다. 마지막 과제는 제도연구의 이념적 보편성을 확보하는 연구의 확대이다. 다양한 방법론과 이념을 가진 연구자들의 관심을 끌고 있는 제도 연구는 더 이상 특정 연구그룹의 전유물이 아니다. 따라서 기존의 제도 연구에서 제기된 연구대상과 변수들 이외에 이념적 폐쇄성을 극복할 수 있는 다양한 연구대상과 설명변수들의 발굴이 필요하다. 다면성과 유연성이라는 제도연구가 지

닌 본연의 특성은 학과적 폐쇄성과 이념적 경직성을 극복하고 라틴
아메리카 경제사 연구를 부활시킬 열쇠의 역할을 할 것이다.

참고문헌

김승욱(2006), "재산권과 경제성장: 노스의 이론을 중심으로", 2006 경제학 공동학술대회(2006년 2월 16일), 한국하이에크소사이어티.

유항근·홍일곤(2002), "지리적, 기후적 여건이 경제성장에 미치는 영향분석", 『응용경제』, 제4권 제1호, 한국응용경제학회.

Acemoglu, Daron, Simon Johnson, and James A. Robinson(2001), "The Colonial Origins of Comparative Development: An Empirical Investigation", *The American Economic Review,* Vol. 91, No. 5.

_____(2004), "Institutions as the Fundamental Cause of Long-Run Growth", in Philippe Aghion and Steve Durlauf (eds.), *Handbook of Economic Growth,* San Diego, CA: Elsevier, pp.385~471.

Bortz, Jeffrey L. and Stephen Haber(2002), "The Institutional Economics and Latin American Economic History," in Jeffrey L. Bortz and Stephen Haber (eds.), *The Mexican Economy, 1870~1930: Essays on the Economic History of Institutions, Revolutions, and Growth,* Stanford, CA: Stanford University Press, pp.1~12.

Coatsworth, John and Alan M. Taylor(1998), *Latin America and the World Economy Since 1800,* Cambridge, Mass.: Harvard University Press, David Rockefeller Center for Latin American Studies.

Coatsworth, John(2005), "Structures, Endowments, and Institutions in the Economic History of Latin America", *Latin American Research Review,* Vol. 40, No. 3.

Easterlin, Richard(1981), "Why Isn't the Whole World Developed?," *The Journal of Economic History,* Vol. 41, No. 1, pp.1~19.

Engerman, Stanley L. and Kenneth L. Sokoloff(1997), "Factor Endowments, Institutions, and Differential Paths of Growth Among New World Economics: A View from Economic Historians of the United States", in Stephen, Haber(ed.), *How Latin America Fell Behind: Essays on the Economic Histories of Brazil and Mexico,*

1800-1914, Stanford University Press, pp.260～304.

Frankema, Ewout(2006), "The Colonial Roots of Latin American Land Inequality in a Global Comparative Perspective: Factor Endowments, Institutions or Political Economy?", Manuscript. Groningen Growth and Development Centre, University of Groningen.

Gootenberg, Paul(2004), "Between A Rock and A Softer Place: Reflections on Some Recent Economic History of Latin America.", *Latin American Research Review,* Vol. 39, No. 2.

Haber, Stephen(1997), "Introduction: Economic Growth and Latin American Economic Historiography", in Stephen Haber(ed.), *How Latin America Fell Behind: Essays on the Economic Histories of Brazil and Mexico, 1800～1914,* Stanford University Press, pp.1～33.

Haber, Stephen(ed.)(2000), *Political Institutions and Economic Growth in Latin America: Essays in Policy, History and Political Economy,* Stanford, CA: Hoover Institution Press, Stanford University Press.

Lange, Matthew, James Mahoney and Matthias vom Hau (2006), "Colonialism and Development: A Comparative Analysis of Spanish and British Colonies", *American Journal of Sociology,* Vol. 111, No. 5.

Madison, Angus(2003), *The World Economy: Historical Statistics,* Paris: OECD.

North, Douglass and Robert P. Thomas(1973), *The Rise of the Western World: A New Economic History,* Cambridge University Press.

North, Douglass C.(1981), *Structure and Change in Economic History,* Norton.

_____(1990), *Institution, Institutional Change, and Economic Performance,* New York, NY: Cambridge University Press.

Park, Bokyeong and Kang-Kook Lee(2006), "Natural Resources, Governance, and Economic Growth in Africa", *Journal of International Economic Studies,* Vol. 10, No. 2, pp.167～202.

Piñera, José(2003), "Latin America: A Way Out", *Cato Journal,* Vol. 22, No. 3, pp.409～416.

Sokoloff, Kenneth L. and Stanley L. Engerman(2000), "History Lessons: Institutions, Factor Endowments, and Paths of Development in the New World", *Journal of Economic Perspectives,* Vol. 14, No. 3.

Stein, Stanley J. and Barbara H. Stein(1970), *The Colonial History of Latin America: Essays on Economic Dependence in Perspective,* Oxford University Press.

Triner, Gail(2003), "Recent Latin American Economic History and Its Historiography",

Latin American Research Review, Vol. 38, No. 1.

Wiarda, Howard J. and Harvey F. Kline (eds.)(2000), *Latin American Politics and Development(5th ed.),* Boulder, CO: Westview Press.

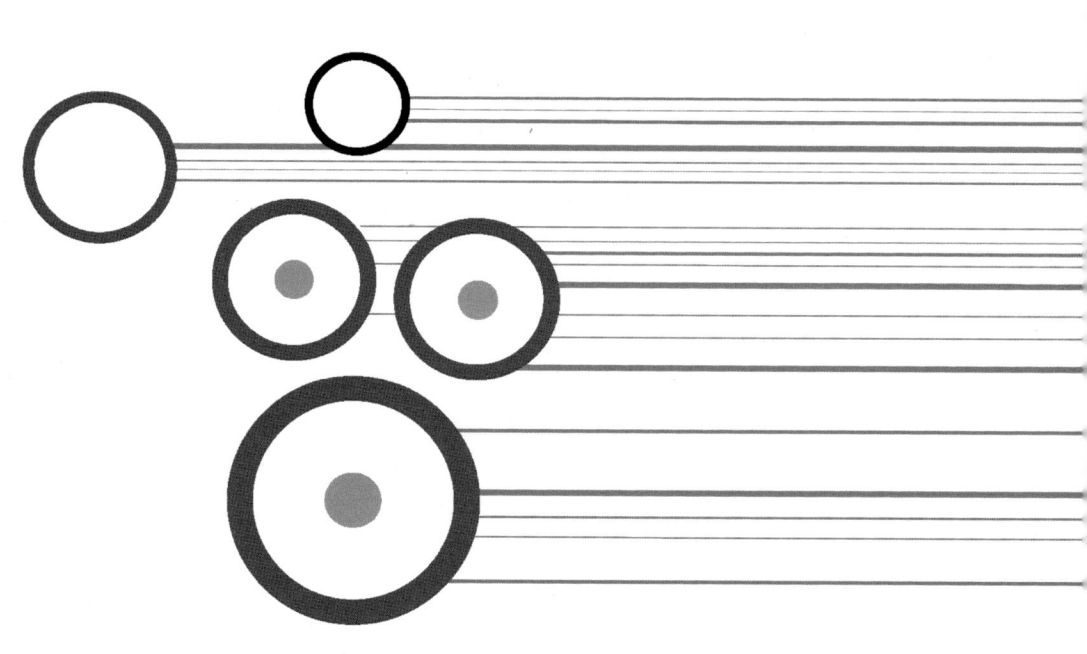

라틴아메리카의 근대성/(탈)식민성
기획과 상호문화성의 상응성

안태환

I. 들어가는 말

2000년대 후반부에 들어 그동안 전 세계를 통합시켰다고 자부하던 신자유주의 세계화의 흐름에 위기가 왔다. 지나치게 금융자본주의가 주도하는 경제, 즉 신자유주의 헤게모니가 균열되고 흔들리게 된 것이다. 이에 따라 인식론적, 철학적 장에서도 신자유주의의 허상을 비판적으로 폭로하는 담론들이 많이 생산되고 있다. 그러나 신자유주의 세계화의 전성기라고 할 수 있는, 따라서 유럽의 진보적 지식인들도 거의 모두 대안이 없다고 하던 90년대에 일군의 라틴아메리카의 지식인들은 새로운 인식론 체계를 제시했다.

이들을 본 연구에서 근대성/(탈)식민성 기획[1]으로 부를 것이다. 이 기

---

1) 근대성/(탈)식민성 기획은 90년대 이후 연구를 활발하게 생산하고 있는 에콰도르의 키토에 있는 안디나 시몬 볼리바르 대학교의 캐더린 월쉬 교수를 비롯하여 아니발 끼하노, 아르뚜로 에스꼬바르, 월터 미뇰로, 엔리케 뒤셀, 페르난도 꼬로닐, 산티아고 카스트로 고메스, 하비에르 산히네스, 아리루마 꼬위 등의 연구 그룹을 말한다. 주로 에콰도르, 콜롬비아, 베네수엘라, 페루, 볼리비아, 미국의 학자들로 구성되어 있다. 이들을

획의 선두주자인 아니발 키하노는 "식민성과 근대성/합리성(Colonialidad y Modernidad/Racionalidad)"이란 논문을 1992년에 발표한다.[2] 그는 16세기 초의 라틴아메리카 정복으로부터 시작된 근대성이 실은 식민성과 자본주의 체제의 시작이었음을 밝히고 있다. 하지만, 이 같은 주장은 비주류적 주장임은 물론이다. 왜냐하면 학문적으로나 일상적으로나 근대성의 시작은 18세기 계몽주의 철학에서부터 그 연원을 찾기 때문이다. 근대성은 합리성과 진보의 동의어로 해석되어 왔다. 그리고 이를 이어받은 합리주의 철학에 의해 근대성은 보편적 진리로 인식되어 왔다. 하지만 근대성은 매우 복잡하고 애매한 개념이다. 보는 시각에 따라 아주 다양하고 중층적인 의미부여와 해석을 내릴 수 있는 개념이다. 본 연구에서는 예술과 문학에서의 모더니즘과 포스트모더니즘을 다루지 않을 것이다. 위에서 지적하듯이 근대성/(탈)식민성 기획이 비주류적 주장이지만 그럼에도 불구하고 우리에게 강한 설득력을 보이는 것은 시대정신과 맞닿아 있기 때문일 것이다.

현재의 시대정신은 신자유주의 경제체제의 한계를 보이는 커다란 경제위기와 함께 우리 모두 공감하는 생태적 위기에 대한 대안추구의 절박성으로 인해 자본주의 체제 이후의 너머를 상상하게 된 것이다. 1991년의 현실 사회주의의 몰락으로 신자유주의 체제는 전 세계로 헤게모니를 넓혀갔지만 곧 모래 위의 성과 같은 허상을 드러내기 시작한 것이다. 무엇보다 선·후진국을 막론하고 민주주의의 후퇴는 근본적인 패러다임의 모색을 요구하게 되었다. 그러나 기껏 나오는

근대성/식민성/탈식민성 기획(Programa Modernidad/Colonialidad/Decolonialidad)의 약자로 PM/C/D로 부르기도 한다. Santiago Castro-Gomez y Ramon Grosfoguel(2007), *El giro decolonial. Reflexiones para una diversidad epistemica mas alla del capitalismo global*, Bogota: IESCO 참조.

2) 상기 연구는 *Revista del Instituto Indigenista Peruano*, Vol. 13, No. 29, Lima, 1992에 실렸음.

대안은 '제3의 길'과 같은 중도의 정치철학이나 '지속 가능한 성장' 정도에 그칠 뿐이었다. 이 같은 맥락에서 라틴아메리카 인문학자들에 의한 서구 중심의 인식론적 틀의 비판적 전복을 통해 자본주의 체제 자체의 성찰적 변화를 꿈꾼다는 것은 커다란 의미를 가질 수밖에 없다. 무엇보다도 라틴아메리카의 여러 소수자들(원주민, 가난한 사람들, 농민 등)이 90년대에 들어와 격렬하게 '새로운 사회운동'을 펼쳐온 역사적 맥락에 주목하여야 한다. 예를 들어, 아르헨티나에서는 1993년에 대중들이 메넴 정부의 신자유주의 정책에 반대하여 '산티아고 주민 폭동'(Isabel Rauber: 2002, 5)을 일으켰다. 즉, 90년대의 라틴아메리카에서는 새로운 패러다임에 기초한 변혁을 꿈꾸는 인식론적 전환 외에 새로운 성격의 사회운동의 실천이 함께 있었다.

근대성/(탈)식민성 기획의 라틴아메리카의 맥락적 전통으로는 해방신학, 종속이론, 문화연구, 문화적 혼종성, 하위체계의 소수자 이론 등 다양하고 복합적인 스펙트럼을 들 수 있다(Escobar: 2003, 53). 즉, 60년대 이후 라틴아메리카는 정치·경제적 강대국이 아니었지만 늘 기존의 근대성과 자본주의 체제의 허위의식에 항상 도전해 왔다. 이 같이 오랫동안 축적된 비판이론의 바탕 위에서 총체적으로 자본주의 체제에 대한 인식론적 차원의 문제제기를 하게 되었다. 다시 말해, 기존의 근대성 개념에 대한 비판을 통해 학문적 지향점으로 비-자본주의를 유토피아로 삼게 된 것이다. 그러므로 근대성/식민성을 비판하고 탈근대성/탈식민성을 확보하기 위한 인식론적 노력을 제대로 이해하기 위해서는 범학제적 방식을 통한 사회운동에 대한 경계를 허무는 연구가 필요하다. 그러나 이는 별도의 연구에서 다루고자 한다.

본 연구에서는 라틴아메리카의 '지금-여기'의 역사 안에서 근대성이 어떻게 인식되어지고 있는가를 보여주는 근대성/(탈)식민성의 기획과 상호문화성 담론 사이의 구조적 상응성에 주목하고자 한다. 다시 말해, 라틴아메리카에서 90년대 이후, 근대성/(탈)식민성 기획이 근대성이 가지는 위계적, 차별적 인식론을 비판하고 그 대안으로 유럽중심문화와 '원주민' 문화의 상호 병행을 제시하고 있는데, 이에 상응하는 흐름이 상호 문화성 담론에서도 생산되고 있음에 주목하려는 것이다. 근대성이 라틴아메리카와 조합될 경우 그것은 아무리 오랫동안 은폐를 시도했지만 필연적으로 식민성을 가리키게 된다. 물론 식민성과 식민주의의 개념 구분은 필요할 것이다.

끝으로 정치이론과 사회과학 이론에는 두 가지 서로 다른 관점이 있는데 하나는 합리주의 – 보편주의(Rationalist-Universalists)이고 다른 하나는 맥락주의(Contextualist)의 관점인데, 본 연구의 관점은 맥락주의에 서 있음을 밝힌다.[3] 그러므로, 근대성을 말할 때도 어느 특정한 사회 안으로 들어가 그곳의 역사, 사회적 맥락 안에서 그 의미를 천착해야 한다.

Ⅱ. 근대성[4] 개념의 다의성

근대성은 "근대에 출현하는 가치들, 태도들, 원칙들의 경향이나 배

---

3) '합리주의 – 보편주의'의 관점은 초기 롤스와 하버마스 등이 견지하고 있는데 그들의 주장은 정치이론의 목표가 역사적, 문화적 컨텍스트에 상관없이 유효한 보편적 진리를 세우는 데 있다. 그들은 헌법적 민주주의가 이 같은 요구를 충족시키는 체제라는 것을 증명하기 위해 노력한다. 다른 관점은 '맥락주의'라고 불릴 수 있는데 마이클 월처, 리차드 로티 등이 대표적인 학자들이다. 이들은 주어진 문화의 제도와 실천으로부터 밖에 있는 관점의 가능성을 부인한다. 주로 비트켄슈타인의 영향을 받은 것으로 인정된다. Chantal Mouffe(2000), *The Democratic Paradox*, New York: Verso, p.63.

4) '근대성(modernidad)'을 일부 학자들은 '현대성'으로 번역하기도 하나 필자는 근대성으로 번역하고자 한다.

치의 특징과 성격"(강내희: 2000, 15)을 가리킨다. 그러므로 하나로 단일하게 통합되는 개념이 아니다. 다시 말해 "중요한 것은 근대성을 어떤 보편적 개념으로 고정해서는 안 된다는 것이며 또한 이를 구현하는 특수한 형태가 있다고 보지 않는 것이다(강내희: 2000, 37)." 그러나 유럽에 의해 주조되어 보편적, 지배적으로 통용되는 개념은 합리적 근대성의 개념이다. 위르겐 하버마스가 제시하는 합리적 근대성도 중층적인 개념이다. 다시 말해 합리적 근대성의 개념 안에 다층적인 의미 수준을 가진다.

> 과학, 도덕, 예술……. 문화의 세 가지 차원 각각의 고유한 구조를 전면에 부각시킨다. 인식적－도구적, 도덕적－실천적, 미학적－표현적 합리성이 나타나는 것이다. 모더니티의 기획은 객관적인 과학, 보편적인 도덕과 법, 자율적인 예술을 그것들의 내적 논리에 따라 발전시키고자 했던 계몽주의의 철학자들에 의해 18세기에 정식화되었다. 동시에 이 기획은 그 이전의 지식들이 취했던 비밀스런 형태들로부터 각각의 영역의 인식적 잠재력을 해방시키고자 했다.[5]

합리적 근대성은 역사의 진보에 대한 믿음을 통해 해방적 근대성으로 인식되었지만 20세기에 들어와 이런 낙관론은 완전히 깨졌다고 하버마스도 언급하고 있다. 합리적 근대성이 기대는 최대의 근거인 과학주의도 흔들리고 있다. 즉, 베이컨－뉴튼주의적 과학관도 지난 약 500여 년 동안의 지배적 시각이었지만 최근 20여 년 동안 심각한 도전이 거세지고 있다. 불확정성 이론이라든가 혼돈 및 열린 체계의 정상상태의 개념 등을 통해 '새로운 과학'이라는 형태를 띠고 있다

---

5) 위르겐 하버마스(1985), "Modernity: an incomplete project", *Postmodern culture*, London: Pluto, pp.8~15; 스튜어트 홀(2000), 『모더니티의 미래』(전효관 역), 서울: 현실문화연구, pp.422~423에서 재인용. 세 가지 영역 중에서 과학의 영역이 유독 지나치게 발전한 것은 근대성과 밀접한 자본주의 때문이다.

(월러스틴: 1993, 137). 합리적 근대성 기획의 실패의 이유는 자본주의의 발전과 맞물려 "(실제로) 진행된 사회근대화 과정은 세 가지 가치 영역 가운데 과학과 기술 영역의 발전만을 선택적으로 촉진하였던……(장춘익: 1996, 267~268)" 불균형의 심각성 때문임을 하버마스 자신도 시인하고 있다. 여기서 우리는 근대성과 자본주의의 친화성을 엿볼 수 있다. 그러나 합리주의 철학자들은 근대성의 구성요소로 자본주의를 인식하지는 못했다. 근대성의 발전에서 과학, 도덕, 예술이 서로 분리되어 전개될 수 있었던 것은 근대성의 개념 자체를 선험적, 자율적으로 분리할 수 있다는 이성의 전제 때문임은 물론이다.

> 칸트는 형이상학적 전통의 실체적 이성개념 대신에 다양한 계기들로 분화된 이성의 개념을 설정한다……. 그는 실천이성의 능력과 판단력의 능력을 이론적 인식과 분리시키고 그들 각각을 자신의 고유한 토대 위에 정립한다. 객관적 인식의 가능성, 도덕적 통찰의 가능성과 심미적 가치평가의 가능성을 정당화함으로써 비판이성은 자신의 고유한 주관적 능력을 확신할 뿐만 아니라 문화전체에 대한 최고의 재판관의 역할을 수행한다(하버마스: 1994, 39).

하버마스뿐 아니라, 알랭 뚜렌도 합리적 근대성의 기획이 실패로 이끌어졌음을 시인한다.

> 합리화된 사회를 이루려는 이러한 시도는 실패로 돌아갔다. ……현대성과 근대화, 자본주의와 민족주의 사이에 생긴 이 틈새는 이성의 승리로 정의되는 현대사회에 대한 꿈의 좌절로 귀결된다. 또한 그것은 권력의 폭력성과 욕구의 다양성이라는 현대성의 고전적 질서가 다시 침투하도록 하였다. 현대주의적 이데올로기로부터 남은 것은 과연 무엇인가? 그것은 비판과 파괴와 탈주술화이며 새로운 세계의 건설이라기보다는 이성의 진로를 방해하는 축적된 장애

물들을 파괴하려는 의지와 희열이다(알랭 투렌: 1995, 52).

알랭 투렌도 하버마스와 같이 남아 있는 비판의식을 통해 이성이 앞으로도 계속 진군할 것을 요청하는 강한 의지를 보이고 있을 뿐이다. 하버마스가 지적한 근대성 안의 불균형은 아래의 하버마스의 주장과 다음 장에서 살펴볼 근대성/(탈)식민성 기획 그룹 학자들의 주장, 즉 근대성과 자본주의는 라틴아메리카에 대한 정복과 착취로부터 시작된 것이라는 주장 사이의 괴리보다 더 심각해 보이지는 않는다.

> 하버마스가 '체계'(화폐/권력과 같은 비언어적 매체에 의해 규정되는 행위기능, 즉 경제체계와 국가 및 정치체계)와 '생활세계'(문화적 재생산, 사회적 통합, 사회화의 기능을 담당하는 특수화된 부분체계를 지닌 보편적 의사소통의 행위영역)의 분화라고 지칭했던 측면은 근대성의 또 다른 특징을 이해하는 데 있어서 매우 중요하다(심광현: 2000, 55).

즉, 근대성의 발전은 "체계에 의한 생활세계의 '식민화'(55)"였음을 밝히고 있다. 다시 말해, 근대화는 국가와 시장에 의한 사회영역의 식민화였던 것이다. 바로 이 점에서, 1970년대 이후 유럽에서 '신 사회 운동'이 주목받는 맥락이기도 하다. 그리고 하버마스는 오늘날까지의 근대성을 비판적으로 성찰하면서 "행복과 해방을 권력과 생산과 동일시했던(심광현: 2000, 57 재인용)", "이성적 생활형식들이 자연의 기술적 지배와 사회적 노동력의 무자비한 동원과 기만적 공생관계(57)"를 맺어온 근대성의 200년간의 역사에 대한 이성적 비판을 통해 더 이상 민족 국가의 토대 위에 묶일 수 없는 보편주의적 가치를 새롭게 찾아내야 한다고 한다.

그러나 자연의 정복, 착취와 비유럽인종(라틴아메리카 원주민, 아프리카인)에 대한 정복과 노예적 억압에 대한 인식, 즉 식민성(차별성)과 인종주의의 성찰이 깊지 못해 근대성 자체에 대한 비판으로까지 연결되지는 못했다. 막연하게 보편주의적 가치가 무엇인지는 앞으로 계속해서 의사소통을 통해 풀어나가자는 의미이다. 하버마스가 근대성이 원래의 가치(자유, 평등, 정의)를 잃고 불균형에 빠진 것을 비판하면서 진정한 근대성은 아직 이루어지지 않은 '미완의 기획'이라고 주장하지만 아래의 하버마스의 글을 보면 그 진정성이 의심된다. "서양이 아니라면 누가 자신의 전통으로부터 비전을 지닌 통찰과 에너지의 용기를 길어낼 수 있겠는가?(57)"라는 질문은 '자연'이란 단어 속에 '타자화'된 라틴아메리카에 대한 시각과 신자유주의의 맥락 안에서 볼 때 이렇게까지 기만적으로 근대성의 구성요건인 식민성을 드러내는 경우는 별로 없다고 본다. 서양 인종만이 보편주의적 가치를 통찰할 능력이 있다고 전제하며 타 인종을 차별하는 '유럽중심적 지식의 식민성'을 뚜렷이 보이기 때문이다. 그러나 90년대 이후의 근대성/(탈)식민성 기획의 담론은 이런 보편적 가치를 상호 문화성 속에, 즉 서로 다른 가치와 맥락을 지니는 문화들 사이의 평화적 긴장의 대화에서 찾아낼 수 있다고 주장한다. 게다가, 하버마스 자신도 근대성을 언급하면서, "신세계의 발견과 르네상스와 종교개혁은 근대와 중세 사이의 시대적 전환기를 형성(하버마스: 1994, 23)"하는 것으로 이해하고 있다. 이와 같이, 하버마스는 라틴아메리카 정복이 근대를 연 것에 암묵적으로 동의하고 있다. 하지만, 그는 근대성/식민성에 의해 차별된 타자의 시선으로 근대성을 비판하고 있지는 않다. 그러나 하버마스에 앞선 헤겔에게는 라틴아메리카가 근대성의 맥락에 아예 '타자'로서도 존재하지 않는다. "주체성의 원리가 관철되도록 만든 역사적 핵심 사건들은 종교개혁, 계몽주의와 프랑스 대혁명이다 (하버마스: 1994, 37)." 대부분의 유럽인들은 이와 동일한 인식을 가지고 있다.

이같이 유럽인들은 라틴아메리카에서부터 시작된 근대성을 부인하고 근대성이 유럽 내재적으로 발전해 왔다고 스스로의 인식마저도 속여 왔다고 근대성/(탈)식민성 담론 기획의 학자들은 비판하고 있다 (Quijano: 2000, 221).

III. 근대성 비판이론으로서의 근대성/(탈)식민성 기획

90년대 이후에, 동일한 문제의식을 공유하는 라틴아메리카 안디노 국가들의 인문학자들로 구성된 아니발 끼하노를 위시한 근대성/(탈)식민성 기획 그룹이 나타나게 되었다. 여기서 주목하고 싶은 것은 이들이 상식적으로 통용되는 근대성 개념을 비판하고 '다른' 근대성 개념을 제시하는 인식론적 문제 제기가 왜 90년대에 라틴아메리카에서 표출되었는가 하는 점이다. 실제로, 90년대는 라틴아메리카에 중요한 분기점이 되는 시기이다. 신자유주의 경제 정책의 적용으로 말미암아 최소한도의 기본적 삶의 지탱이 어려워진 가난한 사람들, 원주민, 농민들 스스로가 사회적 주체로 재정립되면서 이전의 사회운동과는 다른 성격의 새로운 사회운동이 일어난 것이다.

가장 두드러진 차이는 이전에는 좌파 정당과 노조 등이 주도하는 이념적 계급투쟁의 성격이 짙었다면 이제는 평범한 대중들이 자신들의 사회적 요구를 항의하기 위해 자기 목소리를 스스로 내기 시작했다는 점이 중요하다. 한편, 정치적으로는 소위 '좌파 정부'라고 불리는 급진적 민주주의 정부들의 연쇄적 등장으로 인해 라틴아메리카에 대한 미국 주도의 신자유주의 정치, 경제 정책의 구상에 제동이 걸린 시기를 의미한다.[6] 근대성/(탈)식민성 기획의 등장은 90년대 이후 본격화된 신자유주의를 반대하는 라틴아메리카 사회운동의 대안적 비전 추구운동과 궤를 같이한다. 그러므로 신자유주의 비판의식이 매우 날카롭다. 아니발 끼하노에 의하면, "현재 진행 중인 세계화는 무엇보다 라틴아메리카를 구성한 세계적 권력으로 새로운 형식의 유럽 중심적이고 식민적/근대적 자본주의로부터 시작된 과정이 보여주는 절정이다(Quijano: 2000, 201)." 그러므로, 현재의 신자유주의 세계화는 라틴아메리카를 무대로 16세기부터 시작한 억압과 약탈의 자본주의 역사의 오랜 발전 과정으로 보는 것이다. 세계 체제론의 대표적 학자로 인정받는 이매뉴얼 월러스틴도 대부분의 서구 학자들과 달리 세계화는 이미 16세기부터 시작된 것으로 받아들이고 있다. "세계화가 시작된 날짜로 여러 사람들이 자본주의의 확장과 서구적 근대성이 시작된 16세기로 인식하고 있다(Garcia Canclini: 2005, 45 재인용)." "역사적 자본주의의 체제는 15세기 말엽 유럽에서 탄생했는데 시간이 지남에 따라 공간적으로 팽창하여 19세기 말엽까지는 지구 전체를 뒤덮게 된 것이다(월러스틴: 1993, 20)."

---

6) 세계화에 대항하기 위해 90년대부터 시작된 사회운동의 영향으로 2005년에 상징적인 사건이 일어난다. 즉, 미국이 주도했던 ALCA(전 미주 자유무역협정)가 2005년 아르헨티나에서 열린 제4차 미주정상회의에서 좌절된 것이다. 이 같은 변혁의 중심에는 사회운동의 어젠다 외에 민주주의의 재정이란 어젠다가 중첩된다. 그러나 이런 테마들에 대한 연구는 본 연구의 초점이 아니므로 상론을 피한다.

월러스틴의 세계 체제론의 시각에서 볼 때 90년대 이후 라틴아메리카에서 기존의 자본주의 체제에 대해 인식론적, 실천적 대안의 움직임이 강화된 것은 세계 체제가 가지는 내재적 이유 때문으로 해석할 수 있다. 자본의 끝없는 축적을 보장하기 위해서는 "지리적인 차별화 방법 외에는 달리 방법이 없는데 세계 체제의 여러 지역 중 좀 더 혜택받는 지역들에서 유효 수요를 늘리기 위한 어떤 정치적 조치들 (임금수준의 인상 등)이 취해질 때마다, 다른 지역들에서는 낮은 임금수준으로 생산자의 수를 늘리기 위한 여러 조치들이 취해졌다. 또 다른 하나는 세계경제의 경계를 확장시켜 이전까지의 농업생산자와 대부분이 자급자족적인 생산자였던 사람들을 세계 노동력 안으로 편입시키는 것이다(월러스틴: 1993, 155)." 바로 이 전략인 중국의 세계 체제 편입으로 자본주의의 축적을 보장하는 시스템이 가동되고 있으나 라틴아메리카에서는 가난한 농민들에게 더 낮은 임금수준을 요구하는 일이 불가능해졌고 자급자족적인 관습을 강하게 지닌 원주민들에게까지 세계 체제의 편입을 강요하게 됨으로써 생긴 사회적 항의로 이해할 수 있다. 다만, 이 부분은 라틴아메리카 사회운동에 관한 별도의 연구에서 다뤄야 할 것이다. 아니발 끼하노는 라틴아메리카 정복과 함께 근대성의 이면에 식민성 즉, 차별과 배제의 연결고리로써 인종의 형성이 있었음을 지적하고 있다. 근대성과 함께 인종주의도 16세기부터 라틴아메리카에서 시작된 것이다. "근대적 의미로서의 인종의 생각은 아메리카 이전에는 알려진 바 없다……. 역사적으로 사회적 관계를 구성하기 위한 사회적 정체성이 새롭게: 인디오, 흑인, 메스티소 등으로 아메리카에서 형성되었다(Quijano: 2000, 202)." 스페인 사람들은 라틴아메리카 원주민을 인간이 아닌 원시적 야만인으로 생각하여 인종의 우월성/열등성의 차별적 개념을 만들어 냈다. 근대성과 식민성의 접점은 인종이었다. "근대적 성격의 인종이란 개념은 라틴아메리카 이전에는 알려진 바 없다(Quijano: 202)." 이렇게, 아니 동물보다도 못한 대우를 라틴아메리카 원주민이 받았다.[7] 인종차별주의가 중요한 것은 불평등을 정당화하는 이데올로기로서만이 아니라 "여러 집단들로 하여금 세계 경제 체제 안에서 맡은 역할을 다하도록 길들이는 데 이바지(월러스틴: 1993, 82)"함으로써 자본주의 체제 발전에 기여하였다는 데 있다. 중요한 것은 라틴아메리카 정복과 함께 자본주의 생산 형태가 구성되었다는 점이다. 예를 들어, 노예제도 같은 것은 전 자본주의적 제도이고 자본주의와는 상관없는 것이지만 라틴아메리카에서의 노예는 자본주의적 필요와 요구에 부응하여 만들어진 것이다.

> 아메리카의 역사적 형성과정에서 모든 형태의 노동통제와 착취, 그리고 생산물의 생산-점유-배급이 자본-임금(나아가 자본) 관계와 세계 시장을 둘러싸고 구성되었다. 노예, 반노예, 소규모 상품 생산, 교역, 임금이 또한 포함되었다……. 역사적, 사회학적으로 이 모든 것은 새로운 것이었다……. 아메리카에서 노예제도는 세계 시장을 위한 상품을 생산하기 위해 상품의 하나로 의도적으로 만들어지고 조직된 것이다(Quijano: 204~219).

우리는 유럽이 먼저 존재했고 유럽에 의해 라틴아메리카가 만들어진 것으로 이해하지만, 근대성/(탈)식민성 기획에 의하면 이 같은 상식은 전도된다. "라틴아메리카의 원주민, 흑인, 메스티소들의 대가 없

---

7) 라파엘 산체스 페르로시오에 의하면 스페인 정복자들은 원주민의 사냥에 동원된 개들에게 고유한 족보를 가지는 "귀족" 칭호를 부여했다고 한다. 에티엔 발리바르(1999)의 "폭력: 이상주의와 잔혹성(Violencia: Idealidad y Crueldad)", *Folios*, No.11, Bogota: Universidad Pedagogica Nacional, p.110에서 재인용.

는 노동과 그들의 광업, 농업의 기술과 금, 은 등 상품 덕분에 유럽의 정체성이 형성되고 세계 시장에 진출하게 된 것이다(Quijano: 221)." 유럽의 번영에는 라틴아메리카의 희생이 밑바탕이 되었고 그 토대 위에서 합리적 근대성도 발현될 수 있었다. 근대성/식민성이 합리적 근대성보다 역사적으로 훨씬 앞서는 개념이다. 우리가 식민성을 제대로 비판적으로 이해하기 위해서는 식민성과 식민주의를 구별해야 한다. 넬슨 말도나도 토레스에 의하면, 식민성과 식민주의는 서로 다른 개념이다.

> 식민주의는 어느 민족의 주권이 다른 민족 또는 국가에 있는 정치, 경제적 관계를 의미하는 데 비해 식민성은 권력의 패턴을 말하는데 노동, 지식, 권위와 상호 주관성의 관계의 형식 등이 세계 자본주의 시장과 인종의 개념을 통해 절합된다……. 식민성이 식민주의보다 더 생명력이 길다. 식민성은 학습교재, 상식, 민족의 자기-이미지, 개인의 소망 등 우리의 근대적 체험의 다양한 측면에 일상적으로 나타난다.[8]

식민성은 우리의 삶의 방식, 즉 일상적 문화 속에 집단적 의식의 밑바닥 또는 무의식에까지 침전되어 있다.[9] 또한 다양한 사회관계 속에 녹아 있는 권력에 대한 상식을 의미한다. 그리고 그 관계는 인종

---

8) Nelson Maldonado Torres, "Sobre la colonialidad del ser el giro decolonial, Reflexiones para una diversidad epistemologica mas alla del capitalismo global", Bogota, Universidad Javeriana-Instituto Pensar, p.131; Damian Pachon Soto, "Nueva perspectiva filosofica en America Latina", p.3에서 재인용. 우리의 일상생활에서는 외국인 노동자들에 대한 인권침해에 무관심한 우리의 일상적 태도에서 식민성이 드러나는 것을 인식할 수 있다. 여기서 또한 지적하고 싶은 것은 80년대 이후 주로 영미 학계에 의해 주도되어 온 포스트 식민주의에 대한 비판적 인식의 중요성이다. 구스타보 린스 리베이로에 의하면 포스트 식민주의의 주장은 알게 모르게 현재의 미국주도의 신자유주의 세계화의 권력관계를 은폐하는 기능을 한다고 한다. Gustavo Lins Ribeiro(2000), "Post-Imperialismo. Para una discusion despues del post-colonialismo y del multiculturalismo", Brasilia, www.google.com.mx 참조.

9) 이런 의미에서 식민성은 피에르 부르디외의 '아비투스' 개념과 비슷하다.

적/종족적으로 당연히 위계적이다. 그러므로 유럽 중심적 근대성/식민성에 기초한 사회 체제 자체의 변화가 이루어지지 않고서는 식민성은 쉽게 없어지지 않을 것이다. 다시 말해 식민성을 '탈(de-colonialidad)'한다는 것은 상당히 유토피아적이다.

중요한 것은 위의 인용에서도 드러나는 것이지만 근대성과 세계 체제(중심부/반주변부/주변부), 민족국가의 위계적, 차별적 권력관계 사이의 연결점은 아니발 끼하노의 "권력의 식민성(Colonialidad del poder)"이란 점이다(Castro-Gomez: 2000, 250). 그리고 권력의 식민성은 또한 지식의 유럽중심성/식민성(Colonialidad del conocimiento)과 연계된다. 근대성/(탈)식민성 담론 기획이 복잡한 의미망을 보이는 것은 구조적으로 서로 다른 개념들[10]을 접합시켜 현 단계 세계 체제인 세계화된 자본주의체제의 권력 형성의 중요한 원천이 식민적 근대성에서부터 출발함을 논증하고 있기 때문이다(Escobar: 2003, 62). 지식의 식민성은 유럽문화 아닌 타 지역문화와 사회는 유럽에서 생산된 지식에 근거해서만 발전할 수 있다는 인식을 말한다. 이것은 곧 권력의 식민성으로 다시 전이되면서 지식과 권력이 공존하면서 '식민적 기제(Matriz colonial)'를 만들어 낸다. '식민적 기제'는 근대성을 내세우는 일종의 헤게모니 개념으로 이해할 수 있다. 즉, 유럽인들뿐 아니라 라틴아메리카인 스스로도 라틴아메리카의 문화적 정체성을 오랫동안 '열등한 존재'로 인식하고 '과거의 뒤떨어진 존재'로 인식하게 만든

---

10) 근대성/(탈)식민성 담론 기획의 학자들마다 조금씩 강조하는 개념이 서로 다르다. 예를 들어, 아니발 끼하노는 권력의 식민성, 월터 미뇰로는 식민적 차별성/세계화된 식민성, 넬슨 말도나도 토레스는 존재의 식민성, 엔리케 뒤셀과 키하노는 지식의 유럽중심성 등을 들고 있다.

것이다(Quijano: 2000, 221).

지식의 유럽중심성의 예를 들어 보면, 포스트식민주의에 대한 사회과학 연구에서 서구와 미국의 주요 대학의 경우 연구대상에서 라틴아메리카 그리고 연구 어젠다에서 제국주의가 소외·배제되고 있다는 데서 알 수 있다. 라틴아메리카 대신에 아시아, 아프리카 연구에만 집중되고 있는 것이다(Coronil: 2000, 246). 왜냐하면, 라틴아메리카가 세계 체제상 첫 번째로 자본주의와 근대성이 실험된 지역이기 때문이다. 라틴아메리카 원주민의 '타자화'는 라틴아메리카 국가들이 종주국으로부터 독립이 되고 난 뒤인 19세기에도 마찬가지였다. 19세기의 라틴아메리카의 소수의 지식인, 엘리트들은 "자기 자신과 다른 문화를 자신의 고유한 잣대가 아니라 중심부로부터 수입된 가치를 가지고 평가를 내리는", '비극적인 역사적 비정상'[11]을 체험하게 된다. 신학, 인류학, 철학, 생물학 등 모든 테마에서 '유럽문화의 우월성'과 '지식의 유럽중심성'이 확보되어 있었다(Herrera: 22).

비-유럽지역에 대한 지식의 식민성/유럽중심성은 비-유럽지역에 대해 다음과 같은 인식론적, 문화적 정체성의 영향을 끼쳐 왔다. 즉, 이분법적 사고방식과 일직선적 진보, 인종과 코드화된 인종 사이의 문화적 차이의 당연시, 그리고 이 문화적 차이들이 왜곡된 순서로 재배치되는 것 등이다(Quijano: 222). 이 지식의 식민성으로 인해 우리는 근대성/(탈)식민성 기획이 제기하는 담론도 선입견 없이 이해하기 힘들게 된다. 근대성/식민성 이식의 구체적 과정은 식민시대부터 라틴아메리카인들이 '도시민'으로 서서히 편입되는 과정을 거친다. 이와

---

11) '문명과 야만'의 이분법적 시각이 담긴 에세이 *Vida de Juan Facundo Quiroga*를 1845년에 발표한 아르헨티나의 도밍고 사르미엔토를 이런 흐름을 대표하는 지식인으로 꼽을 수 있다.

같이 국가에 의해 조정된 주체의 구성을 위해서 권력의 규율적 조치에 의한 '타자의 발명'이 필요했다. 베아트리스 곤살레스 스테판에 의하면 라틴아메리카에서 19세기에 근대적 시민들을 주조해 내기 위한 규율적 실천은 세 가지가 있는데, 헌법, 도시성의 매뉴얼, 언어의 문법[12]이다. 이 모두를 아우르는 특성은 '글쓰기'의 정통성이다. 이 당시, 즉 19세기의 라틴아메리카인들은 지역에 따라 차별이 있겠지만 일반적으로 80%의 사람들이 문맹이었다(Franco: 1983, 18).

이 같은 사회, 문화적 맥락에서 글쓰기를 할 줄 아는 지식인들은 당연히 권력을 소유하게 되고 글을 모르는 사람들을 야만인으로 인식하게 된다. 규율적 실천을 통한 근대성을 이식하는 제도들이 바로, 학교, 병원, 공장, 감옥 등이었다. 도시 건축 이외에 연극, 소설 등 문학 작품과 신문, 광고지, 팸플릿 등도 시민적 감성, 지식을 재구성하기 위한 규율적 기능을 가진다. 또한, 이 같은 사회적 주체를 규정하는 문법에 맞춰 육체의 순응까지 규율하게 된다. 굳이 푸코를 인용하지 않더라도 근대성은 육체의 규율을 부과한다. 말과 육체를 억압하고 항상 여러 힘들에 지속적으로 복종하게 하여 순응성－유용성을 육체에 각인시킨다(Gonzalez Stephan: 38).[13]

---

12) 베아트리스 곤살레스 스테판(1999), "Cuerpos de la nación: cartografias disciplinarias" p.2. 그녀에 의하면 차베스도 새로운 세계화의 질서에 전통적인 민족주의의 가치를 가지고(즉, 근대성으로) 저항할 필요가 있어 새로운 '헌법' 제정을 통해 집단의 상상력을 재구성하려는 것으로 해석하고 있다. 그러나, 필자가 보기에 차베스의 새로운 헌법 제정을 전통적 민족주의로 조명하는 것이 과연 설득력이 있는지는 의문이다. 그것보다는 탈근대적 생태정치의 비전으로 해석해야 할 것이다. 그녀에 의하면, 『도시의 매뉴얼(Manual de Urbanidad)』이란 책이 Manuel Antonio Carreno에 의해 1887년에 쓰였는데 1997년에 다른 사람에 의해 다시 출판되었다고 한다. 현재의 베네수엘라 정치, 문화 지형에 근대성의 범주를 각인시키려는 의도를 인식할 수 있다.

13) 피에르 부르디외가 설정한 개념인 '아비투스'를 일정한 사회집단의 무의식적인 수준에서 육체에 각인시키는 문화적 실천으로 이해할 수 있을 것이다. 즉 아비투스 개념과 식민성 개념 사이에는 친연성이 있다.

> 19세기 후반부에 도시민은 '도시성의 매뉴얼'에 따라 에티켓 있게
> 행동하면서 문명된 중산층 시민으로서 규율에의 순응을 배우게 된
> 다. 이렇게 하여 '좋은 시민'이 탄생한다. 막스 베버가 이야기한 '시민
> 적 교육'을 받은 근대적 주체의 훈육이 이루어진 것이다. 또한 이와
> 동시에 사회적 차별화를 통한 '타자화'도 진행되었다(Castro-Gomez:
> 2000, 248~249).

예를 들어, 1839년의 베네수엘라 헌법에 의하면, 읽고 쓸 줄 알며,
부동산이 있고 연수입 400페소 이상의 소득이 있는 25세 이상의 기혼
남성만이 시민이 될 수 있었다. 즉, 근대 이후에 도시가 생기면서 소
위 '도시적 감성'이 만들어지게 된 것이다. 그리고 이 감성은 체제 순
응적으로 유도된 것이다. '좋은 시민' 아닌 '좋은 농민, 원주민, 흑인,
가우초'는 타자, 즉 '야만'의 영역에 속한다. 19세기의 베네수엘라의
지성 안드레스 베요는 그의 책 『문법』에서 스페인어의 순수성 보존
의 중요성을 강조하면서 "불규칙한 방언, 야만적인 방종"과 섞이는
혼종성에 강한 거부감을 가졌다(Gonzalez Stephan: 37~38).

차베스 혁명의 아이콘인 시몬 볼리바르도 근대성의 한계에서 예외
일 수 없었다. 그는 1819년 베네수엘라 헌법의 초안을 만들었다. 그
헌법에는 대부분의 근대 헌법의 삼권이외에 제4의 권력인 '윤리적 권
력'이 있었는데 이는 도시의 가장 덕망 있는 40명으로 구성된 '공중
도덕'의 감시자 기능을 수행했다(39). 근대성이 발전해 오면서 자본주
의가 팽창하여 파생적으로 식민주의가 나오게 되었지만, "식민성은
근대성의 구성요소이지 그 파생적 성격이 아님(Mignolo: 2005, 61)"을
유럽인들은 제대로 인식하지 못한다. 다미안 파촌 소토는 현재의 인
문학 성립의 바탕에 바로 식민성이 있었음을 지적하고 있다. "식민성

덕분에 유럽은 모든 주변부의 인식론을 버리면서 지식을 생산하기 위해 유효하고 보편적이고 객관적이고 유일한 모델로서 인문학을 생산할 수 있었다(Pachon Soto: 2007, 2)." 엔리케 뒤셀에 의하면, 세계적으로 명성이 높은 서구의 근대성을 표상하는 철학자들도 유럽중심적 인식을 뚜렷이 가지고 있었다.[14] 이와 같이 유럽중심적 합리적 근대성에 은폐된 식민성의 드러냄은 유럽중심적 사회과학의 허구를 드러낸다는 점에서 의미가 크다. 즉, 근대 민족 국가의 부상과 막스 베버식의 합리화를 유럽 이외 식민지와의 상호작용에서가 아니라 유럽사회 자체의 내재적 특성의 동력의 결과로 인식한다는 점에서 사회과학의 한계를 보여준다.

> 근대성이 발전되면서 학교, 정당 등 사회현실을 규율하는 제도가 구현되면서 민족 국가의 기능이 강화되어진다. 그러나 세계화와 함께 민족국가가 사회현실을 조직할 능력을 잃으면서 근대성은 종말에 이른다(Castro-Gomez: 2000, 252).

하지만, 이와 같은 논점은 근대성과 식민성 외에 자본주의를 양면의 동전과 같은 긴밀성으로 이해하지 못하기 때문에 나오는 주장이다. 민족국가가 세계화로 인해 약해졌다 하더라도 시장이 강화되면서 사회적 양극화, 배제 등 식민성은 강화되고 있어 근대성 또한 강화되고 있기 때문이다. 예를 들어, 고도로 발달한 수학적 지식으로 무장한

---

14) 엔리케 뒤셀에 의하면, 헤겔에게 저발전 국가는 계몽전의 '비-근대적' 국가였다. 헤겔은 말하길 "유럽은 절대적으로 세계역사의 종착역이다. 세계역사는 동양에서 시작하여 서양으로 간다." Enrique Dussel(1992), "Desde el "ego" europeo: el "en-cubrimiento"", *1492, El encubrimiento del Otro*, Plural, p.15. 이 진술에서 라틴아메리카와 아프리카는 아예 존재하지 않는 '타자'이다. 또는 헤겔은 "페루, 멕시코는⋯⋯. 이들의 열등성은 분명하다(p.15)"라고 했다고 한다. 그리고 "북유럽(영국, 독일)은 절대적 권리를 가지고 있고 다른 민족은 권리가 없다(p.20)"고 언술하였다.

월가의 투자은행들은 근대성의 대표주자라고 할 수 있다. 하지만, 역설적으로 최근의 금융위기로 인해 시장은 침체하고 민족국가의 기능이 강화되고 있지만 자본주의의 위기가 불러온 근대성에 대한 회의는 더욱 깊어지고 있다. 근대 이후의 역사는 일직선적 발전관의 관점에서 유럽중심의 중심부, 반 주변부, 주변부의 위계적 세계체제를 유지해 오게 된다. 1980년대 이후 중심부의 경제위기 극복의 새로운 전략으로 부상한 신자유주의와 세계화 담론 전략은 유럽중심(Eurocentrismo)에서부터 지구적 중심(Globocentrismo)으로 보편성이 확장되나 실제로는 양극화와 배제의 '타자화'가 강화된 것이다. 즉, 세계화는 오래전부터 있어 왔던 대륙 간 통상, 자본주의의 확장, 식민화, 지구적 차원의 이주, 이종 문화 간 교류를 더욱 강화시킨 다시 말해 보편성이 확장된 것으로 인식된다. 그러나 실제로 신자유주의 세계화는 양극화, 배제, 차별을 강화시킨 것이다. 강력한 중심부는 종속적인 주변부를 더 위계적으로 연결시킨 것이다(Coronil: 2000, 247). 이를 위해서 근대성/(탈)식민성 기획그룹은 근대성을 비판할 때에 근대성/탈근대성으로 유럽 내부의 형이상학의 변천과 도전적인 인식론적 담론(예를 들어, 포스트모더니즘 담론)에만 주목할 것이 아니라 근대성/식민성/자본주의로 통합해서 인식하여야 한다. 그리고 이들 개념들 사이의 상호 주체적 연관성이 있음을 강조한다. 그 핵심적 개념은 권력과 지식의 식민성(유럽중심성)에 있고 식민성의 개념인 배제와 차별적 억압, 즉 '타자화'가 지식 담론의 생산에서도 작동하고 있음을 주목한다.

근대성(자유주의)의 시각에서 볼 때는 신자유주의 세계화는 계몽주의 이래의 이상인 '보편적 인류공동체'를 추구하는 것처럼 보일 수도 있다. 그리하여 근대성의 또 다른 축인 민족국가의 지위에 도전하고 있는 것으로 인식될 수도 있다. 그러나 (탈)식민성의 시각에서 볼 때 이 같은 담론은 마치 16세기 초에 라틴아메리카에 근대성이 강제로 이식되던 시기에 원주민을 해방시키겠다는 스페인 정복자들의 신념처럼 황당한 담론일 수밖에 없다. 다른 말로 표현하자면, 신자유주의 세계화는 제2의 라틴아메리카 정복이다. 제1의 정복은 라틴아메리카에 한정되었고, 제2의 경우는 전 세계를 상대하는 차이가 있지만 정복의 과정과 구조는 유사성과 차별성이 있다. 유사성은 타자화, 차별화시키는 자본주의의 식민성이 두드러지는 점에서 같지만 차별성은 민족국가의 틀을 넘어 전 지구적 금융자본의 권력이 인간 개개인의 삶에까지 지배 권력을 행사하는 '생체 권력'[15]이란 점에서 다르다. 즉, 식민성이 근대성에 기반 하는 것이 아니라 탈근대적 요소와 구조에 기대고 있다는 점에서 더욱 은밀하고 전 방위적으로 지배한다는 점에서 다르다. 이런 의미에서 안토니오 네그리는 "현재의 상황은 우리로 하여금 유럽적 근대성(식민성)의 초창기를 생각하도록 만든다(Negri: 2008, 30)"고 지적한다. 중요한 것은 이런 엄청난 수준의 패러다임의 전환기에 경제적 위기만을 바라보는 우리 사회보다 라틴아메리카 사회가 앞으로의 근대성/식민성의 프레임 너머를 바라보는 통찰력에서 앞선다는 평가를 내릴 수 있다.

---

15) Antonio Negri(2006), *GlobAL*, Buenos Aires: Paidos. "생체권력은 권력의 주권적 위계에 인민들의 무한한 씨줄, 날줄과 삶의 굴복을 의미한다(p.238)"고 하였다. 또한 "생체권력은 사회생활의 내부로부터 해석, 동의, 재구성하면서 사회를 통제, 규제하는 권력의 형식을 말한다(p.55)."

Ⅳ. 다문화주의(Multiculturalismo)에 대한 비판으로서의 상호문화성(Interculturalidad) 담론

세계화는 금융자본주의의 다국적기업을 중심으로 국가의 경계를 넘어 전 지구촌을 통합시키고 있지만 동시에 세계를 분할하고 파편화시키고 있다. 이런 흐름을 먼저 인식한 뒤에야 디아스포라, 즉 이민자의 섞임과 이종 문화 사이의 혼류를 연구하는 문화연구에 대해 비판적 인식을 가질 수 있다.

카스트로 고메스에 의하면,

> 20세기 말의 약 이십 년 동안 학계를 둘러싸고 포스트모더니즘 철학과 문화연구는 이론적 주류를 이루면서 서구화와 합리주의의 병리를 강하게 비판했다. 둘 사이에 차이가 있음에도 불구하고 두 가지 이론적 흐름은 그 같은 병리가 이분법적 배제에서 온 것임을 지적하는 데 공통성을 보인다. 이분법적 배제는 권력의 근대적 관계를 드러낸다. 근대성은 이성과 인본주의의 이름으로 계속해서 타자를 만들어 내는 기제로서 혼종성, 복합성, 애매성, 그리고 구체적 삶의 형식의 우연성을 배제해 왔다.16)

포스트모더니즘의 문제의식과 궤를 같이하면서 문화연구 담론은 위의 혼종성, 복합성, 애매성, 우연성을 중시하게 된 것이다. 사실, 그 동안의 약 20년은 실물경제의 수준에서는 근대성이 강화되는 신자유주의 체제가 지속되었지만 인식론의 수준에서는 끊임없이 근대성에 대해 회의하고 비판하고 균열을 일으키는 문제의식이 지속적으로 탐

---

16) Santiago Castro-Gomez(2000), "Ciencias sociales, violencia epistemica y el problema de la 'invencion del otro', *La colonialidad del saber: eurocentrismo y conciencias sociales"*, *Perspectivas latinoamericanas*, Buenos Aies: CLACSO, p.246.

구되어 왔다. 라틴아메리카 문화의 특성이 혼종성(Franco: 1983, 18)으로 인식된다면 라틴아메리카의 지식인들이 근대성/(탈)식민성 기획의 비판 담론을 90년대 들어서면서 제시하였다는 것은 자연스럽다. 그러나 그런 근대성에 대한 비판적 인식이 두 가지 갈래로 나누어질 수 있는데 하나는 다문화성이고 다른 하나는 상호문화성 담론이다. 다문화성(Multiculturalidad)의 문제의식의 한계는 '타자'에 대한 태도에 있어 근대성/식민성 담론의 철저한 배제와 차별보다는 한 걸음 관용적으로 나아가고 있지만, 근대성/식민성의 범주 안에 머물기를 원한다는 점에 있다.

> 인류학에서 다문화성의 적용은 복합적 사고를 받아들이는 윤리적 문제이다. 여러 사람들에 의해 문화적 상대주의와 가까운 개념으로 받아들여지고 있고 현상 유지적 사고로 인식되고 있다. 근대성은 혁명과 단절로 받아들여지지만 신자유주의 시대에는 '근대성'은 각각의 정체성을 존중하는 다양성의 인정을 의미한다. 신자유주의 시대는 곧 소비주의 사회를 뜻하는데 '다문화'의 용어는 포스트모더니즘의 유행어였다(Albrecht: 2002, 1).

즉, 다문화성은 포스트모더니즘적 궤도의 다양성을 강조하면서 신자유주의 세계의 소비문화의 헤게모니를 넓히는 전략으로 이용되므로 체제 순응적이고 현상 유지적 성격이 있음을 인식해야 한다. 다시 말해, 다문화적 시각의 다양성은 진정한 다양성의 존중이 아니라 소비문화의 가치를 위계적으로 맨 위에 놓는 사실상의 획일적 시각의 하부개념으로 기능하는 것이다. 최근의 인문사회과학 학계에서는 문화와 문화연구의 개념이 아주 풍부하게 논의되고 있다. 그러면서도 동시에 문화의 개념을 둘러싼 위기가 나타나고 있다. 다문화주의의 부상도 이런 맥락에서 바라볼 수 있다. 구스타보 린스 리베이로는 이같은 위기가 2차 대전 이후의 포스트식민화의 다양한 영향 때문이 아니라 21세기 초에 더 이상 도덕과 사회성의 드러나지 않은 기준 또는 원칙으로 삼아온 인종적, 종족적 배제를 유지할 수 없는 미국 정치 문화의 내부적 위기와 관련이 깊은 것으로 보고 있다. 또한 다문화주의는 평등과 사회정의의 건설에서 문화, 상징, 전통이 가질 수 있는 역할을 과대평가하는 사회/국면에서 정치적 조화의 기능주의적 이론을 위한 기초로 변화하고 있는 중이라고 지적한다(Ribeiro: 2000, 8). 특히 중요한 것은 다문화주의가 문화적 차이를 긍정하면서도 오히려 사회적 분리를 재생산하는 데 일조하면서 정치, 경제 권력의 행사방식을 변화시키지 못하며 기존의 권력관계를 은폐한다는 데 있다 (Ribeiro: 2000, 3). 거칠게 요약한다면 다문화주의는 문화를 강조하는 새로운 맥락에서의 유럽중심주의적 근대성(Ribeiro: 2000, 9)을 해방적 성격으로 인식시키려는 이데올로기로 작동함을 알 수 있다.

다문화주의 연구에서 라틴아메리카가 차지하는 경계성의 위치는 독특하다.

> 한편으로 라틴아메리카는 유럽이나 미국과 같이 중심부의 부유한 국가들이 아니라는 점과 다른 한편으로 그럼에도 불구하고 서구의 문화적 정전의 유산을 그들과 함께 공유한다는 점이다. 그리고 아시아 국가들같이 비서구적 문화 전통이 강하지 않지만 이들과 같은 서구 제국주의의 종속적인 위치에 편입되었던 역사를 공유한다(Ribeiro: 2000, 2).

다문화주의의 문화의 경계성 담론의 연구에 있어서 이상적인 지역은 라틴아메리카이다. 그러나 근대성/식민성 담론의 프레임에서 다문화주의 연구가 벗어나지 못하고 있는 이유는 근대성/식민성과 같은 맥락에 있는 자본주의 체제에 대한 철저한 비판적 인식이 약하기 때문이다. 슬라보예 지젝은 "맑시즘과 정신분석학에 의해 행해지던 문화에 대한 비판이론의 중심이 다문화주의(Multiculturalismo)로 옮겨지면서 지배문화의 총체적 헤게모니를 비판하던 것을 신자유주의로 인해 만들어진 정치, 사회적, 담론의 분산과 파편화에 대한 종족적 관찰로 대체하였다(Bejarano: 2001, 425 재인용)"고 다문화주의를 비판하고 있다. 다문화주의는 신자유주의 즉, 세계화된 자본주의와 타협하여 미시적 담론 분석을 통해 지식인으로 하여금 신자유주의 체제의 현상유지를 지지하는 태도를 유도한다. 왜냐하면 세계화된 자본주의를 주도하는 것은 분절된 민족국가가 아니라 세계화된 다국적 기업들이기 때문이다. 이들은 시장을 넓히는 과정에서 만나는 다양한 문화들을 식민화시키면서도 식민주의자로서 자신들이 인식되지 않도록 은폐하는 이데올로기로 다문화주의를 이용한다. 다문화주의가 각각의 지역의 고유문화를 조심스럽게 연구하고 무엇보다 '존중'하기 때문이다. 그로 인해, 지식인의 담론 생산과 사회구조의 재해석의 정치적 참여 사이의 거리를 더욱 넓히는 데 기여하고 있고 그 어떤 문화 대상도 필연적으로 경제 권력의 세계화된 체계에 편입되는 현실을 인정하지 않게 된다. 즉, 지젝의 비판은 미시적 문화연구를 진행시키더라도 다문화주의를 둘러싼 사회관계적 맥락에 대한 거대담론의 긴장감을 늦춰서는 안 되는 것으로 해석된다.

세계 중심부의 제작사들이 미국과 유럽 바깥에서 창작된 음악, 멜로드라마, 미술, 문학 작품에 더 많은 관심을 기울이고 있다. 이

는 세계화와 지역화 사이를 왔다 갔다 하는 움직임을 만들어 내고
있다. 그런데 중요한 것은 지역에서 생산된 상징적 자산을 세계화
로 재구성하면서 현지의 맥락을 제거시켜 놓아 세계인들이 더 이
해하기 쉽게 만든다는 것이다(Garcia Canclini: 2005, 160).

다시 말해 주변부의 다양한 문화의 구성에서 정치, 사회적 맥락을
거세하고 문화의 다양성만을 강조하여 문화소비의 새로운 상업적 자
원으로만 충원하고 있음을 비판하는 것이다.[17] 같은 맥락에서, 다문화
주의를 둘러싼 문화연구는 포스트 식민주의 이론(post-colonialismo)[18]과
친근성을 보이는데 "주변부의 문화적 실천을 중심부의 헤게모니적
담론을 통해 해석할 경우 주변부 문화를 자신의 장소로부터 이탈시켜
문화 유동성의 권력관계의 메커니즘을 숨기게 된다(Ribeiro: 1999, 3)."

영·미에서 주도하는 문화연구는 범학제적 연구의 해방적 맥락이
있더라도 거대 담론(예: 세계 체제론 등)의 회피와 상징적 자산의 물
신적 상업화에 대한 비판적 인식의 부족, 다시 말해, 현재의 신자유주
의 지배 이데올로기가 작동시키는 대중문화에 대한 헤게모니 조작에
대한 인식부족 등이 지적되고 있다. 그 대신 영·미식 문화연구가 선
호하는 테마는 주체의 파편화, 삶의 형식의 혼종성, 차이의 분절 등이
다. 그리고 연구자가 '계급, 주변부, 세계-체제' 등의 개념을 설정하

---

17) 이와 같은 흐름의 미학은 텍스트에서 사회적 컨텍스트를 거세한 뒤에 끊임없이 기표의 미끄러짐을 강조
하는 일부 포스트모더니즘 문학이론이 연상된다.

18) 탈식민성(decolonialidad)과 다른 포스트 식민주의(postcolonialismo) 담론은 "제국의 문화적 신식민주의 세
력에 대항해 싸울 수 있는 '반언술'을 창출해 '탈식민'을 가능하게 해주는 반제국주의적 제3세계적 문예
사조라고" 한다(김성곤: 1992, pp.13~15). 하지만, 페르난도 꼬로닐에 의하면 라틴아메리카는 소외되고 아시
아, 아프리카에 집중되고 제국주의에 대해서도 논의에서 배제시키고 있다고 한다. Fernando Coronil(2000),
"Naturaleza del postcolonialismo: del eurocentrismo al globocentrismo", Edgar Lander(comp.), *La
colonialidad del saber: eurocentrismo y ciencias sociales*, Buenos Aires: Clacso, p.246.

면 곧바로 '본질주의자'란 비판을 가하며 이를 거부한다(Castro-Gomez: 2000, 253). 세계화로 인해 각각의 민족국가의 경계를 넘어 전 세계 문화가 동질화되고 있으며 문화가 문화산업의 콘텐츠 제공의 기능을 가지게 되었다. 이로 인해 중심부 메이저 제작사들이 유럽과 미국 이외의 주변부의 문화에 관심을 가지게 되었다. 또한 많은 이민자들의 혼류 즉, 디아스포라의 움직임을 '상호문화성'으로 바라보고 있다 (Garcia Canclini: 2005, 76).

슬라보예 지젝의 주장에 공감하는 필자로서는 위의 디아스포라의 움직임이나 문화산업에서의 중심부와 주변부 문화의 섞임은 상호문화성이 아닌 다문화주의로 호명해야 한다고 여긴다. 그러나 캉클리니도 세계화에 의한 문화적 유동성의 자본주의적 성격을 비판적으로 지적하고 있다는 점에서는 '상호문화성'이란 호명의 설득력도 있다.

세계화된 문화적 유동성은 결코 무차별이지 않고 방향성이 있는데 그것은 '뉴욕, 할리우드, 그리고 세계은행 본부' 등이다. 즉, 세계화된 유동성은 중심부와 주변부 사이의 차별을 막지 못한다 (Garcia Canclini: 2005, 54).

다시 말해, 문화연구가 함축하는 흐름은 인식하든 못하든 기존의 기득권세력의 현상유지를 돕는 보수적 성향을 가지게 된다. 물론 이종 문화에 대한 철저한 배제와 억압에 비해 다문화주의가 함축하는 인정과 관용이 진보적이란 평가를 받기도 하지만 그 한계는 분명하다. 그리하여, 라틴아메리카의 텍스트와 컨텍스트를 함께 이해하는 맥락에서, 다문화성(Multiculturalidad)이 아니라 상호문화성(Interculturalidad)의 시각에서 바라보아야만 위계적, 현상 유지적, 이분법적 배제가 아닌 유럽문화와 원주민 문화의 동등한 병행이라는 거대 담론과 미래 비전에 대한 이해가 가능하다. 이 같은 비전은 우연히 제시된 것이 아니라 90년대 이후의 라틴아메리카 사회운동의 부상과 밀접한 관련을 가진다. 그러므로 필연적으로 문화에 대한 협의의 시각이 아니라 정치, 경제, 사회, 생태적 대안 패러다임의 제시를 요구하게 된다.[19]

그런데 상호문화성의 의미는,

> 최근에 와서 부끄러운 일이지만, 상호문화성의 테마가 거의 가난한 사람들 또는 시골과 연관되는 문제로 바뀌었다. 또는 이중 언어 정책만을 상호문화성의 차원으로 이해하고 있다. 상호문화성의 패러다임은 차이가 결코 단순한 차이로 인식되는 것이 아니라 일반적으로 문화적 지배의 위계적 틀 안에 각인되는 것으로 생각할 수 있다(Vich: 2005, 4).

아직, 다문화성에 대한 담론과 연구에 비해 상호문화성 연구에 대한 인식이 충분하지 못함을 알 수 있다. 전문 학자들 사이에도 혼동과 오해가 존재하는 것이다. 그러나 상호문화성 담론의 기본적 전제는 서로 다른 문화를 두고 그중에 지배문화가 실재한다는 위계성을 감추지 않는 데에 있다. 그리하여, 포용적 상식의 구성과 '주체들 사이의 평등한 대표 가능성'을 지향한다(Vich: 2005, 5). 즉, 아직까지 이 같은 상호 주관성이 실재하고 있다기보다는 근대성/식민성에 대한 인식론적 전환을 받아들이는 의미에서 새로운 사회적 주체성의 대두를 필요로 하고 있는 것이다. 그리고 어떤 주체도 하나의 정체성으로 구

---

19) 그와 같은 비전을 실천적으로 지향하는 정치세력으로 볼리비아의 에보 모랄레스 정부를 들 수 있을지도 모른다. 현재의 볼리비아 정부는 새로 헌법을 제정하여 '다종족국가'의 비전을 지향하고 있다.

성되지 않고 항상 복합적이고 다양한 관계망을 가지게 된다. 따라서 순수한 정체성은 없고 모든 정체성과 문화는 혼종적 산물이다. 특히 문화적 혼종성이 강한 라틴아메리카의 경우, 유럽중심 문화와 원주민 문화 사이에 위계적이지 않고 평등한 상호주체성이 요구되는 것은 아주 새로운 비전으로 평가할 수 있다. 왜냐하면 유럽중심 문화와 원주민 문화 사이에 사회관계, 권력관계에서 차별성, 위계성이 현실적으로 강하게 존재하기 때문이다.

상호문화성은 문화적 다양성을 단순한 미학적 특성으로 평가하는 것이 아니다. 일상생활의 상호작용과 밀접하고 문화적 차이들이 헤게모니적 패러다임으로부터 처리되는 형식과 사회적 배제와 불평등을 만들어 내는 일정한 사회적 실천과 관련이 깊음을 인식한다(Vich: 2005, 4). 그러므로, 실제의 사회적 관계가 불평등함에도 겉으로 보이는 관용과 대화는 역설적으로 상호문화성의 키워드가 아니라고 할 수 있다. 이런 맥락에서, 지젝은 관용과 대화를 중시하는 다문화주의(Multiculturalismo)를 후기 자본주의를 가장 대표하는 이데올로기로 정의한다. 즉, 위계적, 식민적 질서는 유지하면서 '원주민' 문화, 즉 타자의 문화를 존중하며 기존의 불평등한 체제를 존속시키려는 이데올로기인 것이다. 지난 20여 년의 시대적 관심은 정치에 있지 않고 문화라는 화두에 집중해 온 시기였다. 그만큼 신자유주의의 전략은 '탈정치화'와 '중도실용'에 중점을 두어 온 것이 사실이다.[20] 이에 대한 비판적 인식의 연장선에 상호문화성 담론이 위치하고 있는 것이다.

우리는 '탈정치적' 사회에 살고 있는데 여기서는 지금 존재하는 것

---

20) 유럽의 사회 민주주의적 좌파정당들도 중도의 입장으로 거의 모두 선회해 온 것이다. Chantal Mouffe(2000), *The democratic paradox*, New York: Verso, 머리말 참조.

을 관리하는 게 중요하지 현실에서 진정한 변화를 일으키는 것을 좋아하지 않는다. 포스트모던 상황에서는 사회 현실을 상대화시켜 거의 손댈 수 없는 것으로 만들어버려 모든 것이 다 같고 다 좋고 우리 모두는 우리의 차이에 있어 똑같아야 한다고 주장한다. 보편성에 대해 이야기하는 것을 막고 있는 원격조종 인종주의인 것이다. 보편성을 찾기 위해서는 투쟁해야 하고 현대세계에서 그것은 자본의 논리에 대해 의문을 가하는 것과 연관될 수밖에 없다(Vich: 2005, 5). 이 같은 주장을 이성적 의사소통의 노력을 통해 보편성의 재구성을 주장하는 하버마스 등 유럽의 지식인들에게 들려주고 싶다. 근대성이 자본주의와 함께 시작되었으므로 탈근대성은 "자본주의의 지배에 반대하여(Escobar: 2000, 125)" "의미 있는 대안 경제의 원천(126)"으로 비자본주의적 비전을 보여주지 않으면 안 된다. 그러나 이 같은 비전은 20세기 현실사회주의와 같이 자본주의를 철저히 부정하는 반자본주의가 아니라 자본주의 체제와 비자본주의 체제 사이의 동등한 상호주체성을 함축하는 것이다. 즉, 상호문화성의 이데올로기에 근거해야 한다.

그렇다면 비자본주의적 비전은 누가 어디서 보여주고 있는가? 제3세계의 많은 시골 공동체들은 지배적, 근대적 형식과는 아주 다르게 자연을 구성하고 있다는 것을 인류학자, 지리학자, 생태학자들은 보여주고 있다(Escobar: 2000, 118). 그러나 근대성이 이식되면서 특정의 문화적 전통에 뿌리내린 자연의 장소들은 점점 실종되고 말았다. "장소의 실종은 생태체계의 구성과 성격에 맞는 특정의 문화적 모델을 안 보이게 한 것과 분명히 연결되어 있다(Escobar: 2000, 116)." 라틴아메리카 원주민이 오랫동안 가져왔던 구어문화 위에 스페인과 포르투갈의 정복 이후 유럽의 글쓰기문화가 중첩되면서 라틴아메리카 시골 공동체에서 연원되는 구어문화는 차별되고 배제되어 왔다. '타자화'[21]되어 아예 눈에 띄지 않게 된 것이다.

> 그럼에도 불구하고 우리가 이 문제를 제대로 인식하지 못하는 것은, 신자유주의 세계화 담론은 서구의 존재를 은닉하고 서구가 계속해서 '타자'와 '자연'을 억압하는 데 의존하는 방식을 숨기기 때문이다(Coronil: 2000, 247).

다시 말해, 오랜 시간 동안 근대성이 발전되면서 자연의 자본주의화에 반대하는 특수한 장소는 실종되어 가고 그 대신 욕망의 충족을 위한 보편적인 공간은 확장되어 간 것이다. 현재 이루어지고 있는 세계화도 전 지구적 차원의 자본주의 질서의 재구성과 함께, 부수적으로 근대성의 문화적, 지리 정치적 지도의 재구성을 의미한다. 그러므로 세계화로부터 미끄러지기 위해서는, 세계화 담론의 핵심인 공간, 자본, 근대성의 지배에 반대하여 장소의 재긍정, 비자본주의, 지방의 문화를 긍정해야 한다. 즉, 장소에 기반한 실천의 시각으로부터 세계를 재인식, 재구성하기 위한 가능성이 펼쳐질 수 있는 이론으로 드러나야만 하는 것이다(Escobar: 2000, 115). 보편적 공간 통합(Integración translocal)의 예로 전 세계 어느 도시에나 건설되는 초고층 주상복합건물, 쇼핑몰 등을 들 수 있다. 이를 통해 전 지구적 차원의 '문화적 동질화(Homogeneización cultural)'가 이루어지고 있다. 그런데, 다문화주의는 이에 대해 가림막 또는 면죄부를 주는 기능을 가지게 된다.

---

21) '타자'가 눈에 띄지 않게 된 것과 관련. 근대성의 미학은 '원근법'의 그것이라는 이택광의 지적은 매우 흥미롭다. 이택광(2009), "한국 지식인의 서구 지향성", //wallflower.egloos.com, p.3 참조. 이택광은 원근법의 소실점에 한국 지식인들이 무의식적 서구추종의 충동을 놓고 있다고 비판하고 있다. 다시 말해 내면적 성찰 없는 근대성/식민성에 빠져 있는 것이 아닌가 하는 가설을 세우고 있다.

반대로, 특정의 장소의 예로 원주민들이 모여 사는 열대밀림을 들 수 있다. 이곳에 생태정치학에 관심 있는 사회운동가들, 인류학자들이 원주민들의 정치적 자치와 정체성, 그리고 고유의 세계관 등에 주목하고 있다. 생물다양성 보존의 차원에서도 자연의 상업화를 추진하는 자본주의 문화와 다르다. 즉 '문화적 차이'가 중요하게 인식되고 있는 것이다(Escobar: 2000, 130).

탈식민적 인식의 지평을 열기 위해서는 두 가지 인식론적 전환을 이루어야 한다. 첫째는 유럽중심성 또는 보편적 공간성에서 벗어나 각 지역, 지방의 장소의 지식, 정체성에 주목하여야 한다. 둘째는 식민성의 핵심인 위계적 차별성 즉, 권력에의 포획을 벗어나기 위해 유럽중심 문화와 라틴아메리카 '원주민' 문화 사이의 동등하면서도 긴장감이 있는 상호 병존을 대안적 미래 비전으로 삼아야 한다. 바로 이 지점에서 비자본주의적 비전을 공감하며 근대성/(탈)식민성 기획과 상호문화성 담론은 서로 만나게 된다. 바로 그 같은 대안적 문화이론으로 상호문화성 담론을 이해할 수 있다. 그리고 상호문화성 담론은 문화를 협의로 이해하는 편협성에 국한되지 않고 사회관계를 억압하는 자본주의 경제에 대한 비자본주의적 대안과의 만남을 주장한다. 이런 의미에서 아르투로 에스코바르가 언급한 '상상력의 비전'이란 말은 매우 중요하다.

후기 구조주의 지리학자와 페미니스트 학자들인 줄리 그래험과 캐더린 깁슨은 이렇게 주장하고 있다. 자본주의는 압도적 우위와 헤게모니를 유지하면서 다른 방식으로 사회현실을 생각하는 것을 아예 불가능하게 만들었다. 그리고 자본주의를 억압하는 것을 *상상하는 것*은 더욱 힘들게 하였다; 모든 다른 현실들(소농의 생존경제, 생물 다양성 경제, 제3세계의 저항형식들, 조합운동, 작은 장소의 창의적 제안들)을 자본주의에 반대, 종속 또는 보완적인 것으로만 바라보았지 의미가 있는 대안 경제의 원천으로 생각하지 않았다. 세계화는 비자본주의 경제의 다른 형식들(여성, 월급쟁이들, 농민, 조합운동, 소농운동)에 대한 폭력이고 죽음을 의미한다. 경제가 최종심급이라는 알뛰세의 반본질주의적 이론에 대한 재정의를 의미하기도 한다(Escobar: 2000, 126).

즉, 라틴아메리카에서 비자본주의 경제의 상상력의 비전은 바로 다양한 네트워크를 만들고 있는 새로운 사회운동이 이끌고 있음을 알 수 있다.

상상력과 의미 있는 다른 질서의 실현은 새로운 권력의 구조를 만들어 내는 기획을 요구한다. 비자본주의의 상상력의 해방을 요구한다. 신자유주의 시대에 민족-국가의 약화와 함께 장소들은 세계화된 자본의 움직임에 점점 종속되고 있는 중이다. 그러나 원주민, 여성들, 생태운동가, 사회단체 및 사회운동의 네트워크가 점점 강력해지고 있다. 바로 이들 네트워크 장소에 기반을 둔 정체성의 생산자들이다. 그리고 자본, 미디어, 세계화된 문화의 생산자들에 대항하는 대안적 지구방화의 생산자들로 간주될 수 있다(Escobar: 2000, 135~136).

특히 상상력의 새로운 비전은 현재의 생태위기에 대한 대안적 상상력임을 주목해야 할 것이다. 또한 비자본주의적 경제의 비전은 대가 없는 선물주기의 철학을 중시한다. 자연의 상업화를 추진하는 자본주의 문화와 '문화적 차이'가 큰 원주민 문화의 핵심은 '선물 주고받기'에 있다. 그러므로 인식론적 차원에서 근대성/(탈)식민성 기획 담론이 신자유주의 체제에 저항하는 경로가 된다면 실천적 경제의 차원에서 ALBA[22]가 바로 이 '선물 주고받기'의 철학에 근거하여 대

---

22) ALBA는 2006년에 체결한 '미주 볼리바리안 대안협정(Alianza Bolivariana de las Americas)'의 약자로, 현재 회원국은 7개국으로 베네수엘라, 쿠바, 니카라과, 볼리비아, 도미니카, 온두라스, 산비센테 이 그레나

안적 비전을 보여주고 있다. 이는 신자유주의 체제와는 다른 사회 변동을 이끌기 위해서는 사회를 구성하는 관계망을 바꿔야 함을 이해시킨다. 아주 오래된 과거를 미래로 끌어내야 하는 것이다. 극단적으로 발달한 자본주의가 모순을 드러내는 국면에서 다시 전 자본주의 사회의 작동방식에 주목할 필요가 있다. 다시 말해, 전통적인 경제학 이론에서 상정하고 있는 물질적 자본이라는 개념은 원시적인 교환관계, 예컨대 '선물 주고받기'의 의미를 제대로 설명하지 못한다.

> 원시적 교환행위에 상징적 자본(신용)이 개입하는 것은 상징적 상호성(존경, 경의, 도덕적 채무감 등)을 의미하는데 이를 전통적인 주류 경제학은 아예 범주화하고 있지도 않기 때문이다(홍성민: 2000, 93).

중남미의 경우, 문화적 혼종성에 대해 주의를 기울이는 것도 초국적인 조건에 수동적으로 순응해 오지 않고 정체성, 사회관계, 경제적 실천 등을 만들어 내는 과정을 적극적으로 구현해 온 지방 그룹들의 문화적 기제에서 나오는 실천들의 역동적인 만남을 가시화시키는 시도이기도 하다(Escobar: 2000, 127). 이런 관점에서 볼 때, 중남미의 변혁의 유토피아와 새로운 상상력이 문화적 혼종성의 문제에 예민한 예술가23)들에 의해 먼저 문제 제기된 것은 결코 우연이 아니다. 이들

디나 등이다. ALBA가 가지는 중요한 의미는 우리같이 상업주의 문화에 찌든 입장에서는 도저히 이해가 안 가지만 예전에 동네에서 서로 돕고 지내는 것과 같은 방식으로 무역거래를 진행시킨다는 점이다. 즉, 비자본주의적 방식이다.

23) Jean Franco(1983), *La Cultura Moderna en America Latina*, Mexico: grijalbo, pp.353~356에서 진 프랑코는 라틴아메리카에 민중문화와 고급문화가 퇴조하고 대중문화의 부상과 함께 문학이 지배문화에 저항할 수 있는 길은 "대중에게 말을 하도록 하는 데" 있다고 하였고 '구어문화'의 의미에 대한 재인식을 보여주는 소설들이 창작되고 있음을 지적하였다. 예를 들어, 아우구스토 로아 바스토스의 『나 최고』(1974)를 들 수 있는데 원주민 문화와 역사에 대한 기존의 근대적 또는 유럽중심적 인식을 깨트리는 작품으로 평가하고 있다.

예술가들은 특히 범학제적 상상력에 근거해 기존의 문학에 대한 고
정관념을 뛰어넘는 미학을 가지고 있었다.

V. 결론

　라틴아메리카 정복을 통해 근대성/식민성/자본주의가 동시에 시작
했다는 근대성/(탈)식민성 담론 기획의 주장이 비 주류적 주장이지만
우리에게 강한 설득력을 보이는 것은 시대정신과 맞닿아 있기 때문
이다. 동시에 어떤 지적 충격을 우리가 받는 것은 상식적으로 인식해
온 합리적/해방적 근대성 이외에 식민적 근대성을 인식하도록 만들기
때문이다. 현재의 시대정신은 신자유주의 경제체제의 한계를 보이는
커다란 경제위기와 함께 우리 모두 공감하는 생태적 위기에 대한 대
안추구의 절박성으로 인해 자본주의 체제 이후의 너머를 상상하게
된 것이다. 1991년의 현실 사회주의의 몰락으로 신자유주의 체제는
전 세계로 헤게모니를 넓혀갔지만 곧 모래 위의 성과 같은 허상을 드
러내기 시작하였다. 무엇보다 선·후진국을 막론하고 민주주의의 후
퇴는 근본적인 패러다임의 모색을 요구하게 되었다.
　유럽중심적 인문학에서는 오랫동안 자본주의 체제와 근대성의 연
관의 역사적, 맥락적 진실을 은폐하여 왔다. 여기에 대해 근대성/(탈)
식민성 기획 담론은 근대성이 가지는 식민성이 신자유주의 체제에서
또다시 극대화되고 있음을 비판하고 있고 탈식민성을 인식론적 전환
의 측면에서 모색하고 있다. 이를 위해서 이들은 근대성을 비판할 때
에 근대성/탈근대성으로 유럽 내부의 형이상학의 변천과 도전적인 인

식론적 담론(예를 들어, 포스트모더니즘 담론)에만 주목할 것이 아니라 근대성/식민성/자본주의로 통합해서 인식하여야 하고 이들 개념들 사이의 상호주체적 연관성이 있음을 강조하였다. 그 핵심적 개념은 권력과 지식의 식민성(유럽중심성)에 있다. 그리고 식민성의 개념인 배제와 차별적 억압, 즉 '타자화'가 지식 담론의 생산에서도 작동하고 있음을 주목하였다.

이들에 의하면, 탈식민적 인식의 지평을 열기 위해서는 두 가지 인식론적 전환을 이루어야 한다. 첫째는 유럽중심성 또는 보편적 공간성에서 벗어나 각 지역, 지방의 장소의 지식, 정체성에 주목하여야 한다. 둘째는 식민성의 핵심인 위계적 차별성, 즉 권력에의 포획을 벗어나기 위해 유럽중심 문화와 라틴아메리카 '원주민' 문화 사이의 동등하면서도 긴장감이 있는 상호 병존을 미래 비전으로 삼아야 한다. 바로 이 지점에서 비자본주의적 비전을 공감하며 근대성/(탈)식민성 기획과 상호문화성 담론은 서로 만나게 된다.

세계화는 오래전부터 있어 왔던 대륙 간 통상, 자본주의의 확장, 식민화, 지구적 차원의 이주, 이종 문화 간 교류를 더욱 강화시킨, 다시 말해 보편성이 확장된 것으로 인식된다. 이 같은 현상을 문화연구의 시각에서 분석하는 담론이 바로 다문화주의(Multiculturalismo)이다. 그러나 실제로 신자유주의 세계화는 양극화와 배제, 차별을 더욱 강화시킨다. 강력한 중심부는 종속적인 주변부를 더 위계적으로 연결시키고 있는 것이다. 슬라보예 지젝은 맑시즘과 정신분석학에 의해 행해지던 문화에 대한 비판이론의 중심이 다문화주의(Multiculturalismo)로 옮겨지면서 지배문화의 총체적 헤게모니를 비판하던 것을 신자유주의로 인해 만들어진 정치, 사회적, 담론적 분산과 파편화에 대한 종족적 관찰로 대체하였다고 비판하고 있다. 그로 인해, 지식인의 담론 생산과 사회구조의 재해석의 정치적 참여 사이의 거리를 더욱 넓히는 데 기여하고 있고 그 어떤 문화 대상도 필연적으로 경제 권력의 세계화된 체계에 편입되는 현실을 인정하지 않게 되고, 그러므로 '현상 유지'적 담론이 되고 만다.

이에 비해 상호문화성(Interculturalidad)은 문화적 다양성을 단순한 미학적 특성으로 평가하는 것이 아니다. 일상생활의 상호작용과 밀접하고 차이들이 헤게모니적 패러다임으로부터 처리되는 형식과 사회적 배제와 불평등을 만들어 내는 일정한 사회적 실천과 관련이 깊음을 인식한다. 그러므로, 실제의 사회적 관계가 불평등함에도 겉으로 보이는 관용과 대화는 역설적으로 상호문화성의 키워드가 아니다. 그러나 관념적 인식에만 머무는 것이 아니라 비위계적 상호 주체성의 비전은 문화연구에 대한 비판 담론으로 제기된 상호문화성 담론에서 더욱 분명해진다. 유럽중심 문화와 원주민 문화 또는 자본주의적 공간과 비자본주의적 장소의 긴장감이 넘치는 병행성에 문제의식이 있음을 여러 학자들이 제기하고 있다. 예를 들어, 아르뚜로 에스꼬바르에 의하면, 상상력과 의미 있는 다른 질서의 실현은 새로운 권력의 구조를 만들어 내는 기획을 요구한다. 비자본주의의 상상력의 해방을 요구한다. 신자유주의 시대에 민족－국가의 약화와 함께 장소들은 세계화된 자본의 움직임에 점점 종속되고 있는 중이다. 그러나 원주민, 여성들, 생태운동가, 사회단체 및 사회운동의 네트워크가 점점 강력해지고 있다. 바로 이들 네트워크가 세계화에 의해 확산된 자본주의, 공간의 확장에 대해 대안적으로 토착적 장소에 기반한 정체성의 생산자들이다. 그러므로 상호문화성 담론은 새로운 성격의 라틴아메리카의 사회운동과 밀접한 관련을 가진다. 최근의 라틴아메리카의 변화의 모습을 정치, 사회학적으로 접근할 수도 있지만 인문학의 시각에서 보다 근원적인 패러다임의 변화를 이들 근대성/(탈)식민성 기획 담론의 학자들이 모색하고 있다.

그리고 이들의 인식론적 문제제기가 관념적 수준에 머무는 것이 아니라 90년대의 라틴아메리카의 사회관계의 변혁의 과정에서 다양한 사회운동에 의해 실천적으로 제기된 비자본주의적 비전을 상호문화성(Interculturalidad) 담론으로 포괄적으로 이해할 수 있다. 이같이 거대담론이면서 동시에 미시적 삶의 방식, 즉 문화의 변화를 중시하는 문제의식은 라틴아메리카 이외의 지역에서도 크게 공감될 수 있는 테마로 여겨진다.

참고문헌

강내희(2000), "한국 근대성의 문제와 탈근대화", 『문화과학』, 22호(여름호), 문화과학사, pp.15~40.

김성곤(1992), "탈식민주의 시대의 문학", 『외국문학』, 여름호, 외국문학사, pp.12~31.

심광현(2000), "근대화/탈근대화의 이중과제와 사회운동의 새로운 전망", 『문화과학』, 22호(여름호), 문화과학사, pp.41~81.

위르겐 하버마스(1994), 『현대성의 철학적 담론』(이진우 역), 문예출판사.

알랭 뚜렌(1995), 『현대성 비판』, 문예출판사.

안토니오 네그리(2008), 『다중』(조정환 역), 세종서적.

이매뉴얼 월러스틴(1993), 『역사적 자본주의/자본주의 문명』(나종일 역), 창작과 비평사.

장춘익(1996), 『하버마스의 근대성 이론』, 나남출판.

홍성민(2000), 『문화와 아비투스』, 나남출판.

Balivar, Etienne(1999), "Violencia: Idealidad y crueldad", in *Folios*, No. 11, Bogota: Universidad Pedagogica Nacional, pp.1~15.

Garcia Canclini, Nestor(2005), *La Globalizacion imaginada*, Buenos Aires: Paidos.

Castro-Gomez, Santiago(2000), "Ciencias sociales, violencia epistemica y el problema de la 'Invencion del otro', La colonialidad del saber: eurocentrismo y ciencias sociales", *Perspectivas Latinoamericanas*, Edgardo Lander (comp.), Buenos Aires: CLACSO, pp.246~256.

Dussel, Enrique(2000), "Europa, modernidad y eurocentrismo", *La colonialidad del saber: eurocentrismo y ciencias sociales, Perspectivas Latinoamericanas*, Edgardo Lander (comp.), Buenos Aires: CLACSO, pp.1~10.

_____(1992), "Desde el "ego" europeo: el "en-cubrimiento"", *1492, El encubrimiento del Otro*, Plural, pp.1~22.

Albrecht, Bernardo(2002), "Exploracion de los factores subjetivas de la etnicidad y la identidad cultural", Antropologia 2002, La Habana, pp.1~6.

Escobar, Arturo(2000), "el lugar de la naturaleza y la naturaleza del lugar?: globalizacion

o postdesarrollo?, La colonialidad del saber: eurocentrismo y conciencias sociales",
Perspectivas latinoamericanas, Edgardo Lander, Buenos Aires: CLACSO, pp.115~136.

_____(2003), "Mundos y conocimientos de otro modo. El programa de investigación
de modernidad/colonialidad latinoamericano", *Tabula Rasa*, No.001, Bogota:
Universidad Colegio Mayor de Cundinamarca, pp.53~62.

Franco, Jean(1983), *La Cultura Moderna en America Latina*, Mexico: Grijalbo.

Gonzalez Stephan, Beatriz, "Cuerpos de la nacion: cartografias disciplinarias", pp.1~45.
http://gupea.ub.gu.se/dspace/bitstream/2077/3213/2/anales

Herrera, Bernal, "Las dos caras de la Moneda: modernidad colonial y metropolitana",
Bulletin Hispanique, Burdeos: la Universidad de Burdeos, pp.20~25.

Coronil, Fernando(2000), "Naturaleza del poscolonialismo: del eurocentrismo al
globocentrismo", *La colonialidad del saber: eurocentrismo y ciencias sociales. Perspectivas
Latinoamericanas*, Edgardo Lander (comp.), Buenos Aires: CLACSO, pp.246~260.

Mignolo, Walter(2005), "La colonialidad a lo largo y a lo ancho: el hemisferio
occidental en el horizonte colonial de la modernidad", www.ciga.unam.mx,
pp.55~85.

Negri, Antonio(2006), *Global*, Buenos Aires: Paidos.

Lins Ribeiro, Gustavo(1999), "Post-Imperialismo. Para una discusion despues del
post-colonialismo y del multiculturalismo", *Antropologia,* No.56, México,
www.google.com.mx, Brasila, 2000에서 재인용, pp.1~21.

Pachón Soto, Damián(2007), "Nueva perspectiva filosofica en America Latina: el grupo
Modernidad/colonialidad", *Peripecias,* No.63, 2007. 8. 29, www.peripecias.com,
pp.1~21.

Quijano, Anibal(2000), "Colonialidad del poder, eurocentrismo y America Latina", *La
colonialidad del saber: eurocentrismo y ciencias sociales. Perspectivas Latinoamericanas*,
Edgardo Lander (comp.), Buenos Aires: CLACSO, pp.201~246.

Rauber, Isabel(2002), "Piquetes y piqueteros en la Argentina de la crisis", Buenos Aires:
Rebelion, pp.1~34.

Vich, Victor(2005), "Las politicas culturales en debate: lo intercultural, lo subalterno y
la dimension universalista", *El estado esta de vuelta: desigualdad, diversidad y
democracia*, Lima: IEP, pp.1~9.

Zizek, Slavoj y Jameson, Fredric(1998), *Estudios culturales. Reflexiones sobre multiculturalismo*,
Buenos Aires: Paidos.

Mouffe, Chantal(2000), *The Democratic Paradox,* New York: Verso.

구경모 ─────────────────────────────

　영남대학교 문화인류학과
　영남대학교 박사
　사회인류학·민속학

　『식민시기 파라과이와 브라질 경계의 형성 과정』
　『포르투갈－브라질 연구』 제7권 2호(2010)

김영철 ─────────────────────────────

　부산외국어대학교 포르투갈(브라질)어학과 졸업
　한국외국어대학교 박사
　라틴아메리카 사회·문화연구

　브라질의 탈식민화, '킬롬부'－아메리카와 아프리카 식민성의 만남－
　『이베로아메리카』 제11권 2호(2009)

박종욱 ─────────────────────────────

　한국외국어대학교 스페인어학과 졸업
　마드리드 콤플루텐세국립대학교 박사
　사회·문화·종교·예술

　「신대륙, 서구적 욕망의 그림자－영상물에 투영된 이미지를 중심으로－」
　『비교문화연구』 제13권 1호(2009)
　「영화, <나는 쿠바>에 있어서 역사적 트라우마 재연을 위한 문체적 특징 연구」
　『중남미연구』 제29권 1호(2010)

안태환 ─────────────────────────────

　한국외국어대학교 스페인어학과 졸업
　콜롬비아 하베리아나대학교 박사
　문학·사회학

　「라틴아메리카의 근대성/(탈)식민성 기획과 상호문화성의 상응성」
　『라틴아메리카 연구』 제22권 제3호(2009)

이상현

한국외국어대학교 스페인어학과 졸업
텍사스 오스틴대학교 박사
라틴아메리카 정치・경제

「라틴아메리카의 식민경험과 경제성장의 상관관계」
『이베로아메리카』 제12권 1호(2010)

임두빈

부산외국어대학교 포르투갈(브라질)어학과 졸업
브라질 상파울루주립대학교 박사
언어・문화연구

「식민시대 언어 상황과 브라질 포르투갈어 분극화의 역사적 배경」
『중남미연구』 제29권 1호(2010)

차경미

경희대학교 서반아어학과 졸업
한국외국어대학교 박사
정치・역사

「라틴아메리카의 식민도시계획의 기원과 형성」
『중남미연구』 제29권 1호(2010)

라틴아메리카
종속의
MATRIX Ⅰ
식민시기

초판인쇄 | 2011년 7월 25일
초판발행 | 2011년 7월 25일

엮 은 이 | 중남미지역원
펴 낸 이 | 채종준
펴 낸 곳 | 한국학술정보㈜
주   소 | 경기도 파주시 교하읍 문발리 파주출판문화정보산업단지 513-5
전   화 | 031) 908-3181(대표)
팩   스 | 031) 908-3189
홈페이지 | http://ebook.kstudy.com
E-mail | 출판사업부 publish@kstudy.com
등   록 | 제일산-115호(2000. 6. 19)

ISBN   978-89-268-2460-3 93940 (Paper Book)
         978-89-268-2461-0 98940 (e-Book)

이담 Books 는 한국학술정보(주)의 지식실용서 브랜드입니다.

이 책은 한국학술정보(주)와 저작자의 지적 재산으로서 무단 전재와 복제를 금합니다.
책에 대한 더 나은 생각, 끊임없는 고민, 독자를 생각하는 마음으로 보다 좋은 책을 만들어갑니다.